# 匈牙利历代国王

## （1000—1918）

马玉琪　著

中国言实出版社

**图书在版编目（CIP）数据**

匈牙利历代国王：1000-1918 / 马玉琪著 . -- 北京：
中国言实出版社 , 2020.12

ISBN 978-7-5171-3652-1

Ⅰ . ①匈… Ⅱ . ①马… Ⅲ . ①国王—生平事迹—匈牙
利— 1000-1918 Ⅳ . ① K835.157=3

中国版本图书馆 CIP 数据核字 (2020) 第 260036 号

责任编辑　郭江妮
责任校对　王建玲

出版发行　中国言实出版社
　　　　　地　　址：北京市朝阳区北苑路 180 号加利大厦 5 号楼 105 室
　　　　　邮　　编：100101
　　　　　编辑部：北京市海淀区花园路 6 号院 B 座 6 层
　　　　　邮　　编：100088
　　　　　电　　话：64924853（总编室）　64924716（发行部）
　　　　　网　　址：www.zgyscbs.cn
　　　　　E-mail：zgyscbs@263.net
经　　销　新华书店
印　　刷　天津兴湘印务有限公司
版　　次　2021 年 5 月第 1 版　2021 年 5 月第 1 次印刷
规　　格　710 毫米 ×1000 毫米　1/16　12.75 印张
字　　数　205 千字
定　　价　48.00 元　ISBN 978-7-5171-3652-1

# 前言

这是一本介绍匈牙利王国历朝历代 55 位国王生平业绩、对内对外政策、宗教政策及少数民族政策等的资料性读物。匈牙利王国从公元 1000 年到 1918 年，长达 918 年之久。本书想让读者通过对这一漫长阶段每位国王的了解，去解读匈牙利近千年的历史。

我们首先了解一下，长达 918 年的匈牙利王国究竟有多大。相对于现在匈牙利的版图，人们习惯于把 1920 年以前的匈牙利称为"大匈牙利"或"历史上的匈牙利"。它鼎盛时的疆域除了现在的匈牙利之外，还包括斯洛伐克、埃尔代伊（特兰西瓦尼亚），克罗地亚大部、塞尔维亚的伏伊伏丁那、奥地利的布尔根兰州以及阜姆（里耶卡）。

"一战"前匈牙利人口为 1820 万，面积为 28.3 万平方公里。"一战"结束后，匈牙利作为战败国，被迫于 1920 年 6 月 4 日在巴黎签订了特里亚农和约。根据和约，匈牙利的四个邻国都得到了匈牙利的领土（同样是战败国的奥地利也得到了一份）：奥地利得到了 4000 平方公里的领土，29.2 万人口，其中匈牙利人 2.6 万；捷克得到 6.3 万平方公里，350 万人口，其中匈牙利人 107 万；罗马尼亚得到 10.2 万平方公里，人口 350 万，其中匈牙利人 166.4 万；塞尔维亚—克罗地亚—斯洛文尼亚王国得到了 2.1 万平方公里，160 万人口，其中匈牙利人 46.1 万。匈牙利王国领土面积由 28.3 万平方公里减少到 9.3 万平方公里（只剩下了不到原来的三分之一），同时也丧失了唯一的出海口阜姆（里耶卡）；人口由 1820 万减少到了 760 万（即原有人口的 43%），有 322 万匈牙利人被划入邻国去当少数民族。这大大伤害了匈牙利人民的民族自尊心，这种愤慨大大刺激了匈牙利人沙文主义情感的发作。当时流行的口号是："残缺不全的匈牙利不算一个国家，完整的匈牙利才是伊甸园。"因此，全国上下对这个和约的态度是"不，永远不接受"。

在 918 年间，总共有 55 位国王执政。这 55 位国王的情况如下：

1）55 位国王平均在位时间为 18.19 年。在位时间最短的是拉斯洛二世（1162—1163），仅仅 6 个月。在位时间最长的是费伦茨·约瑟夫国王（1848—1916），长达 68 年，其次是日格蒙德国王（1387—1437），在位 50 年。在位达 40 年以上者有 6 位，30 年以上者有 12 位，3 位在位 3 年，7 位在位仅 2 年。

2）55 位国王中平均享年 45.24 岁。最短命的国王是拉斯洛三世，6 岁就夭折了。最长寿者是费伦茨·约瑟夫国王，享年 86 岁。在匈牙利 55 位国王中他拿到了两项冠军：长寿冠军和在位时间最长的冠军。

3）55 位国王中有 5 位死于战场，其中 2 位死于抵抗土耳其的战场——乌拉斯洛一世国王（1440—1444）和拉约什二世国王（1516—1526）。7 位在国内争权夺利中遭暗杀。2 位死于意外事故：贝拉一世国王（1061—1063），因为木制的国王宝座突然倒塌被砸死；另外一位是女王玛利亚（1382—1395），从马上摔下来连同早产的婴儿一起逝世。5 位国王没有统治到逝世：文采尔三世国王（1301—1305）是主动退位；鲁道夫一世国王（1572—1608）在弟弟逼迫下放弃了王位；裴迪南五世国王（1835—1848）主动宣布退位，把王位让给了他的侄子费伦茨·约瑟夫；卡罗伊四世国王（1916—1918），在第一次世界大战结束后，奥匈帝国解体，奥地利宣布废黜他的皇位，成立了共和国，匈牙利于 1918 年 11 月 16 日也宣布成立共和国。

4）55 位国王中有 2 位女王：玛利亚女王（1382—1395），玛利亚·泰雷齐奥女王（1741—1780）。

5）55 位国王中，即位时年龄最小的是亚诺什二世（1540—1570），出生后 15 天就当上了国王。

6）55 位国王中，即位时年龄最大的是奥鲍·沙穆埃尔国王（1041—1044），51 岁才登基，他还是第一位通过选举产生的国王。

7）55 位国王中，子女最多的是：玛利亚·泰雷齐奥女王（1741—1780），她共生育了 16 个子女（5 男 11 女）。她的儿子，利波特二世国王（1790—1792），也有 16 个子女（4 男 12 女）。此外，还有两个国王有 15 个子女，他们是裴迪南一世（1526—1564），有 3 男 12 女；米克绍一世（1564—1576），有 9 男 6 女。

8）55 位国王中，有 10 位无后，既无儿子，也无女儿；5 位有女儿，但没有儿子；7 位由于种种原因没有结婚。

9）当年匈牙利王国的西边是神圣罗马帝国，南边是拜占庭帝国。匈牙利王国生活在两个大国的夹缝中，总觉得不安全。因此，阿尔巴德王朝（1000—1301）的国王们不得不用当时欧洲十分流行的政治联姻手段来确保国家的安全。阿尔巴德王朝 23 位国王中有 18 位共娶了 24 位外国王后。贝拉三世国王（1172—1196）前后三个夫人均是外国人（拜占庭、意大利和法国）。安德拉什二世国王（1205—1235）的三个夫人也都是外国人（意大利、法国和海滨侯国。安德拉什三世国王（1290—1301）的两个夫人分别是波兰人和奥地利人（详见附件二，阿尔巴德王朝的王后们）。

10）阿尔巴德王朝 23 位国王中，无子女或子女不详者有 11 位；有女儿的国王有 12 位，这 12 位国王共生育 26 位公主，26 位公主中只有一位嫁给了匈牙利人，其他 25 位公主均嫁到国外。例如，贝拉一世国王（1061—1063）的三个女儿，（瞎子）贝拉二世国王（1131—1141）的两个女儿，盖佐二世国王（1141—1162）的三个女儿，贝拉三世国王（1172—1196）的两个女儿，安德拉什二世国王（1205—1235）的三个女儿，贝拉四世国王（1235—1270）的五个女儿，伊斯特万五世（1270—1272）的三个女儿都嫁给了外国的王子或国王（详见附件三，阿尔巴德王朝的公主们）。

11）匈牙利王国的国王多半不是匈牙利人：在 55 位国王中，匈牙利人只有 26 人，他们分别是：阿尔巴德王朝的 23 位国王（其实，彼得国王也不是匈牙利人，他是意大利那不勒斯人。但按照当时匈牙利的习惯，外甥、外孙都算是这个家族的成员，所以有权继承王位）；"东匈牙利王国"的两位国王及"不同家族国王时代"中的马加什国王。其他 29 位国王都不是匈牙利人。从 1301 年到 1526 年的 225 年间，共有 13 位国王当政，但其中只有 1 位是匈牙利人，那不勒斯的安茹王朝占 4 位，立陶宛的雅盖隆王朝占 3 位，哈布斯堡王朝占 2 位，捷克（波希米亚）的普热米斯尔王朝占 1 位，巴伐利亚的维特尔斯巴赫王朝占 1 位。从 1526 年到 1918 年的 392 年中共有 17 位国王当政，他们全部都是奥地利哈布斯堡家族成员。共产党执政时，一直认为奥地利哈布斯堡王朝占领和掠夺了匈牙利 400 年。匈牙利制度变更后，就不再坚持这种观点了。

·12）关于埃尔代伊（特兰西瓦尼亚）的归属问题。很多人，包括匈语界的很多同行都不大了解埃尔代伊归属的演变情况（详见埃尔代伊大公国篇章）。埃尔代伊从匈牙利 1000 年建国起一直到 1571 年 3 月 14 日亚诺什二世逝世，埃尔代伊一直都是匈牙利王国领土的一部分。1571 年成立的埃尔代伊大公国（1571—1690）是一个在奥斯曼土耳其帝国控制之下的相对独立的国家，不属于匈牙利王国的版图。但匈牙利王国和奥斯曼土耳其帝国都把埃尔代伊视为自己的势力范围和属地。在土耳其彻底被打败的前几年，在 1690 年 12 月 5 日，利波特皇帝（国王）颁布的"利波特诏书"中宣布，埃尔代伊是一个独立于匈牙利的哈布斯堡的单独地区，从此一直到 1867 年奥匈帝国成立，埃尔代伊一直都是哈布斯堡的一个独立地区。奥匈帝国成立时哈布斯堡皇朝把埃尔代伊归还给了匈牙利王国。不久，匈牙利第一任总理安德拉希伯爵根据 1868 年国会通过的法律，不顾罗马尼亚人和撒克逊人的反对，强硬解散了埃尔代伊的特别国会（1848 年曾被解散过一次）和政府机构，实现了匈牙利人和埃尔代伊人的联合，埃尔代伊在 170

多年之后再次回归匈牙利王国。"一战"结束后，匈牙利作为战败国，被迫于1920年6月4日在巴黎签订特里亚农和约，和约将埃尔代伊划给了罗马尼亚，从1920年起至今埃尔代伊一直是罗马尼亚领土的一部分。

# 目 录

一、阿尔巴德王朝（1000—1301） ··················· 1

  1. 圣 . 伊斯特万国王 Szent Istv á n （1000—1038） ··················· 2

  2. 彼得国王 Orseolo P é ter （1038—1041） ··················· 7

  3. 奥鲍 . 沙穆埃尔国王 Aba S á muel （1041—1044） ··················· 8

  彼得第二次当国王（1044—1046） ··················· 9

  4. 安德拉什一世国王 I.Andr á s （1046—1061） ··················· 10

  5. 贝拉一世国王 I .B é la （1061—1063） ··················· 13

  6. 绍洛蒙国王 Salamon （1063—1074） ··················· 14

  7. 盖佐一世国王 I. G é za （1074—1077） ··················· 16

  8. 圣 . 拉斯洛国王 Szent L á szl ó （1077—1095） ··················· 17

  9.（嗜书者）卡尔曼国王 Könyves K á lm á n （1095—1116） ··················· 21

  10. 伊斯特万二世国王 II.Istv á n （1116—1131） ··················· 24

  11.（瞎子）贝拉二世国王 II.（Vak）B é la （1131—1141） ··················· 27

  12. 盖佐二世国王 II.G é za （1141—1162） ··················· 29

  13. 伊斯特万三世国王 III.Istv á n （1162—1172） ··················· 32

  14. 拉斯洛二世对立国王 II.L á szl ó （1162—1163） ··················· 34

  15. 伊斯特万四世对立国王 IV.Istv á n （1163—1165） ··················· 35

  16. 贝拉三世国王 III.B é la （1172—1196） ··················· 35

  17. 伊姆雷国王 Imre kir á ly （1196—1204） ··················· 38

  18. 拉斯洛三世 III. L á szl ó （1204—1205） ··················· 39

  19. 安德拉什二世国王 II.Andr á s （1205—1235） ··················· 40

  20. 贝拉四世国王 IV.B é la （1235—1270） ··················· 44

  21. 伊斯特万五世国王 V. Istv á n （1270—1272） ··················· 49

  22.（库恩）拉斯洛四世 IV.（Kun）L á szl ó （1272—1290） ··················· 50

  23. 安德拉什三世国王 III.Andr á s （1290—1301） ··················· 53

二、王位空白期（1301—1308） ··················· 57

  24. 文采尔三世国王 III.Vencel （1301—1305） ··················· 57

25. 奥托国王 Ottó（1305—1307）·······························58

三、安茹王朝（1308—1386）·····································60

    26. 卡罗伊·罗伯尔特国王 I.Károly（1308—1342）········60

    27. （纳吉）拉约什一世 I.（Nagy）Lajos（1341—1382）   65

    28. 玛利亚女王 Mária királynö（1382—1395）··········69

    29. （基什）卡罗伊二世国王 II.（Kis）Károly（1385—1386）····71

四、不同家族国王时代（1387—1526）···························73

    ◎卢森堡王朝（1387—1437）·····························73

    30. 日格蒙德国王 Zsigmond（1387—1437）··············73

    ◎哈布斯堡王朝（1437—1439）··························79

    31. 阿尔拜尔特国王 Albert（1437—1439）···············80

    ◎雅盖隆王朝（1440—1444）····························81

    32. 乌拉斯洛一世国王 I.Ulászló（1440—1444）··········82

    33. （遗腹子）拉斯洛五世 V.（Utószülött）László（1440—1457）   83

    ◎胡尼奥迪王朝（1458—1490）·························85

    34. 马加什一世国王 I.Mátyás（1458—1490）···········85

    ◎雅盖隆王朝（1490—1526）····························93

    35. 乌拉斯洛二世国王 II.Ulászló（1490—1516）·········93

    36. 拉约什二世国王 II.Lajos（1516—1526）············97

五、分裂时期（1526—1699）··································100

    （一）东匈牙利王国（1526—1570）·····················100

    37. （萨波姚伊）亚诺什一世国王 I.（Szapolyai）János király

    （1526–1540）·········································100

    38. 亚诺什二世国王 II.János（1540—1571）···········102

    （二）西匈牙利王国（1526—1705）·····················104

    39. 裴迪南一世国王 I.Ferdinán（1526—1564）·········105

    40. 米克绍一世国王 I.Miksa Király（1564—1576）······107

    41. 鲁道夫一世国王 I.Rudolf（1572—1608）···········108

    42. 马加什二世 II.Mátyás（1608—1619）··············110

    43. 裴迪南二世国王 II.Ferdinad király（1619—1637）···112

    44. 裴迪南三世国王 III.Ferdinad（1637—1657）········113

45. 裴迪南四世国王 IV. Ferdinand ⋯⋯⋯⋯⋯⋯⋯⋯ 115

46. 利波特一世国王 l.Lipót（1657—1705）⋯⋯⋯⋯⋯ 115

（三）埃尔代伊大公国（1570—1690）⋯⋯⋯⋯⋯⋯ 123

博奇考伊·伊斯特万大公 Bocskai István（1605—1606）127

巴托里·加博尔大公 Báthori Gábor（1608—1613）128

拜特兰·加博尔大公 Bethlen Gábor（1613—1629）129

拉科齐·久尔吉一世 I.Rákoczi György（1630—1648）131

拉科齐·久尔吉二世 II.Rákóczi György（1648—1657）132

凯梅尼·亚诺什大公 Kemény János（1660—1662）133

奥保菲·米哈伊一世大公 I.Apafi Mihaly（1661—1690）134

奥保菲·米哈伊二世大公 II.Apafi Mihaly（1690—1696）135

六、哈布斯堡王朝（1699—1918）⋯⋯⋯⋯⋯⋯⋯⋯⋯ 136

47. 约瑟夫一世国王 I.József,（1705—1711）⋯⋯⋯⋯ 136

48. 卡罗伊三世国王 III.Károly（1711—1740）⋯⋯⋯ 138

七、哈布斯堡—洛林王朝（1748—1918）⋯⋯⋯⋯⋯⋯ 142

49. 玛利亚·泰雷齐奥女王 Mária Terézia（1740—1780）142

50. 约瑟夫二世国王 II.józsef（1780—1790）⋯⋯⋯⋯ 146

51. 利波特二世国王 II.Lipót（1790—1792）⋯⋯⋯⋯ 148

52. 费伦茨一世国王 I.Ferenc（1792—1835）⋯⋯⋯⋯ 149

53. 裴迪南五世国王 V.Ferdinand（1835—1848）⋯⋯⋯ 154

54. 裴伦茨·约瑟夫国王 Ferenc József（1848—1916）160

八、奥匈帝国时期的匈牙利王国（1867—1916）⋯⋯⋯ 167

费伦茨·约瑟夫国王续篇（1867—1916）⋯⋯⋯⋯ 167

安德拉希·久洛总理 Andrássy Gyula ⋯⋯⋯⋯⋯ 173

洛尼奥伊·迈尼黑尔特总理 Lónyay Menyhért ⋯ 175

比托·伊斯特万总理 Bittó István

（1874 年 3 月 21 日—1875 年 3 月 21 日）⋯⋯ 175

蒂萨.卡尔曼总理 Tisza Kálmán ⋯⋯⋯⋯⋯⋯ 176

绍帕里·久拉总理 Szapáry Gyula ⋯⋯⋯⋯⋯⋯ 176

韦凯尔莱·山多尔总理 Wekerle Sándor ⋯⋯⋯⋯ 177

班菲·德热总理 Bánffy Dezsö ⋯⋯⋯⋯⋯⋯⋯ 177

塞尔·卡尔曼总理 Széll Kálmám

（1899 年 2 月 26 日—1903 年 6 月 27 日）……………… 178

库恩·黑戴尔瓦里·卡罗伊总理 Kun.Héderváry.Károly

（1903 年 6 月 27 日—11 月 3 日）………………………… 179

蒂萨·伊斯特万总理（Tisza István）………………………… 179

费耶尔瓦里·盖佐总理 Fejérváry Géza

（1905 年 6 月 18 日—1906 年 4 月 8 日）……………… 179

韦凯尔莱·山多尔总理 Wekerle Sándor

（1906 年 4 月 18 日—1910 年 1 月）………………… 180

库恩·黑戴尔瓦里·卡罗伊总理 Kun.Héderváry.Károly ……… 181

卢卡奇·拉斯洛总理 Lukács László ……………………… 181

蒂萨·伊斯特万总理 Tisza István ……………………… 182

55. 卡罗伊四世国王 IV.Károly Király（1916—1918）……… 183

埃斯泰尔哈齐·莫里茨总理 Eszterházy Móric ……… 184

韦凯尔莱·山多尔总理 Wekerle Sándor ……………… 184


附件一 国王和王后的加冕仪式 …………………………… 187
附件二 阿尔巴德王朝的王后们 …………………………… 189
附件三、阿尔巴德王朝的公主们 …………………………… 191

# 一、阿尔巴德王朝（1000—1301）

阿尔巴德王朝从伊斯特万国王到安德拉什三世国王长达 301 年。公元 1000 年，伊斯特万用罗马教皇赠给的王冠加冕，以示忠于西方的天主教。建国后，圣·伊斯特万颁布了一系列法律政策，建立了以城堡为中心的州治制，州的大部分土地是王室的领地，州的长官称为"伊什潘"（Ispán），即州督。为了推行天主教，伊斯特万在全国组建了 10 个主教区，同时下令每十个村建立一个教堂，法律严格规定：任何人礼拜日不得劳动，应当去教堂祷告，并规定要向教会交纳"什一税"。传教士们在匈牙利定居了下来，除了传播这种新的信仰外，还教当地居民从事园艺、种植葡萄的技术等。他们还奠定和传播了书面文字，这为当时的国家建立司法制度提供了可能性。伊斯特万国王用法律和武力，通过州督和神父来巩固他所建立起来的新政权。当时的国家已非常强大，足以对抗神圣罗马帝国的霸权意图，并于 1030 年击溃了神圣罗马帝国的入侵，粉碎了神圣罗马帝国皇帝孔拉德二世企图使匈牙利变成他的附庸国的梦想。因此，匈牙利人民有理由把这位开国国王作为匈牙利历史上的伟人铭记。

1038 年伊斯特万国王去世后，异教徒的叛乱和王室内部的权力之争使匈牙利陷入长达 40 年的混乱状态。后来，拉斯洛一世（1077—1095）及卡尔曼国王（1095—1116）在位时封建制度最终得到巩固和完善，接着便开始了对外侵略，1091 年，匈牙利一举吞并了克罗地亚、斯洛文尼亚和波斯尼亚，把匈牙利的边疆扩展到了喀尔巴阡山盆地的边缘。

1205—1235 年在位的安德拉什二世国王将大量土地分赐给自己亲信的贵族，结果地方势力不断扩大，中央政权日渐削弱。1222 年安德拉什二世国王在贵族们的逼迫下颁布了"黄金诏书"（即写在羊皮上盖有金印的诏书）。诏书赋予了贵族们各种特权，并规定贵族们免于参加强制性的征服外国的冒险活动，此外，还规定国王每年要召开一次等级国会。

1241—1242 年，这一相对平静的发展时期被鞑靼人（蒙古人）军队的入侵和无情的洗劫打断了，鞑靼人将国王及朝廷赶到了亚德里亚海之滨。在这场劫难中，仅一年的时间，全国的人口就骤减了三分之一。贝拉四世（1235—1270）被称为国家的第二位缔造者，当之无愧，因为他重建了被洗劫一空的国家。他通过建造石头城堡，建立起坚固的防卫系统，号召人们迁居到已变得荒无人烟的草原去安家，并通过耐心而持久的政策重新组织起这个国家。在贝拉四世去世后，世俗大领主之间为了争夺土地和财产进行弱肉强食的争斗，从而形成了封建割据，阿尔巴德王朝因此而分崩离析。

## 1. 圣. 伊斯特万国王 Szent István （1000—1038）

圣. 伊斯特万出生年月不详，出生于公元 970 年到 980 年之间，根据《匈牙利图画编年史》（Képes Krónika）记载，他出生于 969 年，997 年被选为大公，公元 1000 年圣诞节加冕为国王（另一种说法是在 1001 年 1 月 1 日加冕），在位 41 年，1038 年 8 月 15 日去世，死后葬于塞克什白堡（Székesfehérvár）的长方形大教堂。

父亲：盖佐 Géza 大公。

母亲：埃尔代伊（特兰西瓦尼亚）久洛大公的女儿绍罗尔特 Sarolt。

妻子：巴伐利亚的公主吉泽洛 Gizella。

子女：伊姆雷 Imre，奥托 Ottó（幼年夭折）。

圣·伊斯特万雄才大略，开创了一个时代，是匈牙利的民族英雄、匈牙利王国的奠基人、匈牙利天主教的组建者，也是匈牙利第一个天主教国王。伊斯特万出生后取名沃伊克（Vajk），土耳其人名，意思是"英雄""首领"。后来，他在洗礼时改名为伊斯特万。但什么时候、由谁给他洗的礼说法不一。一种说法是，公元 972 年，他的父亲盖佐大公致函神圣罗马帝国皇帝奥托一世，请他派人来匈牙利给他们全家洗礼，奥托就派圣·加仑（Sankt Gallen）修道院的传教士 Bruno 给盖佐大公及他的儿子举办了洗礼仪式；另一种说法是，他是由布拉格的亚德伯（Pragai Adabert）主教在 994 年和 996 年之间洗的礼。但《匈牙利图画编年史》又记载，他是由他的教父意大利的伯爵 Deodatus 洗的礼。他称他的教父为 Tata，现在的城市陶陶（Tata）的名字就是这样来的。

平定内乱：圣·伊斯特万的父亲盖佐大公于公元 997 年去世，年轻的伊斯特万刚刚登上大公的宝座，在国内就遇到了非常严峻的形势。这时，阿尔巴德部族的最长者科巴尼（Koppány）依照匈牙利人的传统习惯（家族中最年长的男子拥有继承权），要求继承大公的宝座和财产。还根据匈牙利的另外一个寡妇要与亡夫的兄弟结婚的古老传统，要娶他的母亲绍罗尔特为妻。为此科巴尼发动了武装起义。首先进军伊斯特万母亲的驻地维斯普雷姆（Veszprém），伊斯特万在教会和他的大舅子、神圣罗马帝国皇帝亨利的帮助下镇压了这次叛乱，并将科巴尼的尸体分为四块，分别悬挂在埃斯泰尔戈姆（Esztergom）、维斯普雷姆

（Veszprém）、杰尔（Györ）和埃尔代伊的久洛费黑尔瓦尔（Gyulafehérvár）城门上长达数月之久，以示不顺从国王者的下场。

1003 年，伊斯特万出兵埃尔代伊，埃尔代伊是他舅舅久洛（Gyula）的地盘。那里有全国不可缺少的盐矿，而且埃尔代伊又是防备佩切涅格人（Besenyök）入侵的战略要地，因此，伊斯特万决不允许久洛在那里搞独立王国。久洛没有反抗就投降了，鉴于他们的亲戚关系，伊斯特万原谅了他。后来还让他参加了攻打奥伊托尼（Ajtony）的战争。

巩固政权也不一定非要动用武力。当时居住在马特老（Mátra）山区一带的奥鲍·沙穆埃尔（Aba Sámuel）部落长，就是通过和平的方式归顺了伊斯特万国王的，条件是国王把他的妹妹许配给奥鲍，但奥鲍必须皈依天主教。奥鲍同意了，他的地盘于 1010 年成为匈牙利的领土。1009 年，伊斯特万将他的另外一个妹妹嫁给了威尼斯共和国总督奥尔塞奥罗·奥托三世（III.Orseolo Ottó）。当时，匈牙利同拜占庭的关系很紧张，通过这桩婚姻改善了匈牙利同拜占庭的关系，因为威尼斯共和国是拜占庭的附属国。伊斯特万还通过和平谈判的方式，使居住在克勒什（Körös）地区的部落长沃陶（Vata）皈依了天主教，沃陶所占地盘也划归匈牙利。

居住在毛罗什（Maros）地区的部落长奥伊托尼（Ajtony）建立了强大的部落国家，他皈依了希腊东正教。伊斯特万于 1028 年命令乔纳德（Csanád）率兵讨伐他，乔纳德打败并击毙了奥伊托尼。至此，伊斯特万统治时期的内战结束了。1027 年，圣·伊斯特万从软弱无能的波兰国王梅什科二世手中夺取了隶属波兰的斯洛伐克（从此，直到 1918 年斯洛伐克一直是匈牙利王国的领土）。这时整个喀尔巴阡山盆地都是伊斯特万的国土了。

加冕：伊斯特万当上匈牙利大公以后，罗马教皇西尔维斯特（Szilvester）二世一直在关注着伊斯特万对异教徒的斗争。当伊斯特万在公元 1000 年派遣奥什里克（Asrik）主教到罗马向教皇请求一顶王冠时，教皇和神圣罗马帝国皇帝奥托三世（Ottó）非常高兴地接待了奥什里克主教，可以说他们正在期待着他的到来。随后，奥什里克作为梵蒂冈的使节，把教皇西尔维斯特和神圣罗马帝国皇帝奥托三世共同赠送的王冠带回匈牙利（据《伊斯特万传奇》记载，这顶王冠本来是给波兰大公制作的）。伊斯特万于公元 1000 年的圣诞节举行了加冕和登基仪式。这样，一个独立的天主教匈牙利王室就正式成立了。在他去世前，他把匈牙利献给了圣母玛利亚。因此，匈牙利也被称为圣母玛利亚的国家。

建立国家机构：在伊斯特万统治时期，匈牙利完成了从游牧部落向封建国家的转变。他废除了旧有的按氏族划分人民的制度，实行城堡州制度，即以城堡为中心的州治制。一州之长称为"伊什潘"（即州督），伊什潘由国王任命，首要任务是监管城堡管辖内的民众。州府设在城堡中，伊什潘同时也是城堡内武装力量司令。伊斯特万国王共组建了 48 个州。

伊斯特万还设立了宰相（其职权仅次于国王）判官和司库等官职，建立了朝廷会议制度，铸造了硬币（银第纳尔），并给后人留下了两部法律，两部法律的宗旨都是为了加强天主教和保护教会的财产。

宗教政策：伊斯特万加冕后获得了高级教士（红衣主教）的权力，即他有建立主教团的权力。这时，他立即开始了组建主教区和在农村建造教堂的工作。在他统治期间共组建了 10 个主教区：埃斯泰尔戈姆（Esztergom）、考洛乔（Kalocsa）、维斯普雷姆（Veszprém）、久洛费黑尔瓦尔（Gyulafehérvár）、佩奇（Pécs）、埃格尔（Eger）、毛罗什瓦尔（Marosvár）、比豪尔（Bihar）、杰尔（Györ）和瓦茨（Vác）主教区。后来，他还为盖莱尔特（Gellért）主教在乔纳德（Csanád）设立了一个主教团。此外，他还建造了 5 座修道院：蓬农豪尔毛（Pannonhalma）修道院、佐博尔海吉（Zoborhegy）修道院、佩奇瓦劳德（Pécsvárad）修道院、维斯普雷姆（Veszprém）修道院和陶陶（Tata）修道院。这些修道院中蓬农豪尔毛修道院是本笃会修道院，它是意大利蒙泰卡西诺（Montecassinod）修道院的分院，因此，它也享有同它一样的特权：不隶属于任何州的主教团，本院的僧侣可以选举修道院院长，隶属于本院的人民不受伊什潘及国王官员的管辖等。修道院为了感谢国王，在院内开办了学校，这些学校便成了教会后备力量的中心，后来它也成了匈牙利的文教中心。在 10 个主教团中，埃斯泰尔戈姆主教团享有为国王加冕的特权，维斯普雷姆主教团享有为王后加冕的特权。

为了确保教会的财政来源，国家规定教会可以征收十一税，即农民需将牲畜和农作物的十分之一交纳给教会，同时还下令每十个农村要建造一座教堂。法律规定，任何人礼拜日不得劳动而应当去教堂，如有人从事耕种，应将牛予以没收。在教堂中"随意谈笑的处罚，干扰他人者应逐出教堂"，对年轻的平民应给予鞭笞。

对外政策：伊斯特万登基后，继续奉行他父亲盖佐大公对神圣罗马帝国的友好政策。在他登基前，他父亲已经为他做好了铺垫工作。因为害怕神圣罗马帝国的入侵，公元 996 年，盖佐大公做主，让他娶了巴伐利亚王子亨利（Henrik）的妹妹吉泽洛（Gizella）为妻。伊斯特万于公元 1000 年登基，而亨利王子于 1002 年当上了神圣罗马帝国的皇帝，即亨利二世，这位皇帝当然不会轻易去伤害他的妹夫。

1015 年，匈牙利同波兰发生了冲突，波兰军队从莫劳沃（Morava）山谷一直挺进到多瑙河边，伊斯特万出兵夺回了被波兰人占领的匈牙利城堡。在同神圣罗马帝国保持友好关系的同时，匈牙利同拜占庭帝国也保持着友好的关系。但在希腊和保加利亚的战争中，匈牙利则站在了希腊一边，成了拜占庭帝国的对立者。在独立的保加利亚国家解体时（1018），伊斯特万又成了拜占庭的盟友。这时，拜占庭皇帝把自己的女儿许配给了匈牙利王子伊姆雷，但伊姆雷 1031 年 9 月 2 日在打猎时不幸身亡。

匈牙利同两个帝国的良好关系，为陆路前往圣地的朝圣者和商人们开辟了一条比海路更为安全的路线。为了解决朝圣者们一路的食宿，伊斯特万国王专门在君士坦丁堡、耶路撒冷、日内瓦和罗马建造了招待所，免费招待朝圣者。通过匈牙利前往宗教胜地的朝圣者不计其数，盖莱尔特（Gellért）就是其中一员。他从威尼斯来到匈牙利，在伊斯特万的请求下，他留了下来，当了伊斯特万儿子伊姆雷的教父，很快就被提升为主教。后来他成了伊斯特万晚年的一位重要支持者，还在伊斯特万去世后匈牙利政治生活中扮演了重要的角色。

1024 年，神圣罗马帝国皇帝孔拉德二世登基后突然改变了对匈牙利的友好政策，1030 年，神圣罗马帝国的军队侵入匈牙利领土。这时匈牙利国力已经强大了，匈牙利人当时对神圣罗马帝国人采取了焦土政策，神圣罗马帝国军队来了，匈牙利人把能带走的牲畜和东西都带走，不能带走的则烧掉或毁坏掉。然后再回过头来痛打疲惫饥饿不堪的神圣罗马帝国军队。匈牙利军队在维也纳城彻底打败了神圣罗马帝国军队。根据 1031 年签订的和约，匈牙利从神圣罗马帝国那里得到了莱塔河（Lajta）和菲沙河（Fischa）之间的土地。

伊姆雷王子：伊姆雷是一个很有才华的人，伊斯特万把他作为王位继承人精心培养教育，并特请意大利的传教士盖莱尔特作伊姆雷的教父和老师。但天有不测之风云，1031 年，伊姆雷在一次打猎中不幸身亡（伊斯特万的另外一个儿子奥托幼年时便夭折），晚年丧子，对伊斯特万打击很大，大病了一场。最后，伊斯特万把外甥奥尔塞奥罗·彼得（Orseolo Péter）定为王位继承人。

王位之争：伊斯特万的儿子伊姆雷去世后，伊斯特万认为出生在意大利的外甥最适合当他的接班人。他认为，如果他三个侄子中的某人当了国王，匈牙利还能不能继续信奉基督教都会成为问题。为此，伊斯特万正式宣布彼得为他的儿子，并指定他为王位继承人。此事引起了他的堂兄弟（他叔父的儿子）沃祖尔（Vazul）的强烈反对，沃祖尔企图谋反，但阴谋被伊斯特万发现，伊斯特万把他的眼睛弄瞎，并在他的耳朵里灌入了滚汤的铅液，沃祖尔的三个儿子都逃到国外。莱文泰（Levente）和贝拉（Béla）先逃到波兰，之后莱文泰又从波兰逃到

# 匈牙利历代国王 (1000—1918)

基辅，贝拉仍留在波兰。这样，就为彼得继承王位铺平了道路。

　　王后吉泽洛（Gizella）：996 年，伊斯特万娶了德国巴伐利亚王子亨利的妹妹吉泽洛（Gizella）为妻，婚礼是在德国科隆主教座堂举办的。婚后，吉泽洛随伊斯特万回到匈牙利，并从巴伐利亚带来了许多传教士和骑士。在基督教的传播中吉泽洛王后发挥了重要作用，她还向许多教堂赠送了礼物。在她的领导下修女们制作了一个做弥撒时用的十字褡，这件大型刺绣作品上至今保留着圣·伊斯特万、伊姆雷王子和吉泽洛王后的刺绣图像。后来，这件刺绣被当作匈牙利国王加冕时用的斗篷式长袍，流传至今。伊斯特万国王逝世后，彼得国王不但没收了她舅母的大部分财产，而且还把她软禁起来。因此，她就回到了巴伐利亚，到帕绍（Passau）尼姑院当了尼姑，后来当上尼姑院的院长。1065 年逝世，享年 81 岁。她死后安葬在尼登贝格（Niedernberg）修道院。她当年使用过的十字架现在仍保存在慕尼黑的博物馆内。

　　天主教和东正教都封伊斯特万为圣人：1083 年 8 月 19 日，经罗马教廷批准，正式封伊斯特万为圣人。他是匈牙利第一个被封圣的人，第一个被封圣的国王。2000 年，在伊斯特万国王登基 1000 周年之际，君士坦丁堡的东正教大主教 Bartholomeosz 宣布，封匈牙利国王伊斯特万为圣人 。他是 1054 年教会大分裂以来被天主教和东正教都尊崇的唯一的一位圣人。

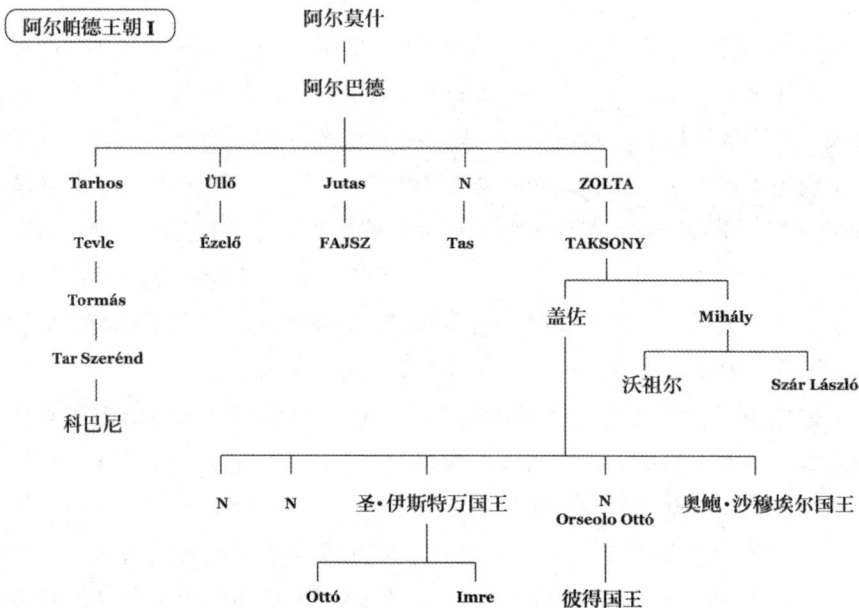

阿尔帕德王朝 I

## 2. 彼得国王 Orseolo Péter （1038—1041）

彼得国王，1011年出生于威尼斯。1038年第一次登基，同年加冕。1044年第二次登基，前后共在位5年。1046年去世，享年35岁（或1059年去世，享年48岁）。死后葬于佩奇大教堂。

父亲：威尼斯共和国总督奥尔塞奥罗·奥托三世。

母亲：盖佐（圣.伊斯特万国王的父亲）大公的一位不知名字的女儿。

第一个妻子：不知姓名。

第二个妻子：Schweinfuerti Judit。

子女：无。

彼得出生于威尼斯。当年盖佐大公将其一个女儿嫁给了威尼斯共和国的总督奥尔塞奥罗·奥托三世（III.Orseolo Ottó）。由于威尼斯于1026年发生暴乱，彼得的父亲奥尔塞奥罗·奥托三世逃到拜占庭避难，彼得（和他的妈妈及妹妹）来到匈牙利投奔他的舅舅圣.伊斯特万国王。彼得很快就当上了王宫警卫队的司令（1030）。在圣.伊斯特万的儿子伊姆雷不幸去世后，国王就开始特别器重他，后来正式宣布彼得为他的儿子，并指定他为王位继承人。伊斯特万去世后，他顺利地登上了国王的宝座。圣.伊斯特万之所以选择彼得为王位继承人，是因为他认为彼得可以继续奉行他的西欧天主教路线，因为彼得从小就生活在天主教盛行的意大利。但他万万没有想到，这一决策，在他逝世后却把国家推进了长达40年的内战的火坑，而彼得为了保住自己的王位，宁愿充当神圣罗马帝国的附庸。

彼得登基以后也想继续他舅舅的政策，制定法律，铸造硬币，完善税收，继续建造教堂，他完成了佩奇大教堂的建设，还建造了老布达的教堂。但匈牙利人仍把他当作一个外国人，许多贵族不承认、不接纳这个国王。

他的外交政策是要削弱两个强大的邻国——神圣罗马帝国和拜占庭帝国。为此1039年在反对神圣罗马帝国的战争中，对奥地利藩侯阿达尔伯尔特（Adalbert）的地盘大肆进行毁坏。1040年，他派出三支部队支持捷克大公布热季斯拉夫一世去反对神圣罗马帝国新上任的皇帝亨利三世。在匈牙利军队的支援下，捷克取得了胜利。他积极地支持反对拜占庭的保加利亚军队。这种外交政策远远超出了国家财政的负担能力。在战事的决策中他不征求朝廷会议的意见，肆意罢免反对他的朝廷会议的成员，并趁机安插自己的亲信——主要是德国人和意大利人。宰相奥鲍·沙穆埃尔（Aba Sámuel）也被他清除出朝廷会议。

他登基后还干涉教会事务，开除了两位主教。他仿照神圣罗马帝国的做法，除要平民交纳重税外，也要主教团纳税。

他登基后，不顾对他舅舅伊斯特万国王做出的不动他舅妈财产、任何时候都要去保护她的承诺，剥夺了她舅妈吉泽洛的特权，没收了她的大部分财产，还把她软禁在维斯普雷姆。

1041 年，当他在同神圣罗马帝国作战时，伊斯特万国王的妹夫奥鲍·沙穆埃尔在心怀不满的宗教界和世俗贵族的共同支持下，起兵谋反，杀死了彼得国王的顾问布多（budo）以及当年把沃祖尔（Vazul）的眼睛弄瞎并在他的耳孔里灌进滚烫铅液的谢伯什特（Seböst）。彼得国王无奈之下逃到奥地利避难，并向自己的宿敌神圣罗马帝国皇帝亨利三世求救。这时，匈牙利的贵族们把奥鲍推上了国王的宝座。

## 3. 奥鲍·沙穆埃尔国王 Aba Sámuel（1041—1044）

出生于 990 年左右。1041 年登基，当年复活节加冕。在位 3 年。去世于 1044 年 7 月，享年大约 55 岁，葬于今日的奥鲍沙尔（Abasár）修道院。

父母：不详。

妻子：盖佐大公的女儿绍罗尔陶 Sarolta（即前国王圣·伊斯特万的妹妹）。

子女：有许多子女，但名字不详。

奥鲍的出生年月日不详，父母是谁也无法考证，1041 年他登基前的生平事迹也无任何记载。根据历史传说，他是埃德梅尔（Edömér）地区库曼人（Kunok）的后代；另外一种说法是，他是聂斯托里教的信徒；第三种说法认为他是同匈牙利民族一起来到喀尔巴阡山盆地的 Kálizok 部落的后代，而该部落信奉犹太教，所以又说奥鲍出身于信奉犹太教的以色列家族。最后一种说法比较可信；伊斯特万当了国王后，要巩固政权，扩展疆土。据说，当时伊斯特万国王没有对时任 Kálizok 部落长的奥鲍采取武力，而是同他谈判，并将他的妹妹许配给奥鲍，其条件是奥鲍必须改信天主教。奥鲍同意了，他的地盘划归为匈牙利领土。随后，伊斯特万在奥鲍从前的领地埃格尔建立了主教团，并建立了乌伊瓦尔（Ujvár）州。这时，伊斯特万国王仿照神圣罗马帝国的模式，设立了宰相职务，奥鲍曾担任过圣·伊斯特万和彼得两个国王的宰相。

当彼得国王同神圣罗马帝国作战时，奥鲍联合国内对国王不满的贵族势力向彼得国王开战。彼得国王战败后逃到奥地利。1041 年，匈牙利的贵族们选举奥鲍为国王，并在圣诞节为他举行了加冕仪式（他是匈牙利历史上第一个选举产生的国王）。

无奈的彼得前往神圣罗马帝国，请求皇帝亨利的帮助。亨利皇帝之所以乐于帮助彼得，是为了借此机会收回1030年割让给匈牙利的失地，并把匈牙利变成神圣罗马帝国的附庸国。

奥鲍先派使者去神圣罗马帝国，希望神圣罗马帝国在匈牙利的王位之争中保持中立，但被拒绝。1042年2月，奥鲍的军队主动进攻奥地利，但吃了败仗。1042年秋，神圣罗马帝国军队向匈牙利发起攻击，占领了多瑙河以北地区。一年以后，神圣罗马帝国军队再次进攻匈牙利，一直挺进到拉巴河（Rába）。奥鲍知道自己打不过神圣罗马帝国，只得求和，除赔款外，还把伊斯特万国王于1030年从神圣罗马帝国获得的领土割让给神圣罗马帝国。这种卖国求荣的行径引起了他的支持者的不满，支持者变成了反对者，他们开始策划重新让彼得复位。奥鲍得知这一消息后，在1042年的复活节，将策划给彼得复位的50名大贵族骗到乔纳德（Csanád），处以死刑，另外一些人则被流放。他的这一举动使乔纳德的主教盖莱尔特（Gellért）十分恼怒，为此，他断然拒绝了为奥鲍国王主持每年一次的象征性的加冕仪式。这说明匈牙利的主教团已经同他划清了界限。

奥鲍为了向神圣罗马帝国支付战争赔款，规定主教们也要纳税，这进一步恶化了他同教会的关系。1044年7月5日，奥鲍的军队与神圣罗马帝国亨利三世皇帝的军队在曼弗（Menfő）交战，由于军队中出现叛变，奥鲍的军队战败，奥鲍向蒂萨河方向撤退，途中在奥巴德（Abád）被追上来的德军杀害，死后葬于珍珠市（Gyöngyös）附近的沙里（Sári）修道院。

一些历史学家说，奥鲍主张平等，远离贵族，更喜欢同贫苦人和一无所有者接触，同他们一起吃饭或骑马。

## 彼得第二次当国王（1044—1046）

奥鲍的去世为彼得恢复王位提供了机会。彼得同神圣罗马帝国皇帝亨利三世一起来到塞克什白堡（Székesfehérvár），在帝国军队的保护下，于1044年7月5日为他举办了加冕仪式。1045年，他还和神圣罗马帝国皇帝一起欢度了圣灵降临节。他以向亨利三世敬献金矛的礼仪，正式把匈牙利作为附属国献给了神圣罗马帝国。为此，他的舅妈、伊斯特万国王的遗孀吉泽洛愤怒之下离开匈牙利，回到她的故乡巴伐利亚。彼得的所作所为引起了贵族们的强烈不满。他们打算推翻彼得的政权，计划泄露后遭到残酷镇压。这时以盖莱尔特（Gellért）主教为首的贵族们于1046年写信给沃祖尔（Vazul）的儿子们，希望他们回国管理国家。于是生活在俄罗斯的沃祖尔的两个儿子安德拉什和莱文泰于 1046 年秋天，由俄罗斯军队护送回国，并在奥鲍乌伊瓦尔（Abaújvár）同国内起义者们相会。1046 年夏，以陶陶（Tata）为首的异教徒起义了。安德拉什于 9 月还会见了陶陶。陶陶提出如果同意恢复他们的异教信仰，杀死主教，拆除教堂，他们就支持安德拉什当国王。安德拉什出于大局考虑同意了他的要求，因为安德拉什知道，只凭他俄罗斯岳父的那点部队不可能打败彼得的军队。当俄罗斯和国内军队打到外多瑙河时，彼得国王向莫雄（Moson）方向逃跑，想再次逃往奥地利。因为边界上有异教徒的军人把守，彼得不得不后退，在扎莫伊（Zámoly）遇到安德拉什的军队。这时彼得逃进一家农户，在那里顽强抵抗三天后被捕。1046 年 9 月他的眼睛被弄瞎了。关于他的死说法不一，一种说法是，他的眼睛被弄瞎后不久死于塞克什白堡（Székesfehérvár）；另外一种说法是，他又活了十几年，于 1059 年去世，期间还结了婚，娶了捷克大公布热季斯拉夫一世的遗孀（Schweinfurti Judit）为妻。彼得死后葬于佩奇大教堂。

## 4. 安德拉什一世国王 I.András （1046—1061）

生于 1015 年左右。1046 年登基，1047 年年初加冕，在位 15 年。1061 年去世。葬于他建立的巴拉顿蒂豪尼（Tihany）修道院。

父亲：沃祖尔（Vazul）。

妻子：俄罗斯公主安娜斯塔齐奥 Anasztázia。

子女：绍洛蒙（Salamon），达韦德（Dávid）和奥代尔海伊德（Adelheid）。

安德拉什大约生于 1015 年。在他的父亲被弄瞎眼睛逃出国外后，他同他的兄弟贝拉（Béla）和莱文泰（Levente）一起先逃到捷克避难，随后，在 1031—1034 年在波兰王宫避难。当波兰国王梅什科二世去世后，他们辗转到俄罗斯避难，在弗拉基米尔（Vlagyimir）待了一段时间后，被基辅大公雅罗斯拉夫一世（Jaroszláv）收留。1038 年，大公将其女儿安娜斯塔齐奥（Anasztázia）嫁给了他，其条件是，他必须改信东正教，并以俄罗斯保护神的名字安德烈给他重新起了名。他在俄罗斯时的名字叫圣安德烈（安德拉什）在这之前他叫什么，文献没有记载。

1046 年登基，当年年底由塞克什白堡（Székesfehérvár）仅剩的 3 个主教为他举行了加冕仪式（据历史记载，这项王冠是拜占庭皇帝君士坦丁九世送给他的）。在攻打彼得军队的同时，异教们在全国大力展开反天主教运动，大肆屠杀神父和主教，大批教堂被拆除，著名主教盖莱尔特也被异教徒们杀害。1046

年9月24日，盖莱尔特（Gallért）同其他三位主教从塞克什白堡到布达去迎接安德拉什，在布达的渡口（今日鲁道什温泉浴池附近）遭到一大帮异教徒的袭击。他们用石头将盖莱尔特（Gallért）击伤，然后用两个轱辘的小推车把他运到今日的盖莱尔特山顶，从那里把他推下山摔死了。

安德拉什登基后，在国内政策上，极力推进人民对天主教的信仰，把伊斯特万的法律作为国家法制的基础。重新修建被拆除的教堂，恢复在战乱中被破坏了的宗教机构。同时，立即开始镇压异教徒。安德拉什的弟弟莱文泰是异教徒，但他对镇压异教徒不持异议，不介入政治，而且早就声明，放弃继承王位的权利，不久后病故。1047年，安德拉什恢复了国家的统一，王室的军事力量占了绝对优势。为了弥补主教的不足，从法国请来了一批传教士，这要感谢安娜斯塔齐奥王后，她的姐姐是法国的王后。

解决同神圣罗马帝国的关系：1047年，安德拉什派特使去神圣罗马帝国，表示匈牙利愿意割让土地和进贡，但不能做神圣罗马帝国的附庸国。因神圣罗马帝国正在处理意大利问题，无暇同匈牙利谈判。安德拉什知道，战争迟早会来的，所以，他在1048年将他在波兰的弟弟贝拉召回国。因贝拉有非凡的军事天才，故将军队的指挥权交给了他，并封他为公爵，将全国领土的三分之一赐封给他，还确定他为日后的王位继承人。

1051年，亨利三世的军队兵分两路进攻匈牙利。匈牙利采取了1030年圣.伊斯特万使用过的焦土政策，另外还采取游击战的方法袭击敌人。这时，贝拉俘虏了一名神圣罗马帝国的信使，贝拉以神圣罗马帝国人的名义给主教们写了一封信说，战争已经结束，请军队立即返回雷根斯堡。这样，神圣罗马帝国军队就撤离了匈牙利。

1052年，神圣罗马帝国军队再次侵入匈牙利。这次他们沿着多瑙河前进，进攻的第一个城市是波若尼（Pozsony，即今布拉迪斯拉瓦）。波若尼城坚守了8个星期，后来，匈牙利人在晚间潜入多瑙河中，把许多神圣罗马帝国的船都给钻了洞，许多船只沉没在多瑙河中。神圣罗马帝国军队第二次失败而归。

1053年，在军事上失利的亨利三世提出和谈，神圣罗马帝国提出大量的赔款和割让土地的要求。由于神圣罗马帝国国内再次发生内讧，谈判不得不停止。1056年，亨利三世逝世，他的儿子亨利四世继位。在1058年新的谈判中，神圣罗马帝国没有要求赔款和割让领土，也没有提及要匈牙利当附庸国的问题。但在两国的和约中规定，安德拉什6岁的儿子绍洛蒙要与神圣罗马帝国前皇帝亨利三世10岁的女儿、现任神圣罗马帝国皇帝亨利四世的妹妹尤迪特（Judit）订婚，而且还要指定绍洛蒙为安德拉什的王位继承人。

兄弟之间的内讧：安德拉什不顾事先与弟弟贝拉签订的协议，在与神圣罗马帝国签订和约的前一年，即 1057 年就擅自为自己刚刚五岁的儿子绍洛蒙加了冕。安德拉什在他的第二个儿子达韦德（Dávid）出生后中风，已行动不便，更重要的是，他认为他去世后，贝拉将是他儿子最大的敌人。因此，决定在他有生之年先为儿子铲除这个敌人。为了清楚地了解他弟弟的心思，他在 1059 年的某一天把弟弟叫到蒂萨河旁边的瓦尔科尼（Várkony），把象征王权的王冠和代表公爵权力的一把剑放在一块红绒布上，请他弟弟任意选其中一件。安德拉什给他的两名亲信下令：如果贝拉伸手去拿王冠，就立刻把他杀掉。这时，站在大厅门口的米克洛什州长已经知道了安德拉什的秘密计划，当贝拉走到大厅门口时，他悄悄地对他说："如果你珍惜自己的生命，就请你选择剑。"贝拉对这位州长的话已心领神会，走到大厅内毫不犹豫地把剑拿到手中，然后说："剑使我得到妻子，剑也将使我得到王冠。"（据说，贝拉当年替波兰大公进行过一次决斗，故此，波兰大公把女儿嫁给了贝拉）。贝拉随后立即再次逃回波兰避难。历史上将之称为"瓦尔科尼事件"。

阿尔巴德王朝 II

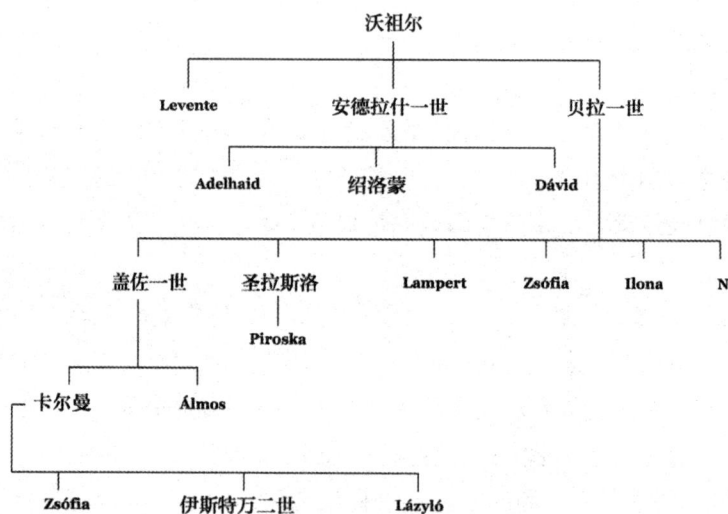

```
                          沃祖尔
         ┌──────────────────┼──────────────────┐
      Levente          安德拉什一世            贝拉一世
                    ┌───────┼───────┐            │
                Adelhaid  绍洛蒙   Dávid         │
         ┌─────────┬─────────┬─────────┬─────────┬─────────┐
      盖佐一世   圣拉斯洛   Lampert   Zsófia   Ilona     N
         │          │
         │       Piroska
    ┌────┴────┐
  卡尔曼    Álmos
    └────┬─────────────────┬─────────┐
      Zsófia          伊斯特万二世   Lázyló
```

1060 年，贝拉带着波兰国王波列斯瓦夫二世（他妻子的侄子）派给他的军队打进匈牙利。安德拉什请求神圣罗马帝国帮助，同时把家眷转移到奥地利。神圣罗马帝国军队越过蒂萨河，想把贝拉赶出匈牙利。在关键时刻安德拉什的几位亲信背叛了他，站到了贝拉的一边。随后在莫雄（Moson）的决战中，贝拉的部队包围了神圣罗马帝国的军队，并俘虏了他们的将领。这时，安德拉什骑着马向西逃跑，贝拉的马队追上了他。交战中安德拉什国王被打下马来，并被战车压伤，在受了重伤的情况下被其弟弟贝拉活捉，打入了大牢，几天之后去世。安德拉什葬于由他建造的巴拉顿蒂豪尼（Tihany）修道院。

## 5. 贝拉一世国王I.Béla（1061—1063）

生于1015年到1020年间。1061年登基，同年加冕，在位2年多。1063年9月11日去世。葬于塞克萨尔德（Szekszárd）的修道院。

父亲：沃祖尔（Vazul）。

妻子：波兰公主Richeza。

子女：三个儿子：盖佐（Géza，1074—1077年匈牙利国王）、拉斯洛（László，1077—1095匈牙利国王）和洛姆派尔特（Lampert）。四个女儿：伊洛瑙（Ilona，1063年嫁给克罗地亚国王）；若菲奥（Zsofia，1062年嫁给魏玛—伊斯特拉侯爵（Ulrik），1071年改嫁给撒克逊王子（Magnus）；埃乌费米奥（Eufémia，1073年左右嫁给摩尔多瓦王子奥托）；还有一个不知名字的女儿。

在圣.伊斯特万的儿子伊姆雷去世（1031）后，历史文献才第一次提到贝拉的名字。1031年，他同他的兄弟们一起逃到波兰的克拉克夫大公那里去避难。他率领波兰军队在攻打波美拉尼亚（Pomeránia）时打了胜仗，因此，波兰国王梅什科二世将女儿嫁给了他。他的父亲沃祖尔爱称他是一头"野牛"和"冠军"。

安德拉什去世后，贝拉一世在塞克什白堡（Székesfehérvár）加冕当上了国王。不久在塞克什白堡召开了国会，这时，异教徒首领陶陶的儿子亚诺什从每个村庄叫来两个年纪最大的异教徒，在城外安营扎寨，搭台演讲，要求恢复异教。贝拉要求考虑三天后答复。这时，贝拉把附近州的城堡战士调来，迅速驱散了这些异教徒们（这是匈牙利异教徒最后一次闹事）。他登基后也像他哥哥一样，坚决地镇压异教徒，但对他的侄子绍洛蒙（Salomon）的亲信们则采取了宽容的政策，随后便开始了巩固政权的工作。根据自己的教训，他没有再封公爵。

在对外方面，贝拉国王愿意同亨利四世妥协，但亨利拒绝了他的妥协建议。1063年，神圣罗马帝国决定武装支持他的侄子绍洛蒙。贝拉国王已有意将王位让给绍洛蒙，即便是这样做也无法避免同亨利四世的冲突。绍洛蒙率领的神圣罗马帝国军队已越过了边界，开始攻打莫雄（Moson），无奈的贝拉撤退到了德莫希（Dömös）庄园，在庄园里发生了悲惨的不幸事故：用木质材料制作的宝座突然倒塌，被砸得半死不活的国王仍坚持抵抗，并亲自带部队去和德军作战。由于伤势过重，于 1063 年 9 月 11 日在戴韦尼（Dévény）去世。葬于他自己兴建的塞克萨尔德（Szekszárd）的修道院。他的家眷再次到波兰避难。

## 6. 绍洛蒙国王 Salamon（1063—1074）

1053 年出生。1063 年登基。1057 年和 1063 年两次加冕。1087 年去世，享年 34 岁。在位 11 年。葬于普拉（Pola）主教教堂。

父亲：安德拉什一世国王。

母亲：俄罗斯公主安娜斯塔齐奥（Anasztázia）。

妻子：神圣罗马帝国亨利三世皇帝的女儿尤迪特（Judit）。

子女：没有。

他出生后不久便成了国内内乱的"起因"。他的父亲安德拉什一世违背了自己对弟弟的承诺，把儿子定为王位继承人，并在 1057 年给他加了冕，紧接着又把亨利三世的女儿尤迪特（Judit）和绍洛蒙的婚事定了下来。还是孩童的绍洛蒙在他父亲安德拉什国王去世后不得不同他的母亲一起逃到亨利四世的宫廷中避难。刚刚十岁的孩子就成了"大政治"的玩具。

当他的叔父贝拉一世国王去世后，神圣罗马帝国军队把他带到塞克什白堡，在那里主教团和大贵族们为他举行了第二次加冕仪式（1063）。被外部势力扶上台的他，在国内没有牢固的基础，当亨利四世的部队撤走后，他叔叔贝拉的儿子盖佐又开始和他争起了王位。盖佐得到了波兰大公波列斯瓦夫（Boleszláv）二世的全力支持。

当支持盖佐的波兰军队越过国界打进来之后，年轻的绍洛蒙国王向莫雄（Moson）方向撤退。之后，在国内大贵族和教会的调和之下，双方于 1064 年在杰尔（Györ）达成和平协议。双方商定恢复公爵职称，盖佐承认绍洛蒙的王位，绍洛蒙则封盖佐为公爵。这样一来，双方之间平静了几年。由于绍洛蒙的妻子是神圣罗马帝国人，母亲是俄罗斯人，因此，匈牙利和神圣罗马帝国及俄罗斯的关系都不错；由于盖佐的妈妈是波兰公主，所以，匈牙利与波兰的关系也不错。1067 年，匈牙利与捷克发生过短暂的边界冲突，后来，捷克的奥托王子和盖佐大公的妹妹埃乌费米奥（Eufémia）喜结良缘，改善了和捷克的关系。因此，匈牙利国际环境也很好。

1071 年，为了帮助克罗地亚总督（盖佐大公的亲妹夫和绍洛蒙的表姐夫）从威尼斯手中重新夺回达尔马提亚，匈牙利派兵支持克罗地亚。不久，佩切涅格人（Besenyök）侵入匈牙利东部边界，绍洛蒙和盖佐联合作战，于1068年在凯尔莱什（Kerlés）彻底打败了佩切涅格人。随后，绍洛蒙和盖佐又攻打佩切涅格人的支持者—希腊。匈牙利军队强行渡过萨瓦河，包围了南多尔费黑尔瓦尔（今贝尔格莱德），逼迫城堡司令投降，但希腊人没有向国王绍洛蒙而是向盖佐公爵投降了，盖佐还要求保护他们，这使国王感到很不快。而在分配战利品时，国王故意少分给盖佐，这又使盖佐感到不快。接着，盖佐背着国王同拜占庭皇帝的使者进行了谈判，还释放了俘虏。这表明盖佐已经不满足公爵的职位，开始故意向国王挑衅。另外，绍洛蒙的神圣罗马帝国出身的亲信韦德（Vid）州长看中了公爵的位置，又在国王面前故意煽动反对公爵的气氛，期盼着绍洛蒙把盖佐赶走，把公爵的位置让给他。不久，希腊人又夺回了南多尔费黑尔瓦尔。1072年，盖佐再次参加驱赶希腊人的战争，他一直把希腊人赶到尼什（Nis）。这时，绍洛蒙及其亲信们在塞克萨尔德（Szekszárd）制定了反对盖佐的计划，塞克萨尔德修道院的院长韦尔莫什（Vilmos）将国王的计划告诉了盖佐公爵。盖佐得知消息后，立刻派他的弟弟到基辅去寻求外援。在这种剑拔弩张的时刻，17位主教经过不懈的努力，终于在1073年使绍洛蒙和盖佐和好了。但以韦德为首的绍洛蒙国王的亲信们极力主张趁机杀掉盖佐，因为这时盖佐的一个弟弟拉斯洛在基辅，另外一个弟弟洛姆派尔特在波兰。绍洛蒙的妈妈安娜斯塔齐奥极力劝他和盖佐和平相处，但绍洛蒙根本不理。根据《图罗齐编年史》（Thuróczi—krónika）记载，他妈妈劝告他说："我亲爱的儿子！你再也不听我和你忠实追随者们的劝告了，你只听韦德一个人的话。你今后会怎样？你会失去追随你的人们。我没有警告过你吗？你拥有匈牙利王冠就够了，和你的堂弟盖佐和平相处吧，把匈牙利王国给他一部分。可现在呢，不但韦德当不了公爵，你也难保自己的政权。"听完安娜斯塔齐奥的这些话以后，要不是他夫人的极力阻拦，他就一巴掌打到他妈妈的脸上。安娜斯塔齐奥没能阻止他们堂兄弟之间的冲突。

这时，绍洛蒙有神圣罗马帝国的支持，盖佐有波兰的支持。1074年2月，绍洛蒙在凯迈伊（Kemeji）渡口打败了盖佐，但一个月以后，盖佐的兄弟拉斯洛带着捷克军队来支持盖佐，最后，盖佐在毛焦罗德（Mogyorod）彻底打败了绍洛蒙。绍洛蒙在奥地利援助下也只保住了莫雄（Moson）和波若尼（Pozsony）这两地。他把他的妻子和母亲寄居在奥德蒙蒂（Admonti）修道院。他自己前往神圣罗马帝国求援，为了得到神圣罗马帝国的援助，他答应当神圣罗马帝国的附庸国，并割让一些城堡给神圣罗马帝国。但神圣罗马帝国部队很快就撤退了，他只保住了西部边界地区。因为此时，神圣罗马帝国皇帝亨利四世正在同教皇格列高利七世为了主教叙任权进行斗争，无力给绍洛蒙更多的帮助。绍洛蒙同亨利四世关系好，因此教皇也不支持绍洛蒙。1074 年 10 月 25 日，教皇格列高利七世猛烈攻击绍洛蒙，责备他把罗马教会的财产——匈牙利——献给了神圣罗马帝国亨利四世。与此同时，他鼓励盖佐勇敢地去捍卫匈牙利的独立。教皇还于 1076 年公开诅咒亨利四世。

## 7. 盖佐一世国王 I. Géza（1074—1077）

大概出生于 1039 年。1074 年登基，1075 年春加冕。在位 3 年。1077 年 4 月 25 日去世，葬于瓦茨（Vác）主教教堂。

父亲：贝拉一世国王。

母亲：波兰公主丽切佐（Richeza）。

第一个妻子：比利时林堡省王子的女儿 Loozi Zsofia。

第二个妻子：拜占庭的公主 Szünadéné。

子女：第一个妻子生了两个儿子：卡尔曼（Kálman，1095—1116 的匈牙利国王）和阿尔莫什（Álmos）；第二个妻子生了一个女儿考陶林（Katalin）。

盖佐出生在波兰，1048 年同其父亲第一次回国。1059 年在瓦尔科尼（Várkonyi）事件（详见安德拉什一世国王篇）后，同其父再次逃到波兰的克拉克夫。后来参加了其父亲同安德拉什之间的战争。其父贝拉一世去世后他和他的兄弟承认了绍洛蒙的王位，根据 1064 年 6 月 20 日签订的杰尔和约，盖佐获得公爵职位（1064 年到 1074 年之间任公爵）。之后，他勇敢地参加了同佩切涅格人（Besenyök）和拜占庭的战争（他和绍洛蒙的关系请参看绍洛蒙国王篇）。从 1071 年起为了王位开始同他的堂兄（他大伯安德拉什一世的儿子）绍洛蒙国王进行武装斗争。1074 年 2 月 26 日，绍洛蒙在凯迈伊（Kemej）打败了准备不足的盖佐，不久，盖佐的弟弟拉斯洛从波兰带来了援军，1074 年 3 月 4 日，盖佐和拉斯洛的联军在毛焦罗德（Mogyorod）战役中彻底打败绍洛蒙，随后盖佐登基当上国王。

1074 年 5 月，绍洛蒙请求神圣罗马帝国皇帝亨利四世武装援助，亨利的军队于 1074 年夏末沿着多瑙河北岸攻进匈牙利，一直进攻到瓦茨（Vác），盖佐采用焦土策略，很快就逼退了神圣罗马帝国的军队，但绍洛蒙在波若尼和莫雄站住了脚，他在这里一直待到 1081 年。罗马教皇格列高利七世不承认盖佐为匈牙利国王，除非他承认匈牙利为罗马教廷的附属国。盖佐既不愿意做教廷的附属国，也不愿意向亨利投降，他不得不向拜占庭皇帝米凯尔七世靠近，盖佐同米凯尔七世曾在签订南多尔费黑尔瓦尔（即今贝尔格莱德）和约时见过面。这时，拜占庭皇帝米凯尔七世为了表彰盖佐在攻打南多尔费黑尔瓦尔时的英勇，1075 年，赠送给盖佐一项王冠，盖佐就是用这顶王冠加的冕。就这样，两国结了盟，盖佐把南多尔费黑尔瓦尔归还给了拜占庭，而米凯尔七世则把女儿（Szünadéné）嫁给了盖佐。

为了国内的和平，盖佐希望以和平的方式解决他同绍洛蒙再次爆发的王位之争。1076 年，在圣诞节弥撒结束之后，他向主教们哭着提出自己要退位，愿意把国土的三分之二和王位让给绍洛蒙，他去当公爵。为此，盖佐和绍洛蒙派特使开始进行谈判。1077 年 4 月 25 日，盖佐在和绍洛蒙谈判时突然病倒然后死亡，历史学家们怀疑是中毒而死。盖佐逝世后贵族们也没有让绍洛蒙当国王。这说明匈牙利的贵族们把祖国的独立看得比什么都重要，他们不喜欢没有骨气的，为了自己的地位拿国家的独立当砝码的人（详见绍洛蒙国王篇）。他们选择了盖佐的弟弟拉斯洛。

虽然盖佐统治时间不长，但为了加强教会做了不少工作。他完成了瓦茨（Vác）的主教堂的建设，在毛焦罗德（Mogyorod）建造了纪念教堂，在高老姆森特拜奈代（Garamszentbenedek）建造了修道院。他下令将星期六定为购物日，以便星期日都去教堂做礼拜。

## 8. 圣 . 拉斯洛国王 Szent László（1077—1095）

大约出生于 1040 年。1077 年 4 月 25 日登基。1077 年用拜占庭皇帝送给盖佐国王的王冠加冕，1081 年从绍洛蒙那里得到圣 . 伊斯特万王冠后又重新加冕。在位 18 年。1095 年 7 月 29 日去世，享年约 55 岁。先葬于自己在绍毛吉瓦尔（Somogyvár）修建的圣埃杰德（Szent Egyed）修道院，1106 年将其墓迁到纳吉瓦劳德（Nagyvárad，即今罗马尼亚的奥拉迪亚 Oradea）。1192 年被罗马教廷封为圣人。

父亲：贝拉一世国王。

母亲：波兰公主丽切佐（Richeza）。

妻子：神圣罗马帝国亨利四世的对立皇帝鲁道夫的女儿——奥代尔海伊德（Aldelheid）公主。

子女：拉斯洛国王没有儿子，只有一个女儿：皮罗什考（Piroska），皮罗什考 2 岁时母亲去世，7 岁时父亲去世，从他父亲去世后就一直生活在他的堂哥（她叔叔的儿子）卡尔曼国王的宫廷里。她 16 岁时（1104 年）嫁给了拜占庭的约翰·科穆宁，1118 年，约翰·科穆宁继承了拜占庭的皇位（1118—1143）。

皮罗什考就成了拜占庭的皇后。她共生育了 8 个子女。她建造了拜占庭最有名的万能（Pantokrator）修道院。她去世后东正教封她为圣人，每年的 8 月 13 日是她的纪念日。

拉斯洛出生时他的父亲贝拉正在波兰流放。他的前半生投身于国内争夺王位的斗争中。在他的哥哥盖佐一世反对绍洛蒙的内战中他起了重大作用，那时就显露出他的军事才干。在盖佐一世执政期间，他是公爵。1077 年，他的哥哥盖佐去世后，他继承了王位。

他登基后的首要任务是：结束内部动乱和外部威胁。他是一个非常严厉和正义的立法者，因此，私有财产制度在匈牙利得以巩固。他是一位虔诚的天主教信徒，且英勇善战。在他统治期间，匈牙利第一次开始对外侵略，1091 年，他吞并了克罗地亚及斯洛文尼亚，把匈牙利的领土扩展到了喀尔巴阡山盆地的边缘。

绍洛蒙问题：拉斯洛继承王位后，先同他进行谈判，谈判无果，1079 年拉斯洛占领了一直被绍洛蒙占领的莫雄。这时，绍洛蒙仍然得不到德皇亨利四世的大力支持，所以，在 1081 年他承认了拉斯洛的王权，并把一直在他手中的匈牙利王冠交了出来。拉斯洛仍然给绍洛蒙保留着国王的称号，还给他布置了一个只有他一人的王室。但绍洛蒙仍然不甘心，仍在策划谋反。1083 年新国王拉斯洛失去了耐心，将绍洛蒙禁闭在维谢格拉德（Visegrád）城堡的塔内，当年 8 月，拉斯洛国王为开国国王伊斯特万封圣时把他放出。这时，绍洛蒙也失去了神圣罗马帝国的支持和信任，他一气之下投奔了佩切涅格人（Besenyök），佩切涅格的首领克泰什克（Kötesk）许诺他，如果打败了匈牙利，就把埃尔代伊让给他。他果然于 1085 年率领佩切涅格人的军队攻打匈牙利。拉斯洛国王在基什瓦尔道（Kisvárda）击败了他。1087 年，他又投奔了保加利亚的佩切涅格的首领切尔古（Cselgu），切尔古想占领君士坦丁堡，但切尔古 1087 年 3 月在 Chariopolisz 吃了败仗，切尔古本人也牺牲了，绍洛蒙在逃跑中被希腊人杀死。

关于绍洛蒙什么时候、在哪里去世有多种说法。据《绍洛蒙传奇》记载，他没有被打死，他渡过结冰的多瑙河，躲在森林中，后来穿上乞丐的服装还回到过塞克什白堡（Székesfehérvár），然后去了（克罗地亚的）普拉，在那里过着隐居生活（1896 年举办的匈牙利建国千周年展览会上，普拉的主教团还展出了绍洛蒙的墓碑）。另有记载说，绍洛蒙死后葬于贝尔格莱德城外，他的妻子尤迪特 1088 年改嫁。据此推算，绍洛蒙可能不是死于 1087 年。

为开国国王封圣：为了提高匈牙利在天主教国家中的地位，1083 年，经罗马教皇格利高列七世批准，拉斯洛为匈牙利王国开国国王伊斯特万和他的儿子伊姆雷、传教士盖莱尔特以及两名隐士（安德拉什和拜奈代克）举行了封圣仪式。

教皇赞扬说："他们在潘诺尼亚播下了信仰的种子，并以传教和采取各种行政措施的办法使这个国家信奉了上帝。"两个隐士和盖莱尔特主教的封圣仪式是在1083年7月举办的。伊斯特万的棺木是他逝世周年纪念日8月15日出土的。根据传说，8月15日这一天，除了国家的重要人物外，还有大批患有各种疾病的穷人也来到塞克什白堡（Székesfehérvár），他们希望已故的将被封为圣人的国王能医治好他们的疾病。为期3天的斋戒和祷告过后，人们无论如何也打不开石棺的棺盖。这时，一位有灵气的尼姑建议把绍洛蒙从牢中放出来。据传说，当绍洛蒙从大牢中被放出来以后，8月20日早晨，在国王、主教们和各界的大人物们在场的情况下，石棺很轻松地被开启了。人们看到，国王的肢体漂浮在"香液"中，人们把这些肢体收集起来，用亚麻布包好后放在银制的箱子中运走了。

立法：在他统治期间，为了巩固私有制和教会的地位，制定了三部法律。1077年前制定了第三号法律，1077年以后制定了第二号法律，1092年制定了第一号法律（先制定的法律编号大，后制定的法律编号小，不合情理，但是事实——编者注）。第一号法律旨在处理天主教同犹太教和异教的关系问题，法律规定："禁止犹太人娶天主教徒为妻，也不准雇佣天主教徒做佣人。""如有人按异教习惯在井边祭神，或祭树、祭泉水、祭石头等，罚牛一头。"第二和第三号法律都是针对偷窃问题的。法律中写到，"匈牙利大贵族们发誓，绝不怜悯小偷，绝不窝藏小偷"。法律对盗窃的处分非常严厉，"被当场抓获的小偷要处以绞刑，逃到教堂的小偷，可免除挖眼的处罚，但10岁以上的孩子们要被卖去当奴隶"。"如果法官故意把小偷放走，他将失去一切，并被贩卖"。法律规定："如果所窃赃物价值一只母鸡，应予吊死，并没收全部财产""如奴隶有偷窃行为，处以鼻刑。如再次行窃，应予吊死""赃物买卖双方都处以死刑"等。为了巩固教会的地位，除了下令修建教堂外，法律还规定，对星期日不上教堂做礼拜的人"处以割鼻刑"。

拉斯洛的教会政策：拉斯洛以慷慨捐赠、建造新教堂和组建新主教团的办法发展和加强匈牙利的教会。他建造的新教堂有：1083年为了保存（伊斯特万的）圣右手在当时的比豪里州的拜赖基什（Berekys，在现在的罗马尼亚西部）建造了圣右手修道院；1091—1095年拉斯洛国王为从法国邀请来的班尼狄克教派的僧侣们按照伦巴第罗马的建筑风格在绍毛吉瓦尔（Somogyvár）建造了一座圣埃杰德（Szent Egyed）修道院，占地2.5公顷，它从组织上隶属于法国的圣吉尔修道院。

拉斯洛在斯洛文尼亚的萨格拉布设立了主教团，将比豪尔主教团的驻地移到了瓦劳德（Várad），将考洛乔（Kalocsa）大主教的中心移到了巴奇（Bács，现在的塞尔维亚伏伊伏丁那自治省的一个镇）。拉斯洛这样做的意图十分明显：第一，要在匈牙利南部排挤东正教；第二，要把罗马教会的影响扩大到匈牙利境外，首先扩大到从英国逃难来到巴尔干的骑士——东英格兰人的地盘上，正好这时他们想从拜占庭那里独立出来。所以，匈牙利王国就同他们建立了良好的关系，起先他们从匈牙利聘请神父，后来由考洛乔的大主教给英国的神父们授予主教圣职。

对外政策：在拉斯洛统治的初期，因为神圣罗马帝国皇帝亨利四世支持绍洛蒙，所以他同反对亨利四世的萨克森的王子施瓦布·鲁道夫（Sváb Rudolf）结盟，共同对付亨利四世。这一政策一直坚持到 1087 年绍洛蒙去世为止。之后，结束了他同神圣罗马帝国的对立政策，他在罗马教皇同神圣罗马帝国皇帝之间主教叙任权的斗争中采取了中立立场。同时，他利用他们之间的矛盾，在 1091 年一举吞并了克罗地亚、斯洛文尼亚和波斯尼亚，把匈牙利的边疆扩展到了喀尔巴阡山盆地的边缘。

1091 年，克罗地亚发生了王位之争的内乱，拉斯洛应他的姐姐、克罗地亚国王兹沃尼米尔（Zvonimir）的遗孀（拉斯洛的姐姐伊洛瑙于 1063 年嫁给了克罗地亚国王）的邀请前去平定内乱，然后占领了克罗地亚，接着又占领了位于萨瓦河以南的斯洛文尼亚。这是匈牙利王国建国以来的第一次对外侵略，从此，巴尔干就成了匈牙利几百年来对外扩张的主要地盘。拉斯洛国王委派前国王盖佐的儿子，他的亲侄子阿尔莫什（Álmos）去掌管克罗地亚的事务。

罗马教皇乌尔班二世对拉斯洛入侵克罗地亚不满，不承认匈牙利对克罗地亚的统治权。这时拉斯洛国王公开站在了神圣罗马帝国皇帝亨利四世一边，亨利承认了匈牙利对克罗地亚的统治。这时，在拜占庭的鼓动下，库曼人（kunok）开始侵犯匈牙利，拉斯洛不得不放弃在巴尔干的战争，拉斯洛的军队在泰迈什（Temes）及欧尔肖沃（Orsova）彻底打败了库曼人，其军队首领考波尔奇（Kapolcs）在战场上丧命。之后，匈牙利军队攻入拜占庭，占领了莫尔沃河（Morva）和德里瑙河（Drina）之间的领土、塞雷姆（szerém）和贝尔格莱德城堡。这时，拉斯洛还接受了默西亚（Moesia）国王的称号。这表明，拉斯洛还想占领东英格兰人（东英格兰人是在 1083 年从英国逃到巴尔干半岛北部的英国骑士们）的地盘。拉斯洛的计划没有实现，因为东英格兰人 1091 年臣服于拜占庭皇帝，拜占庭于 1092 年又把拉斯洛占领的领土夺了回去。后来拉斯洛再次打败了库曼人的侵犯。因为俄罗斯大公支持库曼人，所以，拉斯洛还对俄罗斯进行了打击。1094 年拉斯洛还干涉了波兰的内部争斗，出兵援助瓦迪斯瓦夫一世大公，逼迫双方在克拉科夫和解。1095 年，捷克发生宫廷之争，拉斯洛出兵支援他的外甥、奥托的儿子康拉德（拉斯洛的妹妹埃乌费米奥 Eufémia 于 1073 年左右嫁给捷克王子奥托），在同捷克作战时病倒，并去世于两国边界地区。

后人对他的崇拜：拉斯洛是一个虔诚的天主教教徒，此外他身材高大、体力超群、勇敢善战，因此，中世纪他在匈牙利人民中的威望越来越高。尤其是在 1192 年被罗马教皇封为圣人以后，他就成了匈牙利骑士文化和生活方式的典范。卡罗伊·罗拜尔特（1308—1342）和纳吉·拉约什一世（1341—1382）国王是拉斯洛的最忠实的崇拜者，拉约什一世在纳吉瓦劳德为拉斯洛树立了雕像，把拉斯洛的头像刻印在他的金福林的背面，直到 15 世纪末，国王金属货币上必须用拉斯洛的头像。玛利亚女王期间，国王的玉玺上刻有拉斯洛的半身像，以示她像拉斯洛国王那样公平和正义。匈牙利国王、神圣罗马帝国皇帝日格蒙德专门到纳吉瓦罗德拜谒拉斯洛的墓和遗骸，根据他的意愿，逝世后将自己葬在了拉斯洛墓的旁边。拉斯洛国王的墓迁移到纳吉瓦劳德以后，他的墓地便成了人民拜谒的圣地。直到 15 世纪末，纳吉瓦劳德的大教堂里一直保存着他的战斧、号角以及他的半身铜像，原告和被告以及大贵族们经常对着他的铜像发誓。

民间一直存在着拉斯洛能帮助人民取得胜利的信念。在反土耳其的战争中，战士们高喊着拉斯洛国王的名字勇敢地冲向敌人。匈牙利天主教把他视为匈牙利历史上在祖国建设中卓有成绩的国王，因为他以强硬的手段把一个软弱的国家建成了一个强大的国家，他打败了神圣罗马帝国的侵略、挫败了教皇把匈牙利沦为附庸国的企图，还打败了东方游牧民族对匈牙利的入侵和破坏，保卫了祖国，确保了祖国的独立。

他和他的女儿都被封为圣人：拉斯洛是第二个被罗马教廷封为圣人的匈牙利国王。他的女儿皮罗什考则被东正教封为圣人。皮罗什考（Piroska）嫁给了拜占庭皇帝约翰·科穆宁，在拜占庭改信东正教，改名为 Eirene。由于她做了许多善事，她逝世后被东正教封为圣人，每年 8 月 13 日为她的纪念日。在伊斯坦布尔圣索菲亚教堂内，至今保存着她和约翰·科穆宁皇帝的马赛克像。

## 9.（嗜书者）卡尔曼国王 Könyves Kálmán（1095—1116）

大约生于 1070 年。1095 年 7 月 29 日登基，1096 年春加冕，在位 21 年。1116 年 2 月 3 日去世，享年 46 岁。葬于塞克什白堡（Székesfehérrvár）。

父亲：盖佐一世国王。

母亲：比利时林堡省王子的女儿 Loozi Zsofia。

第一个妻子：西西里伯爵罗盖尔（Roger）一世的女儿费利齐奥（felicia），

1110 年逝世。她生了 2 男 2 女：女儿若菲奥（Zsofia）和一个嫁给了加利奇（Halics）王子的不知名字的女儿。儿子：伊斯特（即后来的伊斯特万二世国王）和拉斯洛是孪生兄弟，但拉斯洛早逝。

第二个妻子：俄罗斯公主埃乌费米奥（Eufémia）。在他的第一个妻子去世后，他于 1112 年娶了弗拉基米尔.莫诺马赫基辅大公的女儿埃乌费米奥为妻，但埃乌费米奥有了外遇，卡尔曼一气之下把她休掉并送回基辅，她在她父亲的宫廷内生了一个儿子，取名博里斯（Borisz）。卡尔曼不承认这个孩子。但他得到拜占庭的支持，拜占庭皇帝还把他的表姐嫁给博里斯为妻。1131 年，博里斯被波兰王室收留。后来曾多次回国来争夺王位。

卡尔曼生于 1070 年左右，弟弟名叫阿尔莫什（Álmos）。根据记载，卡尔曼从小就立志当牧师，受过良好的教会教育，因此受益匪浅。卡尔曼在教会生涯中进步很快，先当上了牧师，又当上了主教。据当时的国外资料，卡尔曼是欧洲统治者中最有教养的国王之一。匈牙利历史上之所以称他为"嗜书者"卡尔曼，是因为他虽然体弱多病，但博览群书，视野开阔。卡尔曼在位时将教会的一部分土地收归王室，得罪了教会，因此，教会所写的匈牙利的编年史把卡尔曼国王描写得很丑，说他是个咬舌人（口齿不清），瘸子，斜眼且驼背。另外一个原因是，伊斯特万二世去世后，被卡尔曼弄瞎了眼睛的贝拉二世的后代们占据王位长达 170 年，即直到阿尔巴德王朝的终结。因此，一些匈牙利历史学家们认为，王宫的文人墨客们可能是为了讨好在位的国王们而有意把卡尔曼描写得很丑。另外，对圣·拉斯洛的过分崇拜，也影响了卡尔曼的形象。卡尔曼也可能真的是个身体有残疾的人，这也可能是他的伯父拉斯洛不挑选他为王位继承人的理由。不管怎么说，（嗜书者）卡尔曼国王是阿尔巴德王朝的一位杰出的国王。

编年史上的记载慢慢成了众所公认的事实，因此，建国一千年之际，在布达佩斯英雄广场上所建造的半圆形的历史纪念碑上卡尔曼国王的雕像是驼背的。

王位之争：圣·拉斯洛国王没有儿子，也一直没有指定王位继承人。1095 年春，拉斯洛国王确定他哥哥盖佐的小儿子、卡尔曼的弟弟阿尔莫什为王位继承人。卡尔曼对此不服，出走去了波兰。这样一来，王位之争就拉开了序幕。拉斯洛国王于 1095 年 7 月 29 日突然去世，国家也立即分裂了。一部分贵族支持阿尔莫什，另外一些则支持从波兰克拉科夫被召回来的卡尔曼。当时，双方都没有请求外国的军事援助。最后，贵族们选择了卡尔曼，卡尔曼登上了王位。

在卡尔曼统治初期，实际上是同阿尔莫什一起执政的。他甚至为阿尔莫什恢复了公爵制，封阿尔莫什为公爵，还给了他一大块公爵领地。但阿尔莫什仍不服气，经常和卡尔曼作对。1105 年，卡尔曼为其儿子伊斯特万提前加冕，这一举动激化了兄弟之间的矛盾。阿尔莫什开始公开反对卡尔曼。他请求神圣罗马帝国皇帝出兵，但这个计划失败了，他又转而请求波兰的支援。但在最后一刻，他突然回到哥哥那里，跪在他哥哥面前请求原谅。卡尔曼原谅了他，但剥夺了他的公爵职位（1107）。阿尔莫什先到耶路撒冷去朝觐，后来又创建了教会基金会，在取得他哥哥的信任后，他突然逃到神圣罗马帝国。1108年，他再次想借助神圣罗马帝国和捷克的力量夺回王位（第二次谋反）。这时，卡尔曼国王联合波兰对抗神圣罗马帝国和捷克军队的入侵，亨利五世数月都没有拿下波若尼城，最后亨利五世同卡尔曼和解并签订了和约，和约中规定卡尔曼要重新接纳阿尔莫什。1115年，阿尔莫什第三次谋反，这时，他的哥哥卡尔曼国王失去了最后的耐心，在参谋们的建议下，弄瞎了阿尔莫什和他儿子贝拉的眼睛，以免他们日后与他的儿子作对。

对外政策：1096年，卡尔曼在第一次十字军过境匈牙利后继续奉行拉斯洛的对巴尔干的扩张政策。为了巩固对克罗地亚的统治，他必须对付威尼斯。为此，他娶了罗马教皇的盟友，西西里的罗盖尔（Roger）一世伯爵的女儿为妻。为了和拜占庭结盟，1104年他把前国王拉斯洛的女儿皮罗什考（Piroska）嫁给了拜占庭皇位继承人约翰·科穆宁（Komnenosz János），约翰·科穆宁于1118年当上了拜占庭皇帝。和拜占庭结盟的第二年，1105年，卡尔曼就攻打了达尔马提亚，占领了扎拉（Zára，即今扎达尔）、斯普利特（Spalit）和特罗吉尔（Trogir）等城市，威尼斯被迫放弃了达尔马提亚。应盟友、基辅大公斯维亚托波尔克二世（Szvjatopolk）的请求，卡尔曼还曾出兵干涉俄国大公们的争权夺利之争，但于1099年吃了大败仗。

匈牙利对克罗地亚和斯洛文尼亚的征服战始于圣·拉斯洛而终于（嗜书者）卡尔曼国王。1102年，卡尔曼被加冕为克罗地亚的国王，1105年，卡尔曼全部完成对克罗地亚的占领（直到1918年，克罗地亚一直都属于匈牙利王国的版图），他还把势力范围扩展到达尔马齐亚。

国内政策：卡尔曼对偷窃的惩罚比拉斯洛时代要轻得多。犯有偷窃行为的人，最重的惩罚也只是弄瞎眼睛或发配为奴隶，但如果本人逃到教堂，而且承认过错，就可以免去惩罚。如果不承认过错，但事实证明确实犯了偷盗罪，就会被处以弄瞎眼睛或发配为奴隶的刑罚。这表明封建社会制度已告稳定，个人财产的概念已逐渐在人们的头脑中扎了根；为了防止王室财产的流失，卡尔曼的法律规定，如果贵族逝世后，没有男嗣继承人，其财产将归王室所有；他规范了在克罗地亚、达尔马提亚和埃尔代伊的官职名称：在克罗地亚和达尔马提亚起初实行"公爵和都督"制，后来统一改为"都督"（Bán）；在埃尔代伊起初实行"公爵和总督"制，后统一改为"总督"（Vajda）。一个"都督"或"总督"管辖多个城堡州。

1106年，卡尔曼在宗教政策上来了一个一百八十度的大转弯，突然放弃了国王对主教的任命权，还接受了天主教神父不得结婚的要求，但没有接受要神父效忠教皇的要求。卡尔曼这样做是有他的用心的，他是为了在他强行占领克罗地亚问题上缓和同罗马教廷的矛盾。

1115年，在卡尔曼将他的弟弟阿尔莫什和阿尔莫什两个儿子的眼睛弄瞎时，他已重病缠身，他的最后一道法令是呼吁贵族们支持并扶持他的儿子坐上国王的宝座。1116年2月3日卡尔曼病故，葬于塞克什白堡（Székesfehérrvár）长方形大教堂。

## 10. 伊斯特万二世国王 II.István（1116—1131）

生于1101年，1116年登基，1105年第一次加冕，1116年第二次加冕。在位15年。1131年3月1日去世，享年30岁。葬于瓦劳德（Várad）。

父亲：（嗜书者）卡尔曼国王。

母亲：西西里的罗盖尔（Roger）一世伯爵的女儿费利齐奥（Felicia）。

妻子：西西里的罗盖尔（Roger）二世伯爵的女儿。

子女：无。

他曾经有过一位孪生兄弟拉斯洛，但在孩童时就夭折了。伊斯特万二世4岁时，父亲为了确保他的王位，为他举办了加冕仪式。在他15岁时（1116），卡尔曼国王去世，他正式登基即位，并举办了第二次加冕仪式。他受过什么样的教育，历史文献上没有任何记载。

对外政策：在他父亲把他叔父阿尔莫什及其儿子贝拉的眼睛弄瞎后，国内形势稳定了。但他即位后却面临着复杂的国际形势。他登基时，神圣罗马帝国皇帝是亨利五世，亨利五世在1108年为了支持阿尔莫什曾出兵攻打过匈牙利，故此，这时与神圣罗马帝国的关系不好；匈牙利与神圣罗马帝国关系不好的第二个原因是，伊斯特万在教皇和神圣罗马帝国皇帝的权力之争中，和他的父亲一样站在了教皇一边。伊斯特万为了获得教皇进一步的支持，于1120年娶了西西里的罗盖尔二世伯爵（从1130年起为西西里国王）的女儿为妻，这桩婚姻肯定是罗马教皇卡利克斯特（Callixtus）二世促成的，因为西西里在教皇与神圣罗马帝国皇帝的权力之争中是教皇最忠诚的支持者。

匈牙利捷克战争：1108年，匈牙利和捷克正处于战争状态。伊斯特万国王同捷克大公弗拉迪斯拉夫（Vladisláv）一世的谈判以失败告终。1116年5月13日，两国再次开战，结果匈牙利军队惨败。伊斯特万国王本人在埃斯泰尔戈姆大主教的帮助下，才幸免于难。故匈牙利和捷克仍处在敌对状态。

匈牙利—威尼斯战争：1116年5月，威尼斯总督Ordeleffo Falier在神圣罗马帝国皇帝和拜占庭帝国皇帝的支持下，开始进攻匈牙利占领的达尔马提亚，6月29日，匈牙利军队在扎拉（Zára）附近吃了败仗，匈牙利人被赶出斯普利特（Spalit）城。这时，整个达尔马提亚落到威尼斯人手中。1117年，匈牙利在扎拉打败了威尼斯，威尼斯总督牺牲在战场上，匈牙利又夺回达尔马提亚，但根据1119年的和约，匈牙利又不得不放弃达尔马提亚。1124年，在拜占庭和威尼斯战争期间，除了扎拉城之外，伊斯特万二世把所有领土又都重新收回。1125年，威尼斯的海军又夺去了达尔马提亚（1136年，贝拉二世再次把达尔马提亚夺回）。

介入俄罗斯内部斗争：伊斯特万追随他父亲的外交政策，于1123年介入了俄罗斯大公们争权夺利的斗争中。公开支持觊觎王位者雅罗斯拉夫·弗拉基米尔（Jaroszláv Vládgyimiri），反对安德烈（Andrej）大公。在弗拉基米尔被暗杀后，伊斯特万还不想撤军。这时，匈牙利大贵族们警告说，如果不把军队撤回匈牙利，他们将选举他人当国王，伊斯特万二世不得不让步。

调整对外政策：1122年，罗马教皇与神圣罗马帝国皇帝签订了《沃尔姆斯宗教协定》，从而结束了教皇与神圣罗马帝国皇帝之间的斗争。这为匈牙利同教皇和神圣罗马帝国都保持良好的关系创造了条件。1126年秋，伊斯特万国王同捷克大公索别斯拉夫（Szobeszláv）一世会晤，两国重归于好，此后的几十年间，匈牙利和捷克关系也一直良好。1126年在萨尔斯堡大主教的调解下，匈牙利又同奥地利和解，但同拜占庭的关系日益恶化。

匈牙利—拜占庭战争：伊斯特万在外交政策上屡屡失败，一些大贵族对国王产生了不满，因为没有更合适的人选，他们便寄希望于他的叔父阿尔莫什，于是阿尔莫什及其追随者们开始谋反，结果被伊斯特万镇压了，阿尔莫什逃到了拜占庭避难。伊斯特万要求拜占庭驱逐阿尔莫什，拜占庭不答应，于是匈牙利在1127年夏天开始攻打拜占庭，占领并毁灭了贝尔格莱德，随后越过保加利亚进入拜占庭。1127年9月1日，阿尔莫什去世，但两国之间的战争并没有因此而停止。1128年，拜占庭向匈牙利大举进攻，第二年匈牙利军队在豪罗姆（Harom）城堡惨败，随后，拜占庭军队占领了塞雷姆谢格（Szerémség，即今保加利亚的斯雷姆市），把城市抢掠一空，然后撤退了。

1128年年底，伊斯特万与正在进行独立战争的塞尔维亚大公乌洛许一世（I.

Uros）签订共同反对拜占庭的联盟。拜占庭虽然在 1129 年把塞尔维亚的起义镇压下去了，但已无力对付站在塞尔维亚背后的匈牙利和捷克，于是拜占庭和匈牙利在 1129 年年底签订了和约，一切恢复战前状况。

王位继承人问题：伊斯特万没有儿子。他选定他的外甥绍乌尔（Saul）为继承人。就在匈牙利—拜占庭战争即将结束时，一位名叫博尔什（Bors）的伊什潘（州督）和一位名叫伊万（Iván）的两个贵族集团选举了一个对立国王，伊斯特万国王立即采取措施，把他们残酷地镇压下去了。这时，伊斯特万已重病在身。

就在这时，伊斯特万国王突然得知，他叔父阿尔莫什的儿子，他的亲侄子贝拉就藏匿在佩奇附近的佩奇瓦劳德（Pécsvárad）的修道院内。他派人把他接回来，同他和解并原谅了他，把他安置在托尔瑙（Tolna），享受国王亲戚的优厚待遇。这时，匈牙利与塞尔维亚结盟，为了显示诚意，伊斯特万国王请求塞尔维亚大公乌洛许一世将自己的女儿伊洛瑙（Illona）公主嫁给贝拉，对方欣然同意了。

根据记载，伊斯特万同贝拉和解并原谅他，不是为了让他继承王位，只是为了平息贝拉的支持者们的不满。伊斯特万国王由于常年南征北战和多次失败，身体也拖垮了，不幸得了赤痢，于 1131 年 3 月 1 日刚刚年满 30 岁时就逝世了。根据他的愿望，把他葬在了纳吉瓦劳德（Nagyvárad，即今罗马尼亚的奥拉迪亚）圣·拉斯洛国王墓的旁边。

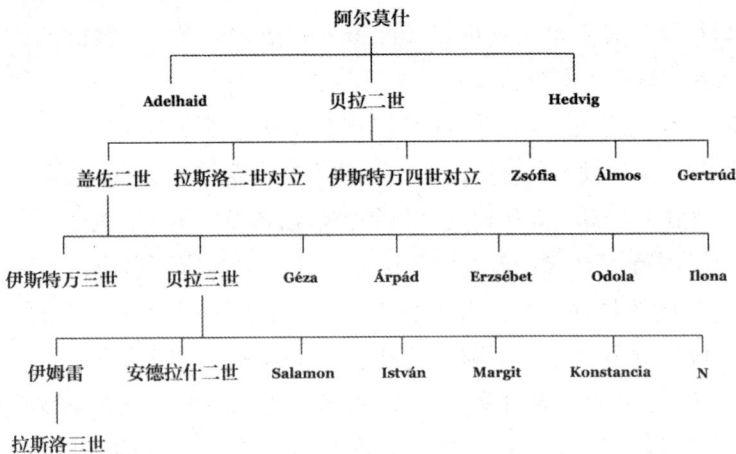

阿尔巴德王朝 III

阿尔莫什
Adelhaid — 贝拉二世 — Hedvig
盖佐二世 — 拉斯洛二世对立 — 伊斯特万四世对立 — Zsófia — Álmos — Gertrúd
伊斯特万三世 — 贝拉三世 — Géza — Árpád — Erzsébet — Odola — Ilona
伊姆雷 — 安德拉什二世 — Salamon — István — Margit — Konstancia — N
拉斯洛三世

## 11.（瞎子）贝拉二世国王 II.（Vak）Béla（1131—1141）

出生于 1108 到 1110 年之间，1131 年登基，同年 4 月 28 日加冕，1141 年 2 月 13 日去世，在位 10 年，享年大约 32 岁。死后葬于塞克什白堡（Székesfehérvár）。

父亲：阿尔莫什（Álmos）公爵（盖佐一世的儿子，嗜书者卡尔曼国王的弟弟）。

母亲：基辅大公的公主普赖德斯拉娃（Predszláva）。

妻子：塞尔维亚大公乌洛许一世的女儿伊洛瑙（Ilona）。

子女：4 个儿子：（1）盖佐（Géza，1141—1162 年的匈牙利国王）；（2）拉斯洛 László（波斯尼亚的伯爵，拉斯洛二世，盖佐二世的对立国王）；（3）伊斯特万（伊斯特万四世，盖佐二世的对立国王）；（4）阿尔莫什（Álmos）。2 个女儿：大女儿若菲奥（Zsófia，1139 年许配给神圣罗马帝国皇帝康拉德三世的儿子亨利，这时若菲奥只有 3 岁，按照当时的风俗习惯，若菲奥被送到了康德拉皇帝的皇宫，若菲奥非但没有和亨利完婚，反而在皇宫里受尽了虐待，后来她削发为尼在尼姑庵走完了她的一生）；小女儿盖尔特鲁德（Gertrúd，于1149 年嫁给了波兰大公王子米斯蒂斯拉夫三世（III. Misztiszláv）。

贝拉二世的父亲阿尔莫什为了王位不择手段地同他的哥哥争斗了一生（见《嗜书者》卡尔曼国王篇）。最后，他哥哥在忍无可忍的情况下，把他和他的年仅 7 岁的儿子贝拉二世的眼睛弄瞎了（一些匈牙利的历史学家认为，他受到了应得的处罚）。之后，他们父子二人被安置在德默希（Dömösi）寺院。后来，阿尔莫什再次企图谋反，失败后逃到拜占庭避难，他把儿子藏在佩奇瓦劳德修道院。伊斯特万二世在 1128 年得知他的侄子就藏在国内，立刻令人把他接出来，安置在托尔瑙，并把塞尔维亚大公的女儿伊洛瑙嫁给他当妻子。

贝拉二世不是伊斯特万国王指定的王位继承人，他指定的王位继承人本来是他的外甥绍乌尔（Saul），绍乌尔是伊斯特万二世的姐姐若菲奥（Zsofia）的儿子。伊斯特万国王于 1131 年 3 月 1 日去世，而贝拉二世是在两个月之后的 4 月28 日才加冕的。这就是说，贝拉和绍乌尔之间为了王位争夺了两个多月才见分晓，最后贝拉战胜了绍乌尔，据说这要归功于朝廷会议和他的妻子伊洛瑙。

贝拉二世在处理国家大事时，因为双眼失明，不得不依靠他周围的人，除了依靠他的宰相和他的妻子外，宫廷法官的作用也日益增大，宫廷法官这一职务在日后几百年内一直起着十分重要的作用。

疯狂大屠杀：贝拉二世登基后做的第一件事就是把卡尔曼和伊斯特万的亲信

从权力机构中清除掉，把自己的心腹安置在重要部门。接下来就是血腥的复仇。在 1131 年的奥劳德（Arad）国会上，他下令屠杀了 68 名参与把他们父子眼睛弄瞎的大贵族，其他的人，有的被没收了财产，有的被流放，这就是历史上有名的"奥劳德血腥日"。据历史记载，这都是他的妻子伊洛瑙的主意。

再次大清洗：贝拉国王的伯父卡尔曼国王有一个不合法的儿子（详见卡尔曼国王篇）博里斯（Borisz），客居波兰王室，当他得知一个瞎子当上了匈牙利国王时，他认为夺回王位的机会来了。匈牙利和波兰的关系自 1127 年就一直不好，因此，他的举动得到了波兰波列斯瓦夫三世的支持，1132 年，博里斯率领波兰和俄罗斯军队开始进攻匈牙利。7 月 22 日在绍约（Sajó）河的山谷中匈牙利和奥地利联军彻底打败了博里斯率领的波兰和俄国的军队。贝拉国王的妹妹海德维格（Hedvig）于 1131 年嫁给了奥地利利波特三世侯爵的儿子，因为有这种联姻关系，贝拉才得到了奥地利的大力支持。

据历史记载，在匈牙利的统治阶层中有不少人不满贝拉的统治，故而支持博里斯回来当国王。贝拉国王在同博里斯决战前，把他的主要官员一个一个叫到他面前，并问他们，你认为博里斯是不是私生子？他是不是拉斯洛的儿子？那些回答博里斯不是私生子或答非所问者，一律当场斩首。他的这种血腥屠杀，阻止了那些摇摆不定的人在关键时刻倒向敌人，从而巩固了他的政权。

对外政策：贝拉二世在位期间，匈牙利的对外政策是非常成功的，由于他的一个妹妹嫁给了奥地利侯爵的儿子，另外一个妹妹嫁给了捷克王子，所以，在同波兰的战争中，奥地利和捷克都是匈牙利的盟国。贝拉还以其灵巧的外交手段把基辅大公拉到了自己一边。这样，波兰就处在匈牙利及其盟国的包围之中。1134 年 4 月，贝拉同神圣罗马帝国皇帝洛泰尔二世结盟，在神圣罗马帝国皇帝的要求下，波兰大公才放弃了对博里斯的继续支持。当时罗马教廷有两个教皇，除了英诺森二世（Innocent）外，还有一个对立教皇，贝拉国王公开表示支持英诺森二世教皇，反对对立教皇。作为回报，贝拉从教皇那里得到了在国内自主处理宗教事务的权利，虽然 1106 年卡尔曼国王以本人及其后代的名义正式放弃了主教叙任权。

经过两次血腥屠杀，国内的敌人被消灭了，再加上国际形势又比较有利，这时贝拉便开始了对外扩张。1136 年重新收复了达尔马提亚的中部，1137 年占领了拉毛（Láma）（即波斯尼亚），随后任命他的儿子拉斯洛为波斯尼亚的伯爵。

国内政策：两次被他清洗掉的人的财产统统被没收，其中一大部分捐献给了教会，因此，他同教会的关系很好。1137 年被大火烧毁的保农豪尔姆修道院

（Pannonhalm）就是在他的支援下重新修建的。另外，他还向多瑙弗尔德瓦尔（Dunaföldvár）和奥劳德（Arad）的修道院捐献了大量财物。此外，他还修建了弗尔德瓦尔（földvár）修道院。这些举动对进一步稳定国内形势起到了很大的作用。

史料记载，贝拉二世期间在宫廷成立了一个发放各种文书的机构，这便是后来贝拉三世时代"文书处"（Kancellária）的雏形。

根据记载，贝拉二世的妻子是一个有文化教养的、智商较高和性格坚强的女人，很适合和双目失明的贝拉一起治理这个国家，全国人民也很清楚，是他们俩在统治着这个国家。他的妻子去世后，贝拉的精神就垮了，整天饮酒消愁。他经常会叫人来陪他喝酒，他高兴时会赠给陪他喝酒的人大量礼物；他不高兴时，会下令将其斩首。无节制的酗酒把他的身体搞垮了，1141年贝拉二世与世长辞，葬于塞克什白堡的长方形大教堂他父亲的墓旁。他去世后他的长子盖佐继位，即历史上的盖佐二世。

## 12. 盖佐二世国王 II.Géza（1141—1162）

出生于1130年，1141年登基，1141年2月16日加冕，在位21年。1162年5月31日去世，享年32岁。葬于塞克什白堡（Székesfehérvár）长方形大教堂。

父亲：（瞎子）贝拉二世国王。

母亲：塞尔维亚公主伊洛瑙（Ilona）。

妻子：基辅大公的公主弗鲁日瑙（Fruzsina）。

子女：4个儿子：伊斯特万（István，匈牙利国王，1162—1172）、贝拉（Béla，匈牙利国王，1172—1196）、阿尔巴德（Árpád）和盖佐（Géza）。4个女儿：欧多洛（Odola，嫁给了捷克王子斯沃托普卢克（Szvatopluk）、伊洛瑙（Ilona、嫁给了奥地利王子利波特五世 V.Lipot）、伊丽莎白（Erzsébet，嫁给了捷克王子弗里杰什 Frigyes）和毛尔吉特（Margit）。

贝拉二世及忠于他的大贵族们早就把有可能支持其他人当国王的人都除掉了。因此，在贝拉二世逝世三天后，即在1141年2月16日盖佐就举办了登基和加冕仪式，这时他年仅11岁。在他成年之前，他的监护人一直是他的舅舅，塞尔维亚大公乌洛许二世的儿子拜卢什（Belus）王子。

博里斯再次来争夺王位：为了阻止博里斯再来匈牙利争夺王位，盖佐同俄罗斯签订了和约，但博里斯又找到了新的支持者奥地利的侯爵亨利（Henrik）二世，在他的支持下，博里斯于1146年突然占领了波若尼（即今布拉迪斯拉瓦）。盖佐国王立即围攻波若尼。博里斯由于得不到神圣罗马帝国的援助，向盖佐要了一大笔钱，撤离了波若尼。之后，匈牙利军队于1146年在莱塔尼亚河（Lajta）附近彻底击败了奥地利侯爵亨利二世的部队。此后，匈牙利和奥地利长期处于敌对状态。

1147年，先是神圣罗马帝国皇帝孔拉德三世率领的十字军过境匈牙利，接着又有法国国王路易七世的军队过境匈牙利。这时匈牙利方面得知，博里斯混在法国骑兵团内来到匈牙利，盖佐国王要求法国国王把博里斯交给匈牙利。经双方商讨后，法国不交出博里斯，但也不允许他留在匈牙利制造麻烦，法国把博里斯带到了拜占庭，因此没有影响两国之间的关系。正当法国国王路易斯在匈牙利期间，盖佐的大儿子伊斯特万降生了，盖佐请路易斯国王给他儿子洗礼，并做了他儿子伊斯特万的教父。

同拜占庭的战争：12世纪欧洲形成了两大阵营：拜占庭、神圣罗马帝国和威尼斯为一方；法国、西西里、教皇、塞尔维亚和匈牙利为另一方。拜占庭的新皇帝曼努埃尔于1143年登基，1147年同威尼斯结盟。1148年，拜占庭和神圣罗马帝国签订协议，决定共同推翻西西里（诺曼）王国。1149年，拜占庭进攻西西里（诺曼）王国，这时塞尔维亚站出来反对拜占庭，而匈牙利则支持反对拜占庭的塞尔维亚。当时盖佐国王正在加利西亚作战，军队由巴琼（Bágyon）伊什潘（州督）率领。1150年，拜占庭在贝尔格莱德以南的陶劳（Tara）河打败了塞尔维亚和匈牙利的联军。巴琼用剑刺伤了曼努埃尔皇帝的脸，而曼努埃尔则砍掉了巴琼的一只手。随后塞尔维亚大公向拜占庭投降。拜占庭军队渡过萨瓦河，占领了齐莫尼（Zimony，即今塞尔维亚的泽蒙），还把塞雷姆谢格（Szeremség，即今东部属于塞尔维亚，西部属于克罗地亚的斯雷姆）抢掠一空。这时博里斯又带领着一支拜占庭的军队攻入匈牙利，在泰迈什科兹（Temesköz）大肆抢掠。后来，盖佐国王把匈牙利主力军从加利西亚（Halics）带回，亲自率兵反击博里斯，博里斯被迫退回拜占庭（不久便去世了）。这时，拜占庭军队撤回，两国于1151年年初签订了停战协议。

干预俄罗斯的内部之争：盖佐同西方的关系恶化以后，便开始同波兰和俄罗斯拉关系。为此，盖佐于1146年娶了基辅大公伊贾斯拉夫二世（II.Izjaszlav）的女儿埃乌夫罗西瑙（Eufroszina）为妻。从1148年到1151年，盖佐应其岳父的请求，前后六次出兵帮助其岳父，但屡遭失败。1152年，匈牙利军队在桑（Szan）河打了一个大胜仗，此后，盖佐再也没有派兵去帮助他的俄罗斯亲友。

同神圣罗马帝国的关系：1152年，神圣罗马帝国皇帝康拉德三世逝世后腓特烈一世继位，他向帝国会议建议，要强迫匈牙利作为神圣罗马帝国的附庸国，由于内部矛盾，帝国会议没有批准他的建议。1156年，拜占庭皇帝曼努埃尔向神圣罗马帝国皇帝腓特烈提出瓜分匈牙利的建议，因神圣罗马帝国害怕拜占庭过于强大，没有同意拜占庭的建议。盖佐国王和王室都感到压力很大，匈牙利面临着两个帝国的威胁，需要找到一个解除威胁的突破口。1157年出现了转机，在布拉格主教的斡旋下，盖佐国王的女儿伊丽莎白（Erzsébet）嫁给了捷克国王弗拉迪斯拉夫的儿子弗里杰什。与此同时，盖佐国王主动派遣军队帮助神圣罗马帝国皇帝腓特烈对意大利的讨伐战。这样一来，匈牙利同神圣罗马帝国和捷克的关系得到了改善。

兄弟之间的王位之争：1156年，盖佐的弟弟伊斯特万对只拥有领地而没有权力的公爵职位感到不满，连年的战争引起了渴望和平的宗教界人士的不满，国库被战争耗尽，而战利品又都被世俗的大贵族们霸占。这时，盖佐的反对者们选择了盖佐的二弟伊斯特万为他们的政治领导人，想推翻盖佐。当朝的首相，盖佐的大舅子拜卢什（Belus）也站在了盖佐反对者的行列。盖佐得知消息后，立刻将他们驱逐出境。他们先逃到神圣罗马帝国，腓特烈因为正在同意大利作战，且有500名匈牙利射手在为神圣罗马帝国卖命，再加上匈牙利和神圣罗马帝国的关系刚刚好转，所以不愿意帮助伊斯特万。因此，伊斯特万于1158年投奔了拜占庭，拜占庭皇帝曼努埃尔非常欢迎伊斯特万，并把本来打算嫁给腓特烈的表妹玛利亚嫁给了伊斯特万为妻。但拜占庭皇帝也没有马上帮助他，因为拜占庭的军队正在东方作战。

1159年，新当选的教皇亚历山大三世与神圣罗马帝国皇帝腓特烈之间发生了矛盾，在神圣罗马帝国的策划下还选出了一个对立教皇，欧洲教会也分裂了。盖佐国王和欧洲大部分统治者一样，害怕神圣罗马帝国霸占世界的野心，最后也站在了教皇一边。为了确保匈牙利的安全，盖佐同法国国王路易七世签订了条约，以防神圣罗马帝国的入侵。1160年左右，盖佐的另外一个弟弟拉斯洛，也开始反对他，接着也逃到了拜占庭。为了防止拜占庭的侵略，1161年，盖佐同拜占庭皇帝曼努埃尔签订为期五年的和平条约。

盖佐和教会的关系：1142年，盖佐国王在匈牙利的齐卡多尔（Cikádor，即今Bátaszék）建造了第一座西多会（Cisztercita）修道院。1150年，匈牙利和教廷关系很紧张。教廷说，匈牙利不让教皇的特使入境，这些特使是要调查盖佐为什么不阻止神父们纳妾。实际上关系紧张的原因是，教皇站在威尼斯的立场上，认为匈牙利占领达尔马提亚是非法的，为此，安德利安四世教皇于1155年特将扎拉（Zára）大主教区划归威尼斯大主教领导。1161年，盖佐害怕神圣罗马帝国入侵，改善了与教廷的关系，同教皇达成协议，匈牙利承认亚历山大三世教皇，而教皇则同意，匈牙利的宗教领袖只有在国王的同意下才可以向教皇呈报有争议的事务；而盖佐国王则承诺，没有教皇的同意既不罢免也不调动主教。这实际上就像（嗜书者）卡尔曼国王一样是放弃了主教叙任权（神职人员任命权）。

盖佐时期的社会状况：盖佐国王除允许穆斯林人来匈牙利定居外，还有意识地把佛兰芒（Flamand）人和撒克逊（Szász）人迁移到匈牙利定居。 这时匈牙利的人口密度大约为每平方公里 7 个人，领土面积（克罗地亚和马尔达提亚不包括在内）33 万平方公里，全国人口大约为 150 万，这与上个世纪相比，增长了50%。当时只有三个城市化的居民区：塞克什白堡（Székesfehérvár）、埃斯泰尔戈姆和老布达。国民大部分人都居住在农村，一个农村大约有 20 到 40 户，每户大约有 5 口人，这样算来，一个农村约有 100~200 口人。土地的 70% 属于国王，15% 属于封建领主，15% 属于教会。盖佐国王在位期间，国家得到了很大发展，城堡州增加到 72 个。这表明，过去许多没有人居住的地方，现在有人居住和耕种了。一个州有 300 到 400 名军人，主要是以佩切涅格人和塞凯伊人的轻骑兵为主，这样算下来，全国就拥有 30 万军人，这在当时已经是一个很大的数目了。 盖佐国王于 1162 年 5 月 3 日去世。

## 13. 伊斯特万三世国王 III.István（1162—1172）

生于 1147 年，1162 年登基，同年加冕，前后共在位 10 年。1172 年 3 月 4日去世，享年 25 岁，死后葬于埃斯泰尔戈姆（Esztergom）大教堂（匈牙利国王中只有他一人安葬在这里）。

父亲：盖佐二世国王。

母亲：基辅公主弗鲁日瑙。

妻子：奥地利公主阿格奈什。

儿子：贝拉。

伊斯特万三世在 5 岁时（1152）就被指定为王位继承人。1162 年 5 月 3 日他父亲盖佐去世，几天后他登基，号称伊斯特万三世。坚决支持他的有他的母亲、埃斯泰尔戈姆的大主教以及法国国王（路易七世是他的教父）。这时，他流放在拜占庭的二叔父伊斯特万听到盖佐去世的消息后，立刻提出了继承王位的要求。拜占庭的皇帝曼努埃尔一世为了把匈牙利变成他的附庸国，欣然支持伊斯特万的要求。匈牙利的贵族们拒绝了拜占庭的要求。这时，伊斯特万三世的叔父伊斯特万率领拜占庭军队进军匈牙利。匈牙利贵族们害怕拜占庭的势力，向拜占庭提出了一个妥协方案，即废掉伊斯特万三世，让他的大叔父拉斯洛当国王。但埃斯泰尔戈姆大主教鲁卡奇拒绝为拉斯洛加冕，在这种情况下，由考洛乔的大主教米克（Mikó）于1162年7月15日为拉斯洛举办了加冕仪式（历史上称其为对立国王拉斯洛二世）。这时出现了一国两主的局面。伊斯特万三世国王的势力范围只剩下波若尼（Pozsony）和匈牙利西部地区了。

拉斯洛二世登基后立刻将埃斯泰尔戈姆大主教鲁卡奇投入大牢，而鲁卡奇则针锋相对地开除了拉斯洛的教籍。几个月之后，在教皇亚历山大三世的斡旋下才把鲁卡奇释放了，大主教不但没有宣布恢复拉斯洛的教籍，反而预言，说拉斯洛在40天之内必死无疑。拉斯洛听到后，又将他关了起来。但拉斯洛确实于1163年1月突然死亡了（可能是被毒死的）。

拉斯洛死后，国内的贵族们就把伊斯特万三世国王在拜占庭避难的二叔父伊斯特万选为新国王，大主教鲁卡奇也拒绝给他加冕，仍由考洛乔的大主教米克给他加了冕（他就是历史上的对立国王伊斯特万四世），而立场坚定的鲁卡奇大主教又把新国王伊斯特万四世开除了教籍。

新国王伊斯特万四世（他为什么逃到拜占庭，请参见盖佐二世国王篇中的"兄弟之间的王位之争"）对罗马教廷的态度强硬，他拒不接待教皇的代表。这时，教皇认为匈牙利加入了东正教，而神圣罗马帝国则担心伊斯特万当了国王后，拜占庭的势力就会扩张到邻国匈牙利，此外，在国内很多拉斯洛三世的拥护者则不认同伊斯特万四世。国内外对伊斯特万四世的反感，大大改善了伊斯特万三世的处境，越来越多的大贵族站到了他的一边，这为他用武力收回国土带来了希望。1163年在塞克什白堡附近的战役中，伊斯特万三世不但打了胜仗，而且还俘虏了他的叔父。在大主教鲁卡奇的建议下，把他的叔父重新送回了拜占庭，并让他叔父承诺永不再回匈牙利。

这时，拜占庭皇帝曼努埃尔一世派特使去见伊斯特万三世国王，要求伊斯特万三世国王的弟弟，克罗地亚和达尔马提亚的公爵贝拉与他的女儿玛利亚订婚。根据协议，贝拉需要搬到拜占庭的皇宫里居住，贝拉公爵的领地要由曼努埃尔管辖，作为回报，拜占庭则不再支持他的叔父伊斯特万四世。就这样，伊斯特万三世国王的弟弟贝拉被送到了君士坦丁堡，在那里改名为Alexiosz，享受着拜占庭皇帝之下最高的待遇。

伊斯特万三世国王的叔父伊斯特万四世转而请求神圣罗马帝国皇帝的帮助，神圣罗马帝国没有帮助他，他再次乞求拜占庭的支持。1164年，在拜占庭的帮助下，他再次进攻匈牙利。这时，伊斯特万三世得到了捷克和奥地利的帮助（他的两个妹妹都嫁给了捷克王子，另外一个妹妹嫁给奥地利王子）。拜占庭眼见抵不过匈牙利、捷克和奥地利的联军，就撤退了，伊斯特万四世撤退到齐莫尼（Zimony，即今塞尔维亚的泽蒙）城堡，被伊斯特万三世收买了的伊斯特万四世的亲信们，于1165年4月11日将他毒死。

伊斯特万三世在其统治的晚年（1169—1171年）同教皇亚历山大三世教皇签订条约，条约规定，国王放弃了主教叙任权（对主教的任命、开除和调动权）。

伊斯特万三世于1172年3月4日突然逝世。他逝世后，他的弟弟贝拉即位。

## 14. 拉斯洛二世对立国王 II.László（1162—1163）

生于1131年，1162年7月15日登基和加冕。在位仅6个月。1163年1月14日逝世，享年32岁。葬于塞克什白堡（Székesfehérvár）长方形大教堂。

父亲：（瞎子）贝拉二世国王。

母亲：塞尔维亚公主伊洛瑙。

妻子：前后有两个妻子，但都姓名不详。

子女：只有一个女儿，玛利亚（Mária）。

伊斯特万三世登基后，自1158年就在拜占庭避难的二叔父伊斯特万听到他哥哥去世的消息后，立刻提出了继承王位的要求。拜占庭的皇帝曼努埃尔一世为了把匈牙利变成他的附庸国，欣然支持伊斯特万的要求，但匈牙利的贵族们拒绝了拜占庭的要求。这时，伊斯特万率领拜占庭军队进攻匈牙利。匈牙利的贵族们害怕拜占庭的势力，向拜占庭提出了一个妥协方案，即他们废掉伊斯特万三世国王，但不让他的二叔父伊斯特万而让他的大叔父拉斯洛当国王。拜占庭同意了，但埃斯泰尔戈姆大主教鲁卡奇拒绝为拉斯洛加冕，在这种情况下，由考洛乔的大主教米克（Mikó）于1162年7月15日为拉斯洛举办了加冕仪式（历史上称其为对立国王拉斯洛二世）。这时出现了一国两主的局面。伊斯特万三世国王的势力范围只剩下波若尼（Pozsony）和匈牙利西部地区了。拉斯洛三世登基后立刻将埃斯泰尔戈姆大主教鲁卡奇投入了大牢，而鲁卡奇则针锋相对地开除了拉斯洛的教籍。几个月之后，在教皇亚历山大三世的斡旋下拉斯洛才把鲁卡奇释放了，大主教不但没有宣布恢复拉斯洛的教籍，反而预言，说拉斯洛在40天之内必死无疑。拉斯洛听到这一消息后后，又将鲁卡奇关了起来。但拉斯洛于1163年1月突然死亡了，只做了半年的国王。

## 15. 伊斯特万四世对立国王 IV.Istv á n（1163—1165）

生于 1133 年。1163 年 1 月 27 日登基并加冕。在位 2 年（有的资料说只在位 5 个月）。1165 年 4 月 11 日逝世，享年 32 岁。葬于塞克什白堡（Sz é kesfeh é rv á r）长方形大教堂。

父亲：（瞎子）贝拉二世国王。

母亲：塞尔维亚公主伊洛瑙。

妻子：希腊公主玛利亚（Komnenosz M á ria）。

子女：只有一个儿子，伊扎克（Izs á k）。

1156 年，伊斯特万对只拥有领地而没有权力的伯爵职位感到不满，于是联合国内贵族们想推翻他的侄子盖佐国王，计划被盖佐发现后，1158 年他逃到拜占庭避难。对立国王拉斯洛二世于 1163 年去世后，国内的贵族们把他选为新国王，但大主教鲁卡奇也拒绝为他加冕，仍由考洛乔的大主教米克给他加了冕，而鲁卡奇大主教把新国王伊斯特万四世开除了教籍。

新国王伊斯特万四世对罗马教廷持强硬态度，拒不接待教皇的代表，因此，教皇认为匈牙利已经加入了东正教；而神圣罗马帝国则担心伊斯特万当了国王后，拜占庭的势力就会扩张到邻国匈牙利，所以也不热心支持他；另外在国内很多拉斯洛三世的拥护者并不认同伊斯特万四世。国内国外对伊斯特万四世的反感，大大改善了伊斯特万三世的处境，越来越多的大贵族们站到了他的一边，这为他用武力收回国土带来了希望。1163 年在塞克什白堡附近的战役中，伊斯特万三世不但打了胜仗，而且还俘虏了他的叔父伊斯特万四世。根据大主教鲁卡奇的建议，伊斯特万三世在他叔父承诺永远不再回匈牙利的情况下，把他的叔父送回了拜占庭。

## 16. 贝拉三世国王 III.B é la（1172—1196）

生于 1148 年，1172 年登基，1173 年 1 月 13 日加冕，在位 24 年，1196 年 4 月 13 日去世，享年 48 岁，葬于塞克什白堡（Sz é kesfeh é rv á r）的长方形大教堂。

父亲：盖佐二世国王。

母亲：基辅公主弗鲁日瑙（Fruzsina）。

第一个妻子：安条克（Chatilloni）大公国雷纳德大公的公主阿格奈什（Ágnes），阿格奈什是拜占庭皇帝曼努埃尔一世的小姨子），在匈牙利称她安娜。（安条克公国存在于 1098—1268 年，亦作安提阿公国，是第一次十字军东征时期欧洲封建主在亚洲建立的一个十字军国家。其领土包括今日之土耳其及叙利亚的各一部分，都城在西亚著名古城安条克）。

第二个妻子：法国国王腓力二世的妹妹毛尔吉特（Capet Margit），毛尔吉特没有子女。

子女：伊姆雷（Imre，匈牙利国王，1196—1204）、安德拉什（András，匈牙利国王，1205—1235）、绍洛蒙（Salamon）、伊斯特万（István）、毛尔吉特（Margit，嫁给了拜占庭皇帝伊萨克二世）、孔什通齐奥（Konstancia，嫁给了捷克国王奥托卡一世），另外还有一个不知名的女儿。

根据当年他哥哥伊斯特万三世与拜占庭皇帝曼努埃尔一世签订的和约，1163年，年仅15岁的贝拉实际上是作为人质被送到拜占庭的，但拜占庭皇帝看上了他，不但把他的女儿玛利亚许配给他，而且还答应将来让他来继承皇位。皇帝给他改名为奥莱克西欧什（Alexios）。他在皇宫得到的是希腊式的教育，学会了希腊语、法语和拉丁语，研修了军事学、政治学和伦理学。

1164年，他参加了拜占庭侵犯匈牙利的战争。1165年，拜占庭皇帝宣布他为皇位继承人，但拜占庭的贵族们并不喜欢这个来自"野蛮"国土的外国人。从1167年起他就不再介入匈牙利内部的斗争了。

后来形势又发生了变化。曼努埃尔于1169年有了儿子。贝拉不但失去了皇位继承权，而且他同玛利亚的婚约也被解除了。皇帝作为对他的补偿，于1172年把他同母异父的小姨子阿格奈什嫁给了他。据历史记载，阿格奈什的父亲是法国十字军的骑士雷纳德、安条克公国的大公，阿格奈什身高1.61米，非常漂亮，他们共同生活了14年，阿格奈什生了7个孩子。贝拉和阿格奈什的夫妻关系非常好，阿格奈什1184年病逝后，贝拉于1186年再婚，娶了法国国王腓力二世的妹妹为妻，但贝拉三世留下遗嘱，他死后要同阿格奈什葬在一起。

伊斯特万三世国王于1172年3月4日去世后，在匈牙利贵族们的请求下，拜占庭皇帝宣布贝拉为匈牙利国王，当贝拉答应在他当政期间将会照顾到拜占庭的利益时，曼努埃尔皇帝将贝拉和他的妻子一起送到了匈牙利，并于1173年年初加冕。

匈牙利国内相当多的人不支持他当国王，原因有二：一是他多年生活在拜占庭，对匈牙利国内的情况不太了解；二是担心他当了国王会被拜占庭操纵，事事考虑拜占庭的利益。埃斯泰尔戈姆大主教鲁卡奇特别反对他当国王，他担心东正教会在匈牙利扩大影响。为此，他拒绝为贝拉加冕。贝拉运用非常巧妙的手段说服了罗马教皇，最后，教皇批准由考洛乔的大主教给他戴上了王冠。他的母亲也不支持他，而是支持他的弟弟当国王。贝拉当了国王后，他弟弟盖佐逃到了奥地利，在那里反对他。后来，在捷克大公的帮助下逮捕了他弟弟，同时也把他母亲关进了监狱。这时，他主动地同埃斯泰尔戈姆大主教鲁卡奇和解。从此以后，国内没再发生内乱。1189年，在神圣罗马帝国皇帝腓特烈一世访问匈牙利时才把他弟弟盖佐从监牢中放出来，然后让他参加了十字军东征。

对外扩张：国内安定下来以后，国家开始繁荣。国家经济发展了，国力强大了，随后就开始了对外扩张。当时有利的条件是邻近的几个大国都因为国内有麻烦事，无暇顾及匈牙利的对外扩张。

拜占庭皇帝曼努埃尔于1180年逝世，贝拉认为，许诺给曼努埃尔皇帝的不进攻拜占庭的誓言已过时，于是，匈牙利于1180年收复了在1160年被拜占庭占领的达尔马提亚、波斯尼亚和塞雷姆谢格（Szerémség，即今东部属于塞尔维亚，西部属于克罗地亚的斯雷姆），1183年占领了索非亚。1185年，贝拉同拜占庭的新皇帝伊萨克二世签订和约，并于当年将自己的女儿毛尔吉特（Margit）嫁给了伊萨克二世。把另外一个女儿孔什通齐奥（Konstancia）嫁给了捷克国王。1188年进攻并占领了加利西亚（Halics），还使自己的儿子安德拉什当了几年加利西亚国王（1188—1190）。在90年代初为了争夺扎达尔（Zádar），还同威尼斯开战，匈牙利取得了胜利。当贝拉娶了法国国王的妹妹为妻以后，匈牙利和法国在政治、经济和文化领域的关系都得到了迅速发展。

贝拉三世在位期间，匈牙利有两个中心，埃斯泰尔戈姆（Esztrgom）和塞克什白堡（Székesfehérvár）。埃斯泰尔戈姆是匈牙利的经济、教会和行政中心；而塞克什白堡是立法和执法以及国王举办各种庆典的场所。

这时，匈牙利文字得到了发展。1191年，贝拉国王发布命令：今后一切要由他处理的事务，必须以书面形式向他呈报。为此，成立了独立于埃斯泰尔戈姆大主教国王的办事机构"文书处"（Kancellária）。在这里工作的都是神职人员，他们只对国王负责。在他统治期间，有意识地派出了许多神父到国外学习，以便回国后为国王服务。

在贝拉的钱币和印章上第一次使用了现在匈牙利国徽上仍然在使用着的双十字架。1192年，在他的倡导下，为已故的拉斯洛国王举办了封圣仪式。

匈牙利的第一个编年史家无名氏（Anonymus）就是贝拉国王的秘书，他曾经在巴黎留学。他用拉丁文写的名为《匈牙利人的举措》（《Gesta Hungarorum》）编年史叙述了匈牙利人定居以前的古代史。

贝拉很早就确定了自己的继承人，他指定他的大儿子伊姆雷为王位继承人。给了他的二儿子安德拉什大量的地产、城堡和金钱，并让他去统治斯洛文尼亚。

1848年12月12日，在塞克什白堡（Székesfehérvár）发掘了贝拉的墓，根据他的骨架推测，他是一位体魄健壮而高大的人，身高 1.9 米。他的墓是匈牙利阿尔帕德王朝国王中唯一能确定墓主人的墓。后来在布达佩斯马加什教堂内建了一个小礼拜堂，将其遗骨安放在那里。

## 17. 伊姆雷国王 Imre király（1196—1204）

生于 1174 年，1196 年 4 月 23 日登基。他 8 岁时，他父亲贝拉三世就给他加了冕。在位 8 年。1204 年 11 月 30 日去世，享年 30 岁。葬于埃格尔（Eger）大教堂。

父亲：贝拉三世国王。

母亲：安条克（Chatilloni）大公国雷纳德大公的公主阿格奈什（Ágnes），拜占庭皇帝曼努埃尔一世的小姨子。

妻子：阿拉贡（Aragónia）王国的公主孔什通齐奥（Konstancia）。阿拉贡现在是西班牙的一个自治区。在历史上最初是法国的一个郡，后独立，直到 1707 年都是一个独立王国。

儿子：拉斯洛。

1182 年 5 月 16 日由埃斯泰尔戈姆大主教米克洛什为其加冕，他当时只是一个 8 岁的孩童。他登基后他爸爸没有给他任何实权，直到 1194 年才把达尔马提亚和克罗地亚交给他管理。1196 年他父亲贝拉三世去世后，他顺利地当上了国王。但他的弟弟安德拉什立刻提出了王权要求。

贝拉三世国王在遗嘱中把王权交给了大儿子伊姆雷，给他的二儿子安德拉什留下了一大笔钱财和城堡。他父亲在遗嘱中还要安德拉什率领军队参加十字军东征，夺回圣地耶路撒冷。但安德拉什很快就把钱挥霍完了，东征的十字军也没有组成。1197 年，他起兵反对他的哥哥伊姆雷，并取得了胜利。这时，安德拉什提出要同他哥哥伊姆雷国王分权，他的哥哥为了缓和矛盾就封他为达尔马提亚和克罗地亚的公爵。这场兄弟之间的王位之战与以往不同之处在于，双方都没有请求外国势力的援助，1198 年，罗马教皇英诺森三世在信中呼吁安德拉什遵守自己承担的诺言和尊重他父亲的权利，但安德拉什不听劝说，在自己领地加紧谋反的准备工作。他的阴谋很快被揭露，1199 年在绍莫吉州拉德（Rád）战役中，国王的部队打败了安德拉什的部队。安德拉什逃到了奥地利利波特六世王子那里避难。最后，在教皇的调停下，兄弟俩于 1200 年签订了和约，和约规定兄弟俩都去参加十字军东征，这期间，匈牙利的国事由奥地利利波特六世王子代管，恢复安德拉什的公爵职务和领地。将来，谁死在后，谁就继承死者的职务和财产。

这一和约显然对伊姆雷国王不大有利，但当时的匈牙利无法与势力强大的教廷对抗。

十字军东征没有成行，但伊姆雷国王利用国内的和平时期，开始了对外扩张。首先是介入塞尔维亚的内战，1201 年武装入侵塞尔维亚，随后伊姆雷当上了塞尔维亚的国王。1202 年又入侵保加利亚，随后伊姆雷又当上了保加利亚的国王。

1199 年，伊姆雷的儿子拉斯洛出世，1203 年，教皇呼吁安德拉什承认伊姆雷国王的儿子拉斯洛为王位继承人，这再次激起了安德拉什的武装反抗。这时，伊姆雷国王的势力已经很强大了。根据几十年以后的达尔马提亚的一份资料记载：国王伊姆雷独自一人，手中拄着一根木杖或国王的权杖，来到安德拉什的大本营，抓住他弟弟的手，对着目瞪口呆、两只脚仿佛被钉在地上一动不动的安德拉什的亲信们说："现在我倒要看一看，谁敢动一动王室后代身上的一根汗毛。"随后把安德拉什带到自己的大本营，关进凯韦（Keve）城堡大牢（1203）。另外一份比较可信的奥地利的资料说，伊姆雷用狡计俘虏了安德拉什。1204 年，安德拉什的拥护者们将安德拉什从大牢中救了出来。

1204 年 8 月 26 日在教皇的同意下，由考洛乔的大主教为伊姆雷国王年仅 5 岁的儿子拉斯洛加冕，但教皇英诺森三世的条件是，必须由伊姆雷国王代替他年幼的儿子宣誓忠于教廷和支持匈牙利教会。伊姆雷的目的达到了，但他清楚，他去世后，他的儿子无法对抗他的叔父安德拉什，保不住王位。因此，在他去世前，委任他弟弟安德拉什为摄政和拉斯洛国王的监护人，并让他弟弟宣誓忠于年幼的国王。伊姆雷于 1204 年 11 月 30 日去世。伊姆雷去世后，只将其拥有的现金的三分之一留给他儿子，三分之二捐献给了马耳他骑士团和圣殿骑士团。不久，拉斯洛和他的母亲就逃到奥地利王子那里去避难。安德拉什正要出兵讨伐奥地利王子，小国王拉斯洛突然在维也纳死亡。这就为安德拉什登基作国王扫除了障碍。

## 18. 拉斯洛三世 III. László（1204—1205）

生于 1199 年。1204 年 8 月 26 日加冕。1204 年 9 月 26 日登基。在位 8 个月。1205 年 5 月 7 日逝世，享年 6 岁。葬于塞克什白堡（Székesfehérvár）。

父亲：伊姆雷国王。

母亲：阿拉贡王国公主孔什通齐奥（Konstancia）。

1204 年 8 月 26 日，他的父亲伊姆雷国王为他加冕，他当时只有 5 岁，伊姆雷之所以急忙给儿子加冕，是因为他感到自己的日子不多了。之后，伊姆雷很快就逝世了，逝世前他请他的弟弟安德拉什发誓，今后要在各方面都支持年轻的拉斯洛国王。伊姆雷国王去世后，安德拉什立刻将一切权力都集中在自己手中，完全把小国王架空。罗马教皇英诺森三世在信中警告安德拉什，请他遵守自己的誓言，不要听信那些心怀鬼胎的贵族们的煽动和纵容。但安德拉什仍然我行我素，毫无收敛。更有甚者，安德拉什还没收了他嫂子的财产，在百般无奈的情况下，伊姆雷国王的遗孀和小国王拉斯洛便逃到维也纳奥地利利波特王子那里去避难。安德拉什则警告利波特王子，如不把他们交还给他，他就和奥地利开战。这时，拉斯洛小国王突然在维也纳逝世。他的去世为安德拉什登基扫清了道路。拉斯洛三世作为匈牙利的国王葬于塞克什白堡。

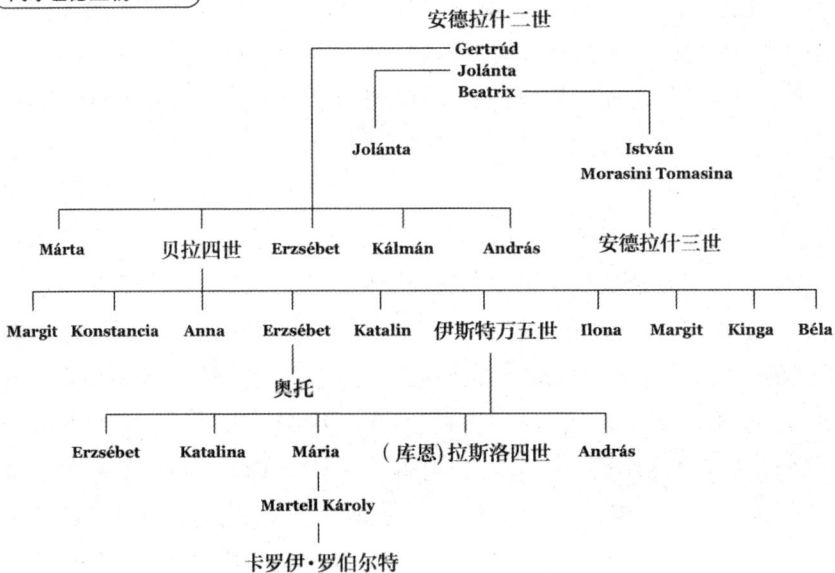

## 19. 安德拉什二世国王 II.András（1205—1235）

生于 1175 年，1205 年 5 月登基，5 月 29 日加冕。在位 30 年。1235 年 9 月 21 日逝世，享年 60 岁。葬于埃格尔（Eger）西多会修道院。

父亲：贝拉三世国王。

母亲：安条克（Chatilloni）大公国雷纳德大公的公主阿格奈什（Ágnes），

拜占庭皇帝曼努埃尔一世的小姨子。

第一个妻子：迈拉尼（滨海侯国）的公主盖尔特鲁德（Gertrúd），她生了5个孩子：玛利亚（Mária，嫁给了保加利亚沙皇伊万二世）、贝拉（Béla，匈牙利国王，1235—1270）、伊丽莎白（Erzsébet，嫁给了德国图林根自由州türingiai侯爵拉约什）、卡尔曼（Kálmán，加利奇国王）、安德拉什（András，加利西亚国王）。

第二个妻子：拉丁帝国皇帝 Courtenay Péter 的女儿约兰陶（Jolánta（1215年结婚）。她的女儿也叫约兰陶（Jolánta），嫁给了阿拉贡国王姚考布一世）。

第三个妻子：埃斯特伊·贝亚特里斯（Estei Beatrix），一位意大利侯爵的女儿（1234年结婚）。在安德拉什去世前，他宣布她怀孕了；安德拉什去世后，他的两个儿子不承认这个孩子是他爸爸的，故此把她打入大牢。

1188年，他父亲贝拉三世把他扶上了加利西亚（Halics）国王的宝座，但1190年被加利西亚人赶下了台，又回到了匈牙利。他父亲逝世后把王权留给了他哥哥伊姆雷，他不服气，和他哥哥开战，并打败了他哥哥。这时他提出要同他哥哥分权，他的哥哥为了缓和矛盾就封他为达尔马提亚和克罗地亚的公爵。1198年，他打败了前来侵犯的塞尔维亚人，反攻时占领了Ráma（即波斯尼亚），然后自己便坐上了波斯尼亚公爵的交椅。他在自己的领地过着像国王一样的日子，在拉德（Rád）的战役中，国王的部队打败了安德拉什的部队。安德拉什逃到奥地利避难。最后，在教皇的调停下，兄弟俩签订了和约，和约规定兄弟俩都去参加十字军东征，这期间，匈牙利的国事由奥地利王子代管，并恢复安德拉什的公爵职务和领地。将来，谁死在后，谁就继承死者的职务和财产。1204年，伊姆雷为自己的儿子拉斯洛三世加冕，安德拉什再次起兵反对他哥哥伊姆雷，结果被他哥哥俘虏并投入大牢。伊姆雷去世后，他的侄子当了国王，但不久便去世。这便为安德拉什当国王扫清了道路。

安德拉什的新措施：安德拉什二世从1205年到1217年大力推行他的"新措施"，即大量地向其亲信赐予"采邑"，以讨好、拉拢和扩大自己拥护者的队伍。这种做法始于他的父亲贝拉三世，然后伊姆雷和安德拉什争夺王位时，双方也都采用这种手段。安德拉什即位后甚至将整个整个的州作为"采邑"赐予亲信。其后果是王室的土地和城堡日益减少，而大贵族们的财产和权力则与日俱增。这时，国王则以发行货币和增加税收来弥补损失，例如，向农民征收水桶税和炉灶税。此外，国王把关卡税收和盐的专卖权租给穆斯林商人和犹太人。这些人则乘机进行敲诈剥削。

这种新"措施"的受益者首先是作为国王心腹的大贵族以及王后的神圣罗

马帝国的亲戚。另外，国王对王后的亲戚倍加照顾，尤其是对王后的小弟弟拜尔特霍尔德（Berthold）。根据教会法规，不满 30 周岁的人，不得担任大主教职务，但拜尔特霍尔德在 30 岁之前就已担任考洛乔（Kalocsa）大主教多年。随后他又担任克罗地亚、达尔马提亚的都督，后来又担任埃尔代伊的总督。1208 年，王后的另外两个兄弟，神圣罗马帝国巴姆贝格市（Bamberg）的主教埃克拜尔格（Eckberg）和伊斯特拉（半岛）的侯爵亨利（Henrik）也来到匈牙利。这两个人在神圣罗马帝国是被通缉的杀人犯。他们不但获得了避难权，还从国王那里得到了大量财富，例如，埃克拜尔格主教在塔特劳（Tátra）获得了大片森林。

王后被杀害：安德拉什的国内政策引起了国人的不满，王后的神圣罗马帝国亲戚在匈牙利的权势和积聚的大量财富也引起了匈牙利大贵族们和国人的愤慨。1213 年 9 月 28 日，在宰相班克和州督彼得的领导下，利用国王安德拉什正在加利奇作战之际袭击了正在比里什山（在佩斯附近）狩猎作乐的王室，不但杀死了大批神圣罗马帝国骑士，连王后本人也未能幸免（以此事件为题材，19 世纪的匈牙利剧作家考托瑙（katona József）创作了歌剧《班克督军》）。事后，国王仅杀死州督彼得泄愤，其余参与者都没有受到任何惩罚，可见民愤之大和王权衰落到何种地步。

安德拉什国王同儿子贝拉之争：匈牙利贵族们在 1213 年就开始反对安德拉什的赐"采邑"政策。于是他们决定派特使到拜占庭去请前国王贝拉三世弟弟的儿子盖佐（即安德拉什国王的堂兄弟）回国以取代安德拉什。但特使被国王俘虏，计划破灭。这时，贵族们又唆使他的儿子贝拉反对他。为此，安德拉什在 1214 年请求罗马教皇开除那些阴谋家的教籍，理由是他们企图在他还健在时就为他的儿子加冕，目的在于分裂祖国。

安德拉什同他儿子分歧的起因是，安德拉什硬逼他的儿子贝拉同他的妻子（希腊公主 Laszkarisz Mária）离了婚。后来在教皇的支持下又复婚。另外，他儿子坚决反对他的赐"采邑"政策。这时，匈牙利贵族们分两派，一派支持安德拉什，一派支持贝拉。最后，安德拉什不得不同意为他的儿子加冕（1214）。这样一来，匈牙利就出现了两个国王，一个大国王，一个小国王。小国王在他的领地斯洛文尼亚和埃尔代伊过着同他父亲一样的生活。

黄金诏书：由于国王无节制地赐予其心腹们"采邑"，致使国王的土地减少、收入减少。这时，国王便千方百计地寻找收入来源，如铸造货币，增加税收，把税收和海关承包出去。因此，人民的负担就更重了。那些有财有势并有武装的贵族们目无法纪，任意敲诈和压迫他们的农奴、城市居民和自由民，强占他们的财产，任意虐待他们。那些向来仅向国王一人有服兵役义务的"王仆们"，随着国王不断地赐"采邑"，大部分随土地被转移到大领主手里，从而失去了原来的有利地位，沦为大领主们的附庸，最终引起了这些"王仆们"强烈的不满。

安德拉什轻浮的生活作风，无度的挥霍也激怒了社会各阶层，贪得无厌的大贵族们要求更多的土地和更大的权力，而"王仆们"和城堡的农奴们则要求减轻负担。来自社会的种种矛盾和不满情绪，迫使国王于1222年春颁发了"黄金昭书"（所谓"黄金昭书"）就是书写在羊皮上的盖有金印的诏书。当时一式七份，可惜全部散佚，现存的为手抄本）。

"黄金诏书"的许多条款代表了当时"王仆们"和城堡农奴（这两个阶层几十年后形成了匈牙利的小贵族阶层）的利益。在黄金诏书中国王正式肯定了他们的权利：个人自由，有权参加国王的视事日活动；享受服兵役和司法特权，产业免课赋税，有权自行处理产业，不在国界以外作战；不受州督的领导；只有国王和宰相才有权对他们进行审判，只有根据法官的判决书才能抓他们入狱；国王不得把整个州作为"采邑"送人；不可没收以正直的劳动而获得的财产等。

"黄金诏书"在一定程度上还反映了被压迫阶层的利益诉求：国王答应铸造含银成分更高的货币；一年只铸造一次；约束州官们的为非作歹；命令教会主教，如农民愿以实物交纳什一税，不得勒令其以货币交纳。

"黄金诏书"也满足了大贵族们的一些要求：国王答应，不向外国人赐"采邑"和封号，外国人只能担任一个职务；禁止犹太人担任有铸造钱币权的州督，禁止他们担任主管盐和关税的官职。

"黄金诏书"还有一条"反抗"条款，即国王授权给贵族们，如他本人或后代违反"黄金诏书"，则"无论今日或来日，永远有权集体或个人反抗和反对吾人及后代而不受惩罚"。当前一些匈牙利历史学家们把"黄金诏书"比作英国的大宪章。

率领十字军东征：1217年，在教皇的多次敦促下，国王安德拉什同奥地利王子利波特六世一起率领十万大军东征，他们只到达了安克拉，并没有到达耶路撒冷。在军事上没有取得任何战果，与其说是一次战争，还不如说是一次旅游更妥帖。他们不愿意长时间远离祖国，于1218年返回。虽然战而无功，仍被授予"耶路撒冷国王"的称号。

继续奉行对外扩张政策：安德拉什年轻时（1188—1190）曾当过加利奇的国王，后来被加利奇人驱逐，他对此耿耿于怀。于是他再次占领了加利奇，1205年再次当上了加利奇的国王。1214年将其儿子卡尔曼安置为加利奇的国王，1219年又将其另外一个儿子安德拉什推上加利奇国王的宝座，但1234年加利奇人把安德拉什王子赶下了台。此后，匈牙利王室再也没有去抢夺加利奇的王位。

安置和驱逐神圣罗马帝国条顿骑士团：从多瑙河下游向东一直到伏尔加河一带，是英勇好战的库曼（Kunok）游牧民族居住区。安德拉什认为，这个民族对匈牙利东部构成一种威胁。故此，安德拉什为了防止库曼人的入侵，1211 年将从十字军东征回国的德国条顿骑士团安置在埃尔代伊东南角上的鲍尔曹沙格（Barcaság）地区，同时给予他们许多优惠政策，但他们必须承诺，要建造石头城堡，以防库曼人的侵犯。1224 年，他们在教皇的唆使下企图脱离匈牙利，成立独立的国家。在这种情况下，安德拉什不得不于 1225 年以武力将他们驱逐出境。后来，这些骑士定居在波罗的海附近。

继续向埃尔代伊东南方向扩张：1224 年，安德拉什同他的儿子贝拉和好，故此，于 1226 年将埃尔代伊交给贝拉掌管。这时贝拉开始向埃尔代伊东南部的库曼人居住区扩张，使一部分库曼人皈依了天主教，组建了库曼人的主教团，并向库曼人征收教会税和国家税。

## 20. 贝拉四世国王 IV.Béla（1235—1270）

生于 1206 年。1235 年登基，1234 年第一次加冕，1235 年第二次加冕。在位 32 年。1270 年逝世，享年 64 岁。死后葬于埃斯泰尔戈姆的圣芳济会教堂。

父亲：安德拉什二世国王。

母亲：迈拉尼[1] 公主盖尔特鲁德（Gertrúd）。

妻子：希腊公主拉斯卡利斯·玛利亚（Laskaris Mária）。

两个儿子：伊斯特万（István）和贝拉（Béla）。

六个女儿：其中两个被封为圣人。圣·金高（Kinga，嫁给了波兰大公波列斯瓦夫五世，1999 年 6 月 16 日被封为圣人；约兰（Jolán），嫁给了波兰王子波列斯瓦夫；安娜（Anna），嫁给了加利西亚大公；孔什通齐奥（Konstancia），嫁给了加利西亚的王子莱欧 Leó；伊丽莎白（Erzsébet），嫁给了巴伐利亚王子亨利十二世；圣·毛尔吉特（Margit），尼姑，1276 年被封为"真福"，1943 年被封为圣人）。

实行"新路线"：1235 年，他的父亲安德拉什二世逝世，他顺利地登上了国王的宝座。他登基后做的第一件事就是大力推行他的"新路线"，不但不再赐"采邑"，而且还要把他父亲过去赐予的"采邑"收回来。为此，第一步先追究给他父亲出主意的人：宰相戴奈什（Dénes）被挖掉眼睛并投入监牢，另外一个宰相久洛（Gyula）也被捕入狱，很多人遭放逐或被没收财产。为了提高他的威

---

1　滨海侯国——另见本条后边的注解

望，除王子、主教和大主教外，任何人都不得坐着同他说话，任何人都不得向他口头汇报工作，都必须打书面报告。他登基后不久便派出人马到全国各地去收回"多余的和无用的封地"。他的这一"新路线"引起了贵族和大领主们的强烈不满。1239 年，迫于强大的压力，贝拉国王不得不放弃回收"采邑"的方针。

接纳库曼人定居匈牙利：在鞑靼人的逼迫下，一部分库曼人逃向巴尔干半岛方向，另外一部分奔向匈牙利避难。由于贝拉四世国王年轻时在埃尔代伊同库曼人打过交道，所以就同意了由克特尼（Kötöny）率领的四万库曼人来匈牙利定居，贝拉国王把他们安置在蒂萨河以东的大平原上。贝拉国王之所以同意他们定居匈牙利，是看中了这批有战斗力的队伍，准备在反抗鞑靼人入侵时动用这批队伍。1239 年，贝拉国王同克特尼达成协议：库曼人要改信天主教，要做贝拉国王的臣民。为此，库曼人可以享受自由。这些人与当年匈牙利人来这里定居时的情况差不多，也是一个游牧民族，虽然他们皈依了天主教，也给他们划定了放牧的地点，但他们仍然赶着他们的牲畜到处放牧，肆意毁坏匈牙利人的庄稼，双方的矛盾和纠纷不断。

鞑靼之灾：鞑靼（蒙古）人于 1223 年 5 月 31 日在 Kalka 河流（今乌克兰境内的卡利米乌斯河）附近打败了由俄罗斯和库曼人组成的联军。1236 年春天，在成吉思汗的孙子拔都（Batu）率领下的 15 万大军开始进攻欧洲。贝拉四世曾派多明我会的道士尤利阿努什（Juliá nus barát）等二人前往东方去寻找尚留在东方的匈牙利人，他们于 1236 年返回匈牙利（他们在伏尔加河流域找到了留在那里的匈牙利人）。1237 年，他们第二次去时，就不得不半路折回，因为鞑靼人挡住了他们的去路，他们回来后向贝拉国王提供了很多有关鞑靼人的有用信息。同年，贝拉国王接到了鞑靼人的军事首领写给他的一封信："我知道，你是一个既富有又强大的国王，你有很多军人，而且你一个人掌管着这个领域辽阔的国家。因此，让你自愿地归顺于我是很难的。但是，如果你能自愿地向我投降，对你来说将是一个好的和有益的选择。"这时，无论是国王还是整个国家都还没有认识到鞑靼人威胁的严重性，1240 年 11 月 19 日，鞑靼人占领基辅后，匈牙利才开始采取防御措施，但为时已晚。鞑靼军队继续西进，攻取了加利西亚公国都城弗拉基米尔－沃伦（今乌克兰西北部沃伦州弗拉基米尔沃伦斯基）和境内其他城市。加利西亚国王丹尼尔·罗曼诺维奇逃往匈牙利。12 月，斡罗斯（今日俄罗斯欧洲北部的基洛夫州和鞑靼自治共和国以西地区及乌克兰和白俄罗斯境内）被鞑靼人占领。

1241 年，鞑靼人除留 3 万军人镇守南斡罗斯外，其余 12 万人分三路向匈牙利进军。北路以拜答儿（Baidar）为统帅，率领 3 万人，征服波兰和西里西亚以后从西北方向进军匈牙利；南路以合丹（Kádán）为统帅，也率领 3 万人，绕过喀尔巴阡山脉，从埃尔代伊进攻匈牙利；中路的主力军以拔都（Batu）为统帅，率领 6 万大军，越过喀尔巴阡山直向布达佩斯进军。

这时，贝拉国王呼吁西方国家支援匈牙利，但没有人响应，只有奥地利公爵腓特烈带着一小支部队前来支援。腓特烈打败了一次鞑靼人的进攻，然后就把军队撤走了，还俘虏了一些鞑靼军人。他在这些俘虏中发现了库曼人，于是他就在匈牙利人中大造舆论，说库曼人是鞑靼人的奸细。本来就和库曼人有矛盾的匈牙利人，一气之下于 1241 年 3 月 17 日把库曼人的领袖克特尼（Kötöny）杀害了。随后，库曼人愤怒地离开了匈牙利。这样一来，对抗鞑靼人的任务就只有单靠匈牙利军队了。

鞑靼人的主力部队由拔都率领，他们轻松地攻下了维莱茨基山隘，守卫山隘的宰相也牺牲了。这时，贝拉国王紧急招募了 8 万人的雇佣军，4 月 8 日，贝拉国王离开佩斯去迎战鞑靼人，而鞑靼人则连续几天都向后撤退，最后在绍约（Sajó）河边上的穆希（Muhi）停了下来，随后突然消失在森林里。这时，匈牙利军队就在河边上的一块狭窄的地段安营扎寨。4 月 10 日晚上，鞑靼人企图强渡绍约河，被卡尔曼王子的部队击退。第二天一大早，正当匈牙利军队还在酣睡时，鞑靼人的全部队伍打了过来。虽然匈牙利的将领和战士英勇奋战，但寡不敌众，匈牙利军队开始败逃，因为地段太狭窄，向外逃都很困难。贝拉国王及卡尔曼王子在其亲信们的帮助下才得以逃生。大主教乌格林（Ugrin）战死在战场。卡尔曼王子在逃跑中身受重伤，不久便去世。在这场战争中，匈牙利国王军的主力基本上被敌军歼灭，两个大主教和大批主教牺牲在战场上。之后鞑靼人很快就占领了匈牙利多瑙河以东地区，几乎将这里夷为平地，无数居民或被掳走或被杀戮。几天之后拔都率领的鞑靼人便占领了佩斯城，以拜答儿（Baidar）为首的鞑靼军队占领了匈牙利北部地区，由合丹（Kádán）率领的部队占领了埃尔代伊。1241 年夏，鞑靼人又占领了多瑙河以北和以东的国土。

贝拉国王同其亲信脱险后向北方逃走，先到波若尼（今布拉迪斯拉瓦），之后逃到奥地利公爵腓特烈处避难，而腓特烈公爵则将贝拉国王一行扣留在海恩堡（Hainburg）城堡。这是因为前国王安德拉什欠他的债还没有偿还，于是他便没收了贝拉国王一行随身携带的财宝，并乘机占领了包括杰尔（Györ）城堡在内的匈牙利西部三个州。

这时，贝拉国王写信给罗马教皇及神圣罗马帝国皇帝，请求他们援助，他甚至答应，如果得到有效支援的话，匈牙利甘愿当神圣罗马帝国的附庸国。但他仍然没有得到西方的援助。

在 1241—1242 年寒冷的冬天里，多瑙河结了很厚的冰层，鞑靼人踏着冰层越过多瑙河继续向匈牙利西部进军，很快就占领了除几个石城堡以外的外多瑙河地区。这时，贝拉国王继续向西逃，一直逃到亚德里亚海岸的达尔马提亚的特劳乌城堡（Trau，即现在的特罗吉尔 Trogir）。这时，贝拉继续向教皇、法国国王和神圣罗马帝国的皇帝求救，但仍毫无结果。由合丹（Kádán）率领的鞑靼军队紧跟在贝拉之后，甚至已濒临特罗吉尔（Trogir）城堡之下。正当国王准备从海上逃走时，鞑靼人突然停止进攻并很快撤离匈牙利。

鞑靼（蒙古）人为什么突然撤走，历史学家们说法不一。有的认为鞑靼人的作战习惯是在第一次进攻后引军后退，而在第二次进攻后才作长期占领。但鞑靼人的这次撤退，恰逢成吉思汗的第三个儿子窝阔公大汗逝世，拔都（成吉思汗的孙子）得知这一消息后急忙率军回国，大概是看上了已空缺的大汗的位置。这种说法比较可信。

后来贝拉国王在回顾鞑靼之灾时说："当时鞑靼人把大部分国民或者杀戮了或者俘虏了，过去住满人口的国土许多地方变成了荒无人烟的地带。"破坏最严重的地方是奥尔弗尔德大平原和埃尔代伊，外多瑙河地区只在鞑靼军队经过的地方受到了损失。匈牙利人口减少了 30 万到 40 万，占当时人口的 15% 到 20%。

贝拉国王的改革：贝拉国王回国后对自己过去的错误政策进行了反省，开始同全国的大贵族们和好，不再回收过去的采邑，从 1242 年起他自己也开始向贵族们赐予"采邑"。整个政策的中心是，在国家重建的同时，采取预防措施，以防鞑靼人卷土重来。

第一，号召在全国建造现代化的石头城堡。在这方面，王室起了表率作用，玛利亚王后在 1245 年到 1255 年建造了维谢格拉德城堡。1247 年，国王担心鞑靼人的再次进攻，把居住在佩斯的神圣罗马帝国居民迁移到了城堡山上，以此奠定了布达发展的基础。

第二，加强同中东欧国家的关系。贝拉四世从抵抗鞑靼人的战争中汲取了教训，单独指望西方是靠不住的。为了加强同中东欧国家的关系，他把五个女儿都嫁到邻国：把他的女儿金高嫁给了波兰大公波列斯瓦夫五世；把另外一个女儿约兰嫁给了波兰王子波列斯瓦夫；把安娜嫁给了加利西亚大公；把孔什通齐奥嫁给了加利西亚的王子莱欧 Leó；把伊丽莎白嫁给了巴伐利亚王子亨利十二世。

第三，有意识地接纳外国移民。由于鞑靼人的烧杀掠夺，奥尔弗尔德大平原人烟稀少。贝拉国王首先将库曼人请回了匈牙利，把他们安置在多瑙河和蒂萨河之间的地带，库曼人至今都居住在这一带。为了安定库曼人的心，1254 年，贝拉国王让他的儿子伊斯特万娶了重新回到匈牙利的库曼人的大公塞伊汗

（Szejhán）的女儿伊丽莎白为妻。此外，还接纳了大批的捷克人、摩尔多瓦人、德国人和罗马尼亚人到匈牙利大平原安家落户。

匈捷争夺奥地利的战争：1242 年春，奥地利公爵腓特烈进攻波若尼（Pozsony）。匈牙利军队不但击退了侵犯，还乘机收回了他先前（贝拉国王在他那里避难时）勒索的匈牙利西部的三个州。1246 年初，奥地利公爵腓特烈打败了捷克之后又开始进攻匈牙利。1246 年 7 月 15 日在莱塔河（Lajta）河岸进行决战，结果匈牙利战败了。但奥地利大公腓特烈二世战死在战场上，因为腓特烈没有继承人，从此统治奥地利的巴本堡王朝灭亡了。在教皇的支持下，神圣罗马帝国的赫尔曼伯爵继位奥地利公爵的宝座。对此，匈牙利和捷克都没有反对。赫尔曼于 1250 年逝世，这时，匈牙利和捷克拉开了争夺奥地利的序幕。

1251 年，捷克国王的儿子奥托卡侯爵获得了奥地利公爵的宝座。这时，贝拉四世请求俄罗斯大公（Rosztiszláv）出兵（这时贝拉的女儿安娜已改嫁给俄罗斯大公），俄罗斯部队于 1252 年 6 月抵达奥地利与匈牙利部队一起作战。1253 年，匈牙利和俄罗斯部队摧毁了摩拉维亚。在罗马教皇英诺森四世的调停下，匈捷两国签订了和约。根据和约，奥地利的施蒂利亚北部划归捷克，而南施蒂利亚划归匈牙利。贝拉国王让他的儿子去管理南施蒂利亚，五年之后（1258）南施蒂利亚居民爆发起义，反对匈牙利的占领，随后南施蒂利亚宣布加入捷克王国。贝拉国王的儿子伊斯特万为了收复失地奋斗了多年，但毫无结果。1260 年，匈捷两国签订的和约到期，两国于当年的 6 月 25 日重新开战。站在匈牙利一边的有：俄罗斯、波兰、塞尔维亚、保加利亚和希腊；站在捷克一边的有：摩拉维亚、奥地利、施蒂利亚和西里西亚地区的波兰人。双方于 7 月 12 日和 13 日在摩拉维亚河附近决战，结果匈牙利战败了。这样一来，贝拉四世国王被迫放弃了对奥地利领土的要求。

父子之间的矛盾和战争：贝拉四世给他的两个儿子都分了一块领地让他们去管理，他把埃尔代伊分给伊斯特万，把斯洛文尼亚分给贝拉。不知由于什么原因致使贝拉国王同他的儿子伊斯特万关系紧张了起来。父子之间于 1262 年曾签订了一项和约，使他们之间的矛盾暂时缓和了下来。根据和约，匈牙利国土多瑙河以东的部分归他儿子伊斯特万管辖。这时，伊斯特万打出了"青年国王"的旗帜，拥有自己的宫廷，还任命了宰相。1264 年，父子之间的矛盾达到了无法调解的地步。贝拉国王的军队分两路向伊斯特万发起攻击，北路的部队俘虏了伊斯特万的家眷，伊斯特万节节败退，最后逃到了鲍尔曹沙格（Barcaság）的一个城堡避难。不久后，他的一些亲信重新集结了一支部队把他营救出来了。此后，伊斯特万的部队不断壮大，而且屡战屡胜，又把国王的军队从多瑙河以东地区赶了出去。1265 年，父子在佩斯附近的伊绍塞格（Isaszeg）进行决战，结果儿子战胜了老子。父子双方于 1266 年在兔子岛（布达佩斯多瑙河上的玛尔吉特岛）签订了维持现状的和约，国家的东部地区仍归伊斯特万。从此，匈牙利几乎变成了两个完全独立的国家。

1269 年，"青年国王"伊斯特万作出了一项完全独立的决定：同意大利安茹王朝的那不勒斯王国结成双重联姻：伊斯特万的儿子拉斯洛（后来的拉斯洛四世国王）与那不勒斯国王卡罗伊的女儿伊莎贝拉（Izabella）订婚，而那不勒斯国王的儿子与伊斯特万的女儿玛利亚订婚。

伊斯特万同捷克国王奥托卡之间的矛盾则日益加剧，而他的父亲贝拉国王同奥托卡的关系则很好。贝拉国王在逝世前，可能是为了报复他的儿子，将王后和他的寡妇女儿安娜（此时加利西亚大公 Rosztiszláv 已去世）及一些忠于他的大贵族们委托给他的仇人捷克国王奥托卡二世保护。在这件事情上，安娜起了重要作用，她之所以不喜欢她弟弟伊斯特万，是因为伊斯特万在同她父亲的战争中曾经没收了她的一个城堡，另外一个原因是，她的丈夫加利西亚大公逝世后，她嫁给了捷克国王奥托卡二世。贝拉国王于 1270 年 5 月 3 日去世。这时，安娜公主携带上国王的大批财宝逃到布拉格避难，同时大批的贵族也逃到捷克，并在那里从事反对伊斯特万五世的斗争。[1]

## 21. 伊斯特万五世 V. István（1270—1272）

1239 年 10 月 18 日出生。1245 年 8 月 20 日加冕，1270 年登基，在位 2 年。1272 年 8 月 6 日逝世，享年 33 岁。葬于布达佩斯兔子岛（今玛尔吉特岛）上的多明我会修道院。

父亲：贝拉四世国王。

母亲：希腊公主玛利亚（Laskari Mária）

妻子：库曼人（Kunok）大公塞伊汗（Szejhán）的女儿伊丽莎白。

儿子：拉斯洛（László），安德拉什（András）。

女儿：考陶林（Katalin），嫁给了塞尔维亚国王伊斯特万四世；玛利亚（Mária），嫁给那不勒斯国王卡罗伊二世；安娜（Anna），嫁给拜占庭皇帝安德洛尼卡二世。

---

1 神圣罗马帝国把占领的亚得里亚海东岸的伊斯特拉、的里亚斯特和戈里齐亚等地称为迈拉尼（Meránia, 滨海省份），从 11 世纪起，神圣罗马帝国的皇帝就经常给在这里任职的德国人授予迈拉尼 Meráni（滨海省份）伯爵的称号。

1270 年 5 月 3 日，贝拉四世国王逝世，他的儿子伊斯特万顺利地坐上了国王的宝座。但他只当了两年国王就去世了。他登基后不到一年，1271 年 4 月，捷克国王奥托卡率兵侵犯匈牙利，两国开战不久，匈牙利就扭转了被动局面。随后匈牙利军队拿下了奥地利和摩拉维亚。捷克国王被迫于 1271 年 7 月 2 日与匈牙利签订了波若尼（Pozsony）和约，和约规定两国恢复战前的边界，另外，捷克国王还承诺不再支持逃到捷克的匈牙利大贵族们反对伊斯特万国王的活动。

在国内政策上，继续奉行他父亲的城市政策，他向杰尔（Györ）颁发了建城的特许证，把绍特马尔（Szatmár）和科洛日瓦尔（Kolozsvár）晋升为城市。

1272 年夏，伊斯特万国王及王室前往达尔马提亚，并计划在那里会见那不勒斯国王卡罗伊一世（卡罗伊是伊斯特万的女婿，法国国王路易斯的弟弟）。在途中（6 月 24 日），匈牙利大贵族、斯洛文尼亚总督古特凯莱德（Gutkeled）居然绑架了王位继承人、10 岁的王子拉斯洛，他们把王子关押在 Kapronca（今科普里夫尼察 Koprivnica）城堡。国王多次派兵攻打城堡，营救王子，均告失败。他的父亲在位时，贵族们只能站着同国王说话，而现在居然敢绑架王子，可见这时贵族们的势力有多大。在这种情况下，国王突然病倒，并于 1272 年 8 月 6 日于布达佩斯的兔子岛（今日的玛尔吉特岛）病逝。死后也葬在岛上的多明我会修道院。

## 22.（库恩）拉斯洛四世 IV.（Kun）László（1272—1290）

生于 1262 年，1272 年登基，同年 9 月加冕，在位 18 年。1290 年 7 月 10 日逝世，享年 28 岁。葬于乔纳德。

父亲：伊斯特万五世国王。

母亲：库曼大公的公主玛利亚。

妻子：意大利安茹王朝那不勒斯国王卡罗伊的公主伊莎贝拉（Izabella）。

子女：无。

拉斯洛登基后的国内形势：拉斯洛 1269 年同意大利安茹王朝那不勒斯国王卡罗伊的女儿伊莎贝拉订婚，1272 年他 10 岁时结婚。1272 年夏天，他被大贵族古特凯莱德（Gutkeled）绑架。他父亲伊斯特万五世因无力解救他的儿子而生病，不久便与世长辞。这时，古特凯莱德将其释放，并在塞克什白堡（Székesfehérvár）为其加冕。年幼的国王无法理政，故国家大事由其母亲处理，但实际上国家政权已旁落于处于割据状态的大贵族们手中。后来，大贵族们形成了两大派：一派以克塞吉（Köszegi Henrik）和古特凯莱德（Gutkeled）为首；另外一派以恰克·马泰（Csák Máte）和恰克·彼得（Csák Péter）兄弟俩为首。这两派都拥有大量的地产，都想称王称霸，都想在朝里当大官，为达到目的而不择手段。1274 年，克塞吉集团绑架了年轻的国王（这是他第二次被绑架），随后恰克集团把国王救了出来。1274 年 9 月 26—29 日，两派在巴拉顿湖附近的波尔加德（Polgárd）的战役中，克塞吉本人被打死。恰克集团的势力得到加强。为了扩大自己的权势和财富，恰克集团于 1276 年 3 月肆无忌惮地把维斯普雷姆市（Veszprém）摧毁了，理由是该市主教团中有一位克塞吉家族的成员。在这场灾难中，维斯普雷姆的牧师学校也被毁掉了，它当时是匈牙利一所有名的教育机构。

1273 年的匈捷战争：正处于鼎盛时期的捷克认为，把自己的势力扩大到匈牙利的时机到了，于是在 1273 年 4 月派兵占领了杰尔（Györ）城堡。匈牙利军队在 6 月中旬又将城堡夺回，7 月底捷克国王奥托卡二世派出了比匈牙利军队多出两倍的兵力开始进攻匈牙利。匈牙利军队由克塞吉率领，在没有同捷克军队正面交战的情况下就撤退了，奥托卡在没有抵抗的情况下就占领了欧瓦尔（Óvár）、莫雄（Moson）、杰尔（Györ）和索普朗（Sopron）。战争在没有抵抗也没有签订和约的情况下结束了。

拉斯洛与鲁道夫结盟：神圣罗马帝国的七大选帝侯于 1273 年 10 月 1 日在法兰克福选举神圣罗马帝国皇帝，当时毫无势力的哈布斯堡家族的鲁道夫当选了，而赫赫有名的捷克国王奥托卡不接受这个选举结果并起事。这时，神圣罗马帝国和捷克都在拉拢匈牙利，而匈牙利的两派贵族集团意见不一，但最后认为，对匈牙利来说，捷克远比神圣罗马帝国更具有威胁性，况且捷克还占领了匈牙利不少领土，于是决定站在鲁道尔夫一边。1276 年秋，当鲁道夫决定向奥托卡发动进攻时，匈牙利正好是同意支持神圣罗马帝国的克塞吉贵族集团当政，于是匈牙利军队在古特凯莱特（Gutkeled）和 14 岁国王的率领下向维也纳靠拢，以便与鲁道夫的军队会合。当匈牙利军队挺进到索普朗（Sopron）时，奥托卡让步了，发誓效忠神圣罗马帝国皇帝鲁道夫。11 月 21 日，匈捷签订的和约中规定，奥托卡要归还他在 1273 年占领的匈牙利领土，但实际上只归还了索普朗地区。这场战争的意义在于，拉斯洛得到了一个索普朗解放者的名声，另外，还促进了宣布拉斯洛国王为成年人的进程。因为只有一位成年的国王才可以同神圣罗马帝国的皇帝鲁道夫去签订联盟条约。

1277 年的拉科什国会：1277 年拉斯洛国王只有 14 岁，按照阿尔巴德王朝的传统，国王年满 16 周岁，最好年满 18 周岁才可以理政。那些没有机会参政的宗教界人士及从来也没有参过政的小贵族们都希望重新加强国王的权力，于是，在

## 匈牙利历代国王 (1000—1918)

主教团部分成员考洛乔大主教、瓦茨主教、瓦劳德和萨格拉布主教们的倡导下，于 1277 年 5 月底在拉科什（Rákos）附近的迈泽（Mezö）召开了全国会议，目的是恢复"公共福祉"，讨论给国家和教会带来损害的事务。最重要的是，会议宣布国王已具有法律年龄，要把领导国家的权力交给国王，同时授权国王去同神圣罗马帝国皇帝鲁道夫签订联盟条约。国王则发誓要以武力去镇压损害国家利益的人。

全国各州都选派了高级教士、贵族和贵族的代表们参加了这次会议，库曼人也派代表参加了会议。这在匈牙利历史上是从来没有过的。这次会议可以说是匈牙利等级议会的前身，但会议没能改变国家的现状。

教皇特使和库曼人法：1279 年，尼古拉三世教皇任命菲勒普为他的特使前往匈牙利，使命是"加强国王的地位"，真正目的是罗马教廷要插手匈牙利的内政。特使于 1279 年年初到达匈牙利后便立刻着手解决"库曼人问题"。在特使的逼迫下，拉斯洛国王无奈于 8 月 10 日公布了《库曼人法》。法律要求库曼人皈依天主教，完全放弃异教徒的习惯，其中包括衣着、发式和留胡须的习惯；放弃游牧，过定居生活；归还占领的教会和大地主的土地等苛刻的条款。

由于拉斯洛国王本人就是半个库曼人（他的母亲是库曼人），而库曼人的军队直接受拉斯洛国王的领导，在国内大贵族们各自称霸的情况下，库曼人的军队成为国王抵御外来侵略和对付国内大贵族们的可靠力量。因此，他对库曼人异教徒的习惯和生活方式一直采取睁一只眼闭一只眼的态度。在公布《库曼人法》以后，他也没有去认真执行。他的态度激怒了教皇的特使，特使于 10 月初宣布将拉斯洛国王驱逐出教门。教皇本人则号召匈牙利人起来反对拉斯洛国王。而拉斯洛则对着干，于 1280 年 1 月将教皇的特使抓起来并交给库曼人处置。这时，埃尔代伊的督军奥鲍·芬陶（Aba Finta）则把国王拉斯洛抓了起来（这是他第三次被人监禁），双方越闹越僵。1280 年 3 月国王同教皇的特使和解了，国王发誓要执行《库曼人法》。这时库曼人真的造反了，国王则起兵镇压。11 月 11 日，国王的军队在霍德陶维（Hódtavi）战役中打败了库曼人，随后，库曼人逃离了匈牙利。这是库曼人第二次被逼离开匈牙利（第一次是在 1241 年，在鞑靼人入侵匈牙利的前夕）。

拉斯洛无所事事的最后 10 年：库曼人离开了匈牙利，使拉斯洛国王失去了支柱，加强国王权力的希望也破灭了。这时，多次受到屈辱（三次被贵族绑架）的他一心想报复。为了报复，拉斯洛国王又招回了一部分库曼人，甚至还把鞑靼人召了回来。但鞑靼人在 1285 年摧毁了匈牙利北部和埃尔代伊，然后撤退了。

在最后十年里，拉斯洛已无心关心国家大事。在大贵族们内战不断的情况下，他什么都不顾，一心想从他喜欢的库曼人那里得到支持和欢乐，因此，人们称他为"库曼·拉斯洛"。他的情绪十分不稳定，有时同留下来的库曼人一起狂欢作乐，有时则发誓要改变国家的状况；说不要他的妻子伊莎贝拉，就立刻把她赶走，1286 年还把他的妻子投入大牢，公开地同他的库曼族的姘头埃杜奥（Edua）生活在一起；他还不顾埃斯泰尔戈姆大主教的反对，硬把他的一位女亲戚从修道院中夺走。他傲慢地对大主教的特使说，我不管我的行为是否符合宗教法规，"对我来说，我就是法规，我不受任何牧师法的限制"。为此，1287 年，埃斯泰尔戈姆大主教将拉斯洛国王逐出教门（这是他第二次被驱逐出教门，第一次是 1279 年）。1288 年，拉斯洛发誓要放弃库曼人的异教徒式生活方式，并把他的夫人接回了家，这时，大主教重新恢复了他的教籍。

1290 年 7 月 10 日，库曼人阿尔博茨（Árboc）、特尔泰尔（Törtel）和凯门采（Kemence）在克勒什塞格（Körösszeg）城堡将拉斯洛国王杀死。

## 23. 安德拉什三世国王 III.András（1290—1301）

大约出生于 1250 年，1290 年登基，同年 7 月 28 日加冕。在位 11 年。1301 年 1 月 14 日逝世，葬于布达。

父亲：伊斯特万王子（安德拉什二世国王之子）。

母亲：托毛希瑙·考陶林（Tomasina Katalin），威尼斯大贵族之女。

第一个妻子：波兰公主费嫩瑙（Fenenna）。

第二个妻子：奥地利哈布斯堡和德意志公主阿格奈什（Habsburg ágnes）。

女儿：Erzsébet（伊丽莎白）。

关于安德拉什的身世：安德拉什二世（1205—1235）国王在逝世前几年娶了年轻的神圣罗马帝国贝亚特里斯（Beatrix）女侯爵为妻，过门后不久，整个宫廷就流传她与宰相戴奈什（Dénes）之间的不正当关系。安德拉什二世国王逝世后她宣称有孕在身。刚登基的贝拉四世（1235—1270）不承认这个孩子是他父亲的，故将她软禁起来。在为安德拉什国王举行葬礼时，贝亚特里斯女扮男装混在神圣罗马帝国代表团中逃出匈牙利，后来在德国生下一个男孩，起名叫伊斯特万。贝雅特里斯于 1254 年去世，无依无靠的伊斯特万过着到处流浪的生活，他几乎游遍了整个欧洲，后来在威尼斯定居下来并有幸娶了威尼斯富豪莫罗希瑙（Morosina）家族的女儿托毛希瑙（Tomasina）为妻，他们于 1265 年生下一个男孩，这便是安德拉什。虽然匈牙利不承认伊斯特万是阿尔巴德的后代，但伊斯特万本人坚持他是阿尔巴德的后代，而财大气粗的莫罗希瑙（Morosina）家族也把安德拉什当作阿尔巴德王朝的王子来教养。

安德拉什于 1278 年应大贵族克塞吉的邀请就来过匈牙利。克塞吉准备让他替换（库恩）拉斯洛四世，但当时条件不成熟，没有成功。1290 年，他第二次来到匈牙利时，被比豪里城堡的主人豪霍特·奥尔诺尔德（Hahot Arnold）认出后，交给了奥地利王子哈布斯堡·阿尔拜尔特。当（库恩）拉斯洛四世去世时，他正被软禁在维也纳。这时，埃斯泰尔戈姆的大主教洛多梅尔（Lodomér）派了两名僧侣，化装后将安德拉什从维也纳救出并护送到匈牙利。大主教洛多梅尔于 1290 年 7 月 23 日在塞克什白堡（Székesfehérvár）为安德拉什加冕。

没有王位继承人的（库恩）拉斯洛四世去世后，匈牙利各派政治势力，之所以不再追究安德拉什的身世，一致同意让他当国王，是因为教会认为他成长在天主教根基很深的意大利，他当国王肯定对教会有利。而大贵族们则认为，他在国内没有势力、没有靠山，肯定是一个软弱的国王，这有利于大贵族。

1290 年匈牙利的国内形势：安德拉什登基时，匈牙利的大部分国土不在国王的掌控之下，而是掌握在大贵族们手中。这些大贵族们在自己的地盘上过着国王般的生活。他们有自己的军队，经常打内战，甚至执行独立的对外政策。在贝拉四世国王去世时（1270），全国 170 座城堡中，有三分之一在国王手中。到 1290 年时，只有五分之一属于国王。当时四个最大的贵族掌管的城堡数量比国王的还多。

安德拉什登基后，同波兰公主费嫩瑙（Fenenna）结婚，但他的岳父当时正在流放中，既无权也无势，不能助他一臂之力。这时，安德拉什特别需要教会和小贵族们的支持，希望提高其政治地位的小贵族们则对熟悉意大利早期等级制国家的国王也寄予期望。

1290 年 9 月初，在老布达召开国会。国会通过了一个有 34 项条款的决议，其中 19 条是直接或间接地反对大贵族们的个人权势的。国王还答应，国家领导人宰相、司库和国家法官等只能在小贵族们建议下任命。决议虽好，但无法执行，因国家大权仍然掌握在大贵族们手中。

匈牙利王位之争：（库恩）拉斯洛四世去世后，与阿尔巴德家族有母系亲戚关系的人都前来争夺匈牙利王位。那不勒斯的安茹家族的理由是：伊斯特万五世（1270—1272）曾将其女儿玛利亚嫁给了那不勒斯的王子，玛利亚的儿子伊斯特万五世的外孙有权继承王位。

罗马教皇尼古拉四世也提出王位的要求，理由是：当年圣.伊斯特万（1000—1038）国王接受了教皇的王冠，就承认了匈牙利为教皇的封地。现在封地无王位继承人，这个王位理应归教皇所有。

神圣罗马帝国皇帝哈布斯堡·鲁道夫争夺王位的理由是：在鞑靼人入侵匈牙利（1241）后，贝拉四世国王同神圣罗马帝国皇帝腓特烈二世签订过条约，如果神圣罗马帝国能帮助匈牙利打败鞑靼人，匈牙利情愿作神圣罗马帝国的附庸国。但神圣罗马帝国并没有帮助匈牙利，因此，条约不能生效。1245年，罗马教皇已经正式宣布这一条约无效。但神圣罗马帝国皇帝鲁道夫于1290年8月30日正式下令将匈牙利赠给了奥地利公爵儿子阿尔拜尔特。

新登基的安德拉什三世认为，对匈牙利威胁最大的是奥地利，而且奥地利还占领着在拉斯洛时期霸占的匈牙利西部地区的诸多城堡。故此，于1291年向奥地利开战并打败了哈布斯堡·阿尔拜尔特。根据当年8月26日两国在奥地利海因堡签订的和约，奥地利过去占领的匈牙利城堡都归还给匈牙利，但为了奥地利的安全，奥地利要求匈牙利必须把这些城堡都炸毁。因为这些城堡大都属于国王的敌人——大贵族克塞吉所有，所以安德拉什国王欣然同意了。城堡归还给了匈牙利，但克塞吉为了自己的利益，阻止了奥地利炸毁城堡的举动。为此，克塞吉集团与安德拉什反目，不再支持国王，甚至还一度把国王给抓了起来。

1291年，匈牙利和奥地利的关系发生了根本性变化：1291年，神圣罗马帝国皇帝鲁道夫一世逝世，神圣罗马帝国七个选帝侯没有选举鲁道夫的儿子阿尔拜尔特，而选举既无号召力又无军事势力的阿道夫为罗马人民的国王（帝国的规则是，只有当上罗马人民的国王的人，才有当神圣罗马帝国皇帝的资格），因为德国贵族们对迅速崛起的哈布斯堡王朝心怀疑虑，不愿看到一个过于强大的王室凌驾于他们之上。鲁道夫一世的儿子、奥地利的公爵阿尔拜尔特对此不服而起事。这时他特别需要匈牙利的支持，而安德拉什为了对付匈牙利西部的大贵族克塞吉，故同意与奥地利结盟。在1297年7月2日的战役中，匈牙利军队帮助奥地利军队打败了阿道夫，阿道夫牺牲在战场上。1295年，安德拉什的妻子去世，1297年，安德拉什娶了阿尔拜尔特皇帝的女儿阿格奈什为妻。1303年，教皇卜尼法斯八世承认阿尔布雷希特一世（即阿尔拜尔特）为神圣罗马帝国皇帝。

在安德拉什与国内大贵族的斗争中，他的母亲托毛希瑠（Tomasina）是他最坚强的支持者。她掌管着斯洛文尼亚及沿海地区，多次帮助安德拉什平息内乱。为了对付几个大贵族，安德拉什于1298年8月5日同五个忠于他的大贵族签订了史无前例的军事互助条约。安德拉什的这一不寻常的举动果然取得了成效，先是克塞吉集团向国王投降了，随后恰克集团也发表了效忠国王的声明。

阿尔巴德王朝结束：1300年8月，伊斯特万五世（1270—1272）的外孙，意大利安茹王朝的12岁王子卡罗伊·罗伯尔特（Károly Robert）为了夺取匈牙利王位，在达尔马提亚的斯普利特登陆并很快就占领了萨格拉布。安德拉什国王没有立刻反击，也没有把卡罗伊·罗伯尔特来匈牙利当作一件大事看待。这是因为，他在国内的地位已经比较稳定，大贵族们都已效忠于他。另外，他的背后还有他的岳父，神圣罗马帝国的皇帝的支持。但出人意料的是，1301 年 1 月 14 日，安德拉什三世国王突然在布达王宫逝世。很快传出消息说，他是被毒死的，但这并没有证据。他很可能是得了一种突发性疾病而死的。因为他膝下无子，更重要的是，在匈牙利国内再也没有与阿尔巴德家族有血缘关系的人了。故此，延续了 301 年的阿尔巴德王朝退出了历史的舞台。

# 二、王位空白期（1301—1308）

安德拉什三世国王逝世后的 1301 年到 1308 年期间，历史上称其为王位空白期。这一称呼不太准确，因为当时国家有国王，而且还不止一位，但他们的加冕没有一位是完全符合要求的，因为只有用圣．伊斯特万王冠，在塞克什白堡（Székesfehérvár），由埃斯泰尔戈姆大主教亲自加冕的国王才真正是匈牙利国王，三个条件缺一不可。当时的文采尔用的是圣．伊斯特万的王冠，但地点不对，也不是由埃斯泰尔戈姆大主教加的冕；卡罗伊是由埃斯泰尔戈姆大主教加的冕，但地点不对，用的也不是圣．伊斯特万王冠；奥托加冕的地点对，用的是真王冠，但不是由埃斯泰尔戈姆大主教加的冕。所以，当时这三个国王谁也没能掌管全国，实权掌握在大贵族集团手中。

## 24. 文采尔三世国王 III.Vencel（1301—1305）

1289 年生。1301 年 8 月 27 日登基和加冕。1305 年逝世，在位 4 年，享年 17 岁。葬在布拉格。

父亲：捷克国王文采尔二世。

母亲：哈布斯堡公主尤陶（Jutta）（匈牙利国王贝拉四世的外孙女）。

未婚妻：匈牙利国王安德拉什三世的女儿伊丽莎白，未成婚。

安德拉什三世逝世后，匈牙利的一部分贵族和恰克集团选举捷克国王文采尔二世为匈牙利国王，而文采尔二世国王把匈牙利王位让给了与他同名的儿子文采尔。他不但是匈牙利国王贝拉四世的曾外孙，而且还是刚刚逝世的安德拉什三世国王唯一女儿伊丽莎白的未婚夫（1298 年订的婚）。就这样，他被热热闹闹地送到布达，随后又被带到塞克什白堡。1301 年 8 月 27 日，由考洛乔的大主教亚诺什用圣．伊斯特万的王冠为他加了冕。当时，除埃斯泰尔戈姆大主教盖尔盖伊（Gergely）及几个安茹王朝的拥护者外，几乎全国人都承认他已经是匈牙利国王了。

但卜尼法斯八世教皇不支持文采尔，坚决支持意大利安茹家族的卡罗伊继承匈牙利王位，并派特使到匈牙利。教皇的使者为了维护卡罗伊，多次使用革出教门的手段对付对方，这就使混乱局势愈演愈烈。后来教皇利用教会的诅咒打击支持文采尔的布达城，而布达人毫不畏惧地反过来也诅咒教皇。

文采尔既得不到教皇的支持，也无能力将卡罗伊赶出匈牙利，而且捷克还面临着德国入侵的危险。在这种情况下，他的父亲于 1304 年将他召回捷克。文采尔把在匈牙利的权力交给了匈牙利大贵族克塞格·伊万（Köszegi Iván），但把王冠带回了捷克。可见，他还没有放弃对匈牙利王位的追求。1304 年秋，德国入侵捷克，虽然德国没有打败捷克，但 1305 年 6 月 21 日，文采尔二世国王突然逝世，他继承了王位，历史称其为文采尔三世。1305 年 8 月 18 日，刚刚登基的文采尔三世与神圣罗马帝国签订和约，和约规定：文采尔放弃匈牙利王位，将匈牙利王冠交出。神圣罗马帝国皇帝阿尔拜尔特要回了王冠，但不是为了自己，他是为奥托要的。1305 年 10 月 9 日，文采尔在布尔诺正式宣布放弃匈牙利王位，并将王冠交给了奥托（Ottó）。文采尔继位后便解除了与伊丽莎白公主的婚约，伊丽莎白公主走投无路，削发为尼。1306 年，文采尔三世被他的一位酒友杀死，年仅 17 岁。

## 25. 奥托国王 Ottó（1305—1307）

1261 年 2 月 11 日生。1305 年 10 月 9 日登基。1305 年 12 月 5 日加冕。在位 2 年。1312 年 9 月去世，享年 51 岁，葬地不详。

父亲：巴伐利亚王子亨利。

母亲：匈牙利国王贝拉四世的孙女伊丽莎白。

妻子：第一个妻子哈布斯堡的公主考陶林（Katalin）。

第二个妻子西里西亚公主阿格奈什（Ágnes）。

子女：无

贝拉四世（1235—1270）于 1250 年将他的女儿伊丽莎白嫁给了德国巴伐利亚伯爵亨利十三世，奥托是伊丽莎白的长子，故出生于 1261 年的奥托是前国王贝拉四世的外孙。他从 1301 年就提出了对匈牙利王位的要求。1305 年，文采尔放弃了匈牙利王位，随后把王位让给了他，还把匈牙利王冠交给了他。这时他经过奥地利到了肖普朗（他是在晚上秘密到匈牙利的，途中装有王冠的箱子不知什么时候从车中掉了下来，第二天天亮后发现王冠没了，派人回头去找了回来）。

他的支持者克塞格一伙（Köszegiek）很快把他送到了塞克什白堡，1305 年12 月由维斯普雷姆（Veszprém）和乔纳德（Csanád）的主教为他加了冕。加冕后他带兵住进了布达。这时他和另外一个王位争夺者，那不勒斯安茹王朝的卡罗伊签订了为期一年的和约。但卡罗伊背信弃义，在一个晚上突然攻占了布达。这时，在王位之争中一向保持中立的埃尔代伊总督坎·拉斯洛（Kán László）建议要把自己的女儿许配给奥托。1307 年夏天，奥托前往埃尔代伊，总督坎·拉斯洛立即把奥托投入大牢并没收了他的王冠。1307 年秋天，奥托缴纳了大量赎金后才被放走，条件是：放弃王位，交出圣·伊斯特王冠。

卡罗伊·罗伯尔特：他是第三个前来争夺匈牙利王位的人。卡罗伊是已故国王伊斯特万五世（1270—1272）的曾外孙，1300 年 8 月，他就从达尔马提亚的斯普利特（Split）登陆并很快占领了萨格拉布。在得知安德拉什三世突然逝世后，就立即赶到埃斯泰尔戈姆，在那里大主教盖尔盖伊用一个临时制作的王冠为他加了冕，但匈牙利的主教和贵族们都不承认他，一是因为加冕的王冠不是圣·伊斯特万王冠，更深层的原因是，他们害怕匈牙利会沦落为罗马教皇的附属国。因此，匈牙利的主教和大贵族们极力支持捷克的文采尔。而圣·伊斯特万王冠在文采尔手中。卡罗伊的支持者们就想方设法去夺回王冠，1302 年的军事行动没有成功，没有得到王冠。罗马教皇卜尼法斯八世坚决支持卡罗伊。1305 年，竞争对手文采尔放弃了匈牙利王位，把王位和王冠转让给了德国的奥托，而奥托于 1307 年被埃尔代伊的总督投入大牢，后交付巨额赎金、放弃王位和交出王冠后回到德国，从而为卡罗伊继承匈牙利王位扫清了道路。1310 年 8 月 27 日，埃斯泰尔戈姆大主教盖尔盖伊用圣·伊斯特万王冠，在塞克什白堡给卡罗伊加冕，八年的王位空白期结束，为期 78 年的安茹王朝开始了。

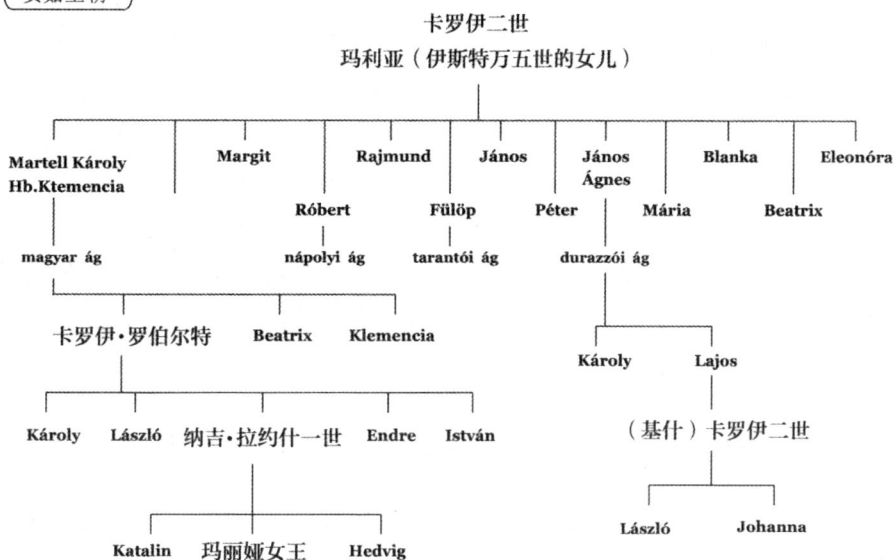

安茹王朝

卡罗伊二世
玛利亚（伊斯特万五世的女儿）

# 三、安茹王朝（1308—1386）

1301 年，安德拉什三世去世后，因他膝下无子，故存在 301 年的阿尔巴德王朝到此结束。与阿尔巴德王朝有母系血缘关系的几个外国大家族经过 8 年的角逐，法国那不勒斯安茹家族的卡罗伊·罗伯尔特胜出。

安茹是法国西北部的一个省名，公元 929—1060 年，富尔科（Fulk ó）二世伯爵及其后裔统治着这个省。后来就把获得这个省的伯爵家族都叫作安茹家族。安茹省的伯爵在法国历史上当过 5 次国王，匈牙利的安茹王朝是第三次在法国当国王的法国安茹家族的后裔。

1260 年，法国路易八世的儿子卡罗伊一世占领了那不勒斯，在那里建立了那不勒斯安茹王朝。1270 年卡罗伊一世的儿子（瘸子）卡罗伊二世娶了匈牙利国王伊斯特万五世的女儿玛利亚为妻，卡罗伊·罗伯尔特是玛利亚的孙子，是伊斯特万五世的曾外孙。

安茹王朝在卡罗伊一世（1307 — 1342）和纳吉·拉约什一世（1342 — 1382）统治时期匈牙利又开始繁荣了。卡罗伊一世通过良好的税收政策、财政改革和对匈牙利丰富矿产的更为有效的开发和利用，使其成功地巩固了政权。1335 年，他邀请捷克和波兰国王在匈牙利的"维谢格拉德"会谈并签订了三国同盟。这个同盟的宗旨是，在政治上反对、在经济上孤立奥地利哈布斯堡王朝。在纳吉·拉约什一世统治时期，匈牙利南部边疆扩展到了保加利亚，新的罗马大公国（摩尔多瓦和瓦拉几亚公国 Havasalföld）都归顺了匈牙利，威尼斯也把达尔马提亚拱手让给了匈牙利。匈牙利成了中欧地区的一个大国，并且这种地位一直保持到马加什国王（1458—1490）去世。当时匈牙利的文化也很兴盛，第一所匈牙利大学的建立（1372 年建于佩奇）也证明了在西欧正处于危机之中时，安茹家族的匈牙利王国是繁荣发达的。

## 26. 卡罗伊·罗伯尔特国王 I.Károly（1308—1342）

生于 1288 年。1308 年登基。1301 年、1309 年和 1310 年（8 月 27 日）三次加冕。1342 年 7 月 16 日逝世，在位 34 年，享年 54 岁，去世后葬于塞克什白堡。

父亲：那不勒斯安茹王朝国王毛尔泰尔·卡罗伊（Martell Károly，匈牙利国王伊斯特万五世的外孙）。

母亲：神圣罗马帝国皇帝鲁道夫的女儿哈布斯坦·克莱齐奥（Habsburg Klemencia）。

第一个妻子：加利西亚国王莱欧一世的女儿玛利亚。

第二个妻子：西里西亚公主皮奥什特·玛利亚（Piast Mária）。

第三个妻子：神圣罗马帝国皇帝亨利七世的女儿贝亚特丽斯（Beatrix）。1318年结婚，1319年死于难产。

第四个妻子：波兰国王瓦迪斯瓦夫一世的女儿伊丽莎白（Piast Erzsébet）。她为卡罗伊生了5个儿子。

儿子：卡罗伊（Károly，1321年生）；拉斯洛（László，1324年生）；拉约什（Lajos，1326年生）；安德拉什（András，1327年生）；伊斯特万（István，1332年生）。前两个儿子很小就夭折了。

卡罗伊正式当上国王后，国家的权力实际上不在国王手上，而在盘踞在各地的大封建主"巴罗"手中。例如，恰克·马泰（Csák Máté）就控制着匈牙利北部高地的西北部，他控制着匈牙利的14个州（即目前的斯洛伐克的中西部地区），拥有50个城堡和庄园，建有豪华的宫殿，设有自己的宰相和大法官，自造货币，实行独立的对外政策等；北部高地东南部则被奥鲍·奥毛戴（Aba Amadé）家族控制；匈牙利南部被舒比克（Subic）家族控制；外多瑙河地区、德拉沃河（Dráva）和萨瓦河（Száva）之间地区被克塞格（Köszeg）家族控制。整个鲍尔绍德州（Borsod）被阿科什·伊斯特万（Ákos István）家族控制；埃尔代伊被坎·拉斯洛（Kánlászló）家族控制。

1307年，德国的奥托回到德国后，匈牙利的贵族们纷纷表示效忠于卡罗伊，但上述的几个大封建主们仍不顺从，尤其是王冠还在坎·拉斯洛手中。教皇的特使红衣大主教根蒂利什（Gentilis）都没有说服他把王冠交出。这时，教皇专门给卡罗伊另外制作了一顶王冠，并于1309年6月第二次为卡罗伊加冕，但上述几个大封建主都没有参加仪式。随后，教皇的特使又同坎·拉斯洛进行了漫长的谈判，最后教皇向他发出诅咒，在这种情况下，坎·拉斯洛才于1310年把王冠交了出来。当年8月27日，埃斯泰尔戈姆大主教又正式用圣.伊斯特万王冠给卡罗伊加冕。

巩固政权：卡罗伊在1310年加冕后就开始了恢复国内秩序、巩固王权的艰难斗争。他分别以外交和军事手段战胜了盘踞各地的大封建主、大领主（巴罗）们。最大的战役是1312年海尔纳德山谷的罗兹格尼（Rozgony）战役，战役进行得非常艰难，最后在考绍（Kassaik）和塞拜什（Szepesiek）居民的帮助下才彻底打败了奥鲍·奥毛戴（Aba Amadé）的军队。1315 年卡罗伊把首都从布达迁到泰迈什堡（Temesvár，即现在罗马尼亚的蒂米什瓦拉）。1316—1321 年打败了克塞格（Köszegi János）和博尔绍（Borsa Kopasz）的军队。但没有彻底打败恰克（Csák Mádé）的军队，直到 1321 年恰克去世才算解决了这一隐患。1322—1323 年击败了盘踞在南部的舒比克（Subic）和鲍博尼克（Babonic）的军队。如果按他 1301 年第一次加冕来计算的话，卡罗伊用了 20 多年的时间才彻底打败了各地的"小国王们"，最后王权得以恢复和巩固，几十年来国内一片散沙的封建割据局面终于结束了，故于 1323 年将首都迁回布达（Buda）。

卡罗伊同封建割据势力斗争的最后一个回合发生在宫廷内。恰克·马泰的一个亲信、王后的一个佣人的哥哥扎奇·费利齐安（Zach Felicián）于 1330 年 4 月 17 日在宫殿宴会上行刺国王一家。行刺国王没有成功，但王后一只手上的四个手指头被砍掉，另外，王子们的两个老师被杀死。事后，卡罗伊国王把扎奇全家满门抄斩，把扎奇的尸体剁成几段，分别挂在几个城的城门上；把扎奇的儿子捆绑起来，拴在马尾上拖死，然后把尸体扔在街上让野狗吃掉；把扎奇的一个名叫谢拜（Sebe）的女儿斩首，将其丈夫投入大牢，直至死亡；把扎奇的另外一个名叫克拉劳（Klára）的女儿的鼻子、嘴唇和 8 个手指头割掉，然后把她放在马背上到几个城市去游街，并让她高喊："凡对国王不忠的人，就是这个下场。"这种残酷的报复和杀戮遭到整个欧洲的谴责（1351 年，卡罗伊的儿子纳吉·拉约什国王在其法律中明确规定，不可因为父亲有罪而惩罚其子女）。

扎奇·费利齐安曾经是大封建主恰克的人，在恰克那里既升官又发财，他于 1318 年就投奔了卡罗伊国王，国王也很信任他，还在 1321 年任命他当了一个城堡的司令，说他的刺杀行为是恰克指示的似乎不大可信。另外一种说法更可信些，根据记载，他的女儿克拉劳（Klára）是一个非常美丽的姑娘，王后的弟弟、波兰的王子（后来的国王）卡齐米日当时也在匈牙利宫廷，卡齐米日非礼了克拉劳。扎奇·费利齐安为了给女儿讨回公道才去刺杀国王的。

扶持新领主和重建军队：封建社会要靠大领主们来维持，反对国王的旧领主们被国王打败了，财产被没收了。国王没有忘记在夺取王位的斗争中为他卖命的那些亲信。他把从被打倒的大领主们手中没收来的地产和城堡，分配给了他的亲信和支持者们，因为他仍把财产、收入、官职和城堡视为制度的基础。不同的是，这些土地和城堡是作为当差的"报酬"赠给的，既不能买卖，也不能继承。失掉官职也就失去了这些土地和城堡。因此，对国王的忠诚是这些官员和大领主们升官发财的唯一途径。实际上，这些新兴的大领主们及在朝为官的人大部分都是那些被打倒的老"领主们"的亲信或下属。只有德鲁盖特（Druget）家族是从意大利来的。这些新领主及新官员对国王都很忠诚，因此，这些家族的官职都担任得很长。例如，德鲁盖泰克家族的人当了20年的宰相；纳吉毛尔通（Nagymarton Pál）家族的人在宫廷当了21年的大法官；奈克切伊（Nekcsei Demeter）家族在宫廷当了23年的司库；塞切尼（Szécsényi Tamás）家族在埃尔代伊当了21年的总督；阿科什（Ákos Mikes）家族在斯洛文尼亚当了18年的都督。

国家无论如何是需要有一支强大的军队的，但国王的收入不足以维持一支常规雇佣军。卡罗伊国王在给他的亲信和官员分配土地和城堡时是带有条件的，他们要根据从国王那里得到的土地和城堡数量的多少，组建一支相应人数的私人武装力量，武装力量要归国家统一指挥。还规定，国王只有在敌人入侵、保卫祖国时才可以调动这些私人武装力量。此外还规定，拥有50个军人的领主，可以保留自己的旗号。

财政改革：一是发行全国通用的金银货币，1320年左右，在匈牙利流通的国内外货币有35种之多；二是大力开采铸造货币所需的黄金和银子；三是国王颁布了多种税收政策。

要发行贵金属货币，首先需要黄金和银子。当时，匈牙利既有金矿也有银矿。这时，国王就鼓励民间开矿，但国家对金矿和银矿要征收矿租，开采出来的黄金的十分之一、银子的八分之一要作为矿租上缴国家。但国王为了鼓励矿主进行再生产，又规定将上缴矿租的三分之一再返给矿主。但是，开采的黄金和银子必须卖给国家，其他人不得收购。这样一来，在14世纪中，匈牙利黄金的年产量约为1500公斤，银的年产量约为4000公斤。1323年发行了银币第纳尔，1325年发行了金福林。

为了增加王室的收入，开征了多种税收。大门税：如果农奴家的大门能进出一辆装满柴草的大车的话，主人每年就得缴纳18个第纳尔的大门税。如门洞没有那么大，就减半，交9个第纳尔。海关税：不论是匈牙利商人，还是外国经商者，商品过境时一律都要缴纳过境货物价值3.33%的关税。因此，关税被称为三十分之一税，海关被称作"三十分之一税务局"。城市税：每个城市每年要缴纳一定数额的税。地块税：根据地块的大小来交税，等等。

毫沃什平原战役：卡罗伊国王没有进行过多的对外扩张的战争，对巴尔干唯一的一次战争还吃了败仗，险些丧命。卡罗伊在位时，正值罗马尼亚人开始在毫沃什（Havas，今罗马尼亚奥尔特县一带）平原建国，其首领叫鲍绍劳布（Basarab）。1324年，鲍绍劳布占领了瑟雷尼（Szörény），当匈牙利国王向他进攻时，他又表示继续效忠于匈牙利，此事就和解了。1330年，双方再次发生冲突。卡罗伊率大军进攻鲍绍劳布，还傲慢地拒绝了鲍绍劳布的和解及继续纳

# 匈牙利历代国王 (1000—1918)

税（进贡）的建议。匈牙利大军继续挺进，后来，匈牙利军队进入了无人居住的山林中，军队的粮草用尽了，却得不到补充。这时，卡罗伊也想和解了，鲍绍劳布则许诺将匈牙利军队领出山林。当匈牙利军队被骗到一个山谷中时，遭到了毁灭性的伏击。这时，他的将领德热（Dezsö）同他换了旗帜，敌军将德热误认为是国王卡罗伊，穷追猛打，最后，德热被敌军杀死，而国王卡罗伊在德热的旗帜下冲出包围，才得以活命。随后，鲍绍劳布宣布独立于匈牙利王室。后来，1344年，鲍绍劳布的儿子再次承认卡罗伊的儿子拉约什国王为他的君主。

维谢格拉德三国同盟协议：毫沃什战役后卡罗伊开始向北方邻国捷克和波兰靠拢。匈一波关系本来就很好，1319年，卡罗伊国王娶了波兰国王瓦迪斯瓦夫五世的女儿伊丽莎白为妻，从此，匈牙利和波兰结成了长期和巩固的联盟关系。这种友好关系一直延续到他们的下一代。但捷克和波兰之间则不断发生冲突，因为捷克国王觊觎波兰的王位，另外，两国还为了争夺西里西亚（Szilézia）进行过多次较量。每当捷克和波兰发生冲突时，匈牙利都会站在波兰一边。

1335年，奥地利同时与匈牙利、波兰和捷克发生了矛盾。这时，匈牙利国王同波兰国王纳吉·卡兹梅尔和捷克国王卢森堡·亚诺什于1335年秋天在匈牙利的维谢格拉德（Visegrád）举行了会晤，并签署了三国同盟，规定相互支持。现在的政治家们把这次会晤提升到"第一个中欧联盟"的高度。这时，波兰和捷克的矛盾也得到了解决，波兰国王放弃了对西里西亚的领土要求，而捷克国王则承认了波兰王室的合法性。维谢格拉德的三国同盟无论是在政治上还是在经济上都是针对奥地利的。在此之前，无论哪国商人的货物都要在维也纳缴纳很贵的关税。这时，三国开通了一条绕开维也纳的新商道——从匈牙利的纳吉索姆鲍特（Nagyszombat，今斯洛伐克的特尔纳瓦Trvana）出发经布尔诺（Brno）到达德国更远的城市。这条商道开辟于13世纪，在14世纪由于匈牙利和捷克关系紧张而被废弃）。

1339年匈波协议：签订维谢格拉德协议三年以后，1339年，匈牙利卡罗伊国王和波兰国王卡齐米日三世（卡罗伊国王的大舅子）又签订了一个协议，协议规定，如果波兰国王卡齐米日逝世后无后嗣，就由匈牙利国王卡罗伊的某个儿子继承波兰王位；匈牙利国王则承诺，继续支持波兰反抗德国骑兵的斗争。根据这个协议，卡罗伊的儿子，当时的匈牙利国王纳吉·拉约什一世于1370年继承了波兰王位，在位12年。卡罗伊想让他的另外一个儿子安德拉什继承那不勒斯的王位，为此，1329年在教皇的协助下就那不勒斯王位继承人问题开始进行谈判。1333年夏天，卡罗伊同他6岁的儿子安德拉什一起前往那不勒斯。在那里，安德拉斯王子同那不勒斯国王罗伯尔特（罗伯尔特是匈牙利国王卡罗伊的叔叔）7

岁的孙女约翰娜（Johanna）公主定了亲，规定日后他们两人继承那不勒斯王位，共同执政。这一婚事也得到了教皇的同意。故此，卡罗伊国王于1334年年初返回匈牙利。

14世纪前半叶城市建筑得到了大发展，匈牙利许多具有欧洲水准的建筑要归功于卡罗伊国王。他在1321年将宫廷从布达迁移到维谢格拉德（Visegrád），以后的多位国王都为维谢格拉德宫殿的建造作出了自己的贡献。

卡罗伊国王于1342年7月16日逝世，享年54岁，葬于塞克什白堡（Székesfehérvár）。

## 27.（纳吉）拉约什一世 I.（Nagy）Lajos（1341—1382）

1326年3月5日出生在维谢格拉德（Visegrád）。1342年7月15日登基，1342年7月21日加冕。1382年9月11日逝世。在位40年。享年56岁。葬于塞克什白堡（Székesfehérvár）。

父亲：前国王卡罗伊·罗伯尔特。

母亲：波兰公主伊丽莎白。

第一个妻子：摩拉维亚侯爵卢森堡·卡罗伊的女儿毛尔吉特（Margit）。1345年结婚，1349年在欧洲鼠疫大泛滥中丧生。

第二个妻子：波斯尼亚都督伊斯特万二世的女儿伊丽莎白，1353年成亲。

子女：没有儿子，有三个女儿：玛利亚（Mária）、海德维格（Hédvig）和考陶林（Katalin），均系第二个妻子所生。

拉约什从小受到了良好的世俗和宗教教育，他除匈牙利文以外，还精通拉丁语、德语和意大利语，爱好击剑和打猎。

在他父亲逝世后的第六天，年仅16岁的拉约什就非常顺利地带上了伊斯特万的王冠，而他的父亲为了这项王冠奋斗了整整十年。由于他父亲给他打下了良好的基础，他在位的40年间，国内没有发生任何动乱，也没有外敌入侵匈牙利。匈牙利的社会、经济和文化都得到了发展，使匈牙利发展水平更加接近西欧水平，使匈牙利成为当时欧洲的一个强国。

那不勒斯问题：拉约什在位期间打了许多仗，同那不勒斯打仗是他们安茹家族争夺那不勒斯王位的斗争；同威尼斯的战争是阿尔巴德王朝遗留下来的历史问题，因为达尔马提亚在阿尔巴德王朝几乎一直隶属于匈牙利，现在被威尼斯占领，拉约什国王当然不能接受；同拉脱维亚的战争是为了维护波兰国王（他的大舅子）的利益。

1343年，那不勒斯罗伯特一世国王逝世，他逝世前单方面修改了同匈牙利

## 匈牙利历代国王 (1000—1918)

王国 1333 年达成的协定，修改后的协议指定他的孙女约翰娜（Johanna）为王位唯一继承人，但根据 1333 年匈牙利与那不勒斯达成的协定，拉约什国王的弟弟安德拉什要娶约翰娜为妻（二人于 1343 年已完婚），并由安德拉什与约翰娜共同执政。

匈牙利得知这一消息后，拉约什国王的母亲伊丽莎白立即动身前往那不勒斯。她带去了 2.7 万枚纯银马克（达 6.6 吨重），1.7 万枚金马克（达 5.1 吨重），随后，她儿子拉约什国王又给教皇送去了 4.4 万枚金马克。罗马教皇克雷芒六世在得到金马克后，1345 年 6 月 14 日为安德拉什加了冕，但仅仅作为约翰娜的丈夫，而不是作为国王。9 月 18 日，教皇下达为安德拉什加冕的训令。在要为安德拉什加冕的消息传出后，9 月 19 日黎明时分，安德拉什在阿韦尔萨（Aversa）被人暗杀了。至于约翰娜是否参与了暗杀活动，一直没有确切证据，但匈牙利国王拉约什一口咬定是她杀死了他的弟弟。

第一次匈牙利—那不勒斯战争（1347—1348）：在安德拉什被暗杀后，拉约什与教皇进行了一年多的谈判，始终没有得到一个满意的结果。故此，拉约什国王 1347 年 11 月开始向意大利进军，1348 年 1 月 20 日占领了阿韦尔萨，他在这里错误地处死了约翰娜的内兄杜劳佐伊.卡罗伊（Durrazói Károly），这一行动在历史上被称为"阿韦尔萨的第二惨案"。匈牙利军队 1348 年 1 月 24 日占领了那不勒斯，但教皇拒不承认拉约什为那不勒斯的国王，并声称要开除拉约什的教籍。这时鼠疫开始在那不勒斯蔓延，于是拉约什于 5 月底返回匈牙利。9 月 17 日，逃跑到法国的约翰娜又回到了那不勒斯。

1348 年，拉约什国王又派埃尔代伊的总督洛茨克菲·伊斯特万（Lackfi István）从海上进攻那不勒斯，进展非常顺利，秋天就占领了曼弗雷多尼亚（Manfredonia），1349 年 1 月 23 日占领了巴列塔（Barletta）和特拉尼（Trani）等城市。4 月 22 日占领了卡普阿（Capua）之后，许多城市都投降了。匈牙利军队在阿韦尔萨（Aversa）再次重创那不勒斯军队。这时，教皇和那不勒斯人贿赂了匈牙利雇佣军的将领，致使洛茨克菲接连失利。在这种情况下，洛茨克菲不得不撤回匈牙利。

第二次匈牙利—那不勒斯战争：匈牙利和教廷继续就那不勒斯王位问题谈判，谈判仍无果。1350 年 4 月，拉约什国王开始从海上向那不勒斯进军，5 月 1 日登陆意大利。他用了 1 个半月的时间招兵买马，然后经过贝内文托（Benevento）开始向那不勒斯进军。匈牙利军队攻占了萨莱诺（Salerno），然后开始围攻阿韦尔萨（Aversa）城堡。由于对方几年来重点加固了城堡的防御设施，匈牙利军队迟迟拿不下阿韦尔萨城堡，而拉约什国王又在 7 月 26 日受了重伤，这时约翰娜再次从那不勒斯逃走，匈牙利军队放弃了对阿韦尔萨城堡的围困，于8月攻入那不勒斯。这时，市内开始起义反对匈牙利的占领，而军队的军饷和粮草都发生了困难。拉约什国王看到，不可能在这里长期占领下去，因此希望和解。而约翰娜也感到，无力长期与拉约什对抗，所以也希望和解。就这样，从1350年9月1日起实行了有条件的停火。匈牙利国王经过罗马撤回了匈牙利。

1351年4月1日，停火期限到期。那不勒斯企图收回匈牙利占领的土地，但遭到失败，匈牙利军队的反攻使那不勒斯的决策者再次感到失望，故双方于1352年3月23日在那不勒斯签订和约。根据和约，拉约什放弃对那不勒斯的入侵，承认约翰娜为那不勒斯的国王；那不勒斯要向匈牙利赔偿30万金福林的军事损失，约翰娜必须在教皇的调查委员会上澄清自己是否参与了暗杀自己丈夫的活动。

达尔马提亚问题：达尔马提亚自（嗜书者）卡尔曼（Könyves Kálmán）国王以来凡同威尼斯发生冲突时都请求匈牙利的支援。达尔马提亚盛产造船用的木材，因此，威尼斯占领了达尔马提亚。拉约什决定要维护匈牙利在达尔马提亚的权利，1345年派出2万大军进入克罗地亚，听到匈牙利军队来到的消息，包括扎拉（Zára，今扎达尔）城在内的许多城市都把城门钥匙交了出来。拉约什的部队刚刚离开，威尼斯人从海上来到扎拉，要求扎拉把城墙拆掉，扎拉城不同意，请求匈牙利支援。拉约什派出1万大军前去支援，但威尼斯贿赂了匈牙利军队将领，匈军败阵而归。1346年，拉约什率领8000大军来到扎拉，匈牙利和扎拉的军队包围了威尼斯的军队，但从海上登陆的威尼斯军队从背后袭击了扎拉的军队，最后威尼斯获胜，扎拉又回到了威尼斯的控制下。鉴于拉约什急于处理那不勒斯问题，所以和威尼斯签定了8年的停战和约。

1352年，拉约什把那不勒斯问题处理完了，1357年联合热那亚重新对威尼斯开战。拉约什很快占领了陆地（威尼斯的主力在海上）。这时，扎拉人起义了，他们给匈牙利军队打开了城门。就这样，扎拉于1357年9月17日又重新回到了匈牙利王国手中。

1358年双方签订了扎拉和约，和约规定威尼斯放弃达尔马提亚，双方联合起来共同对付海盗，今后遇到争议问题交由教皇裁决。1372年两国又打了一仗。1378—1381年再次开战，这次热那亚的战舰彻底打败了威尼斯的舰队。威尼斯应用灵活的外交手段，同匈牙利和热那亚签订了停战协议。在停战期间，威尼斯大力发展造船事业，后来威尼斯把热那亚打败了。当杜劳佐（Durrazó Károly）当上克罗地亚都督后，匈牙利同威尼斯签订了都灵和约，和约规定威尼斯要向匈牙利纳税，每逢节日都要悬挂匈牙利王朝的旗帜。

匈牙利历代国王 (1000—1918)

巴尔干战争：罗马教廷认为，应当阻止巴尔干异教波格米勒派（Bogomil）的进一步发展，教皇请求拉约什出兵，强迫巴尔干人信奉天主教，用教皇的话来说，就是使"那些迷了路的羊羔回到羊栏里"。1353 年，拉约什国王同波斯尼亚都督伊斯特万的女儿伊丽莎白公主结婚，此后，伊斯特万为拉约什国王在波斯尼亚传播天主教提供了许多帮助。

1365 年，拉约什国王率军进入保加利亚北部，占领了维丁（Widin）城，组建了都督府，同时委派圣芳济会去做当地人改信天主教的工作。1369 年，由于军队的供应困难，匈牙利军队被迫撤离。匈牙利军队撤离后，当地人就把传教士们统统杀死了。唯一的成果是被关押过的保加利亚沙皇（Iván Szracimil）直到 1388 年都很忠于匈牙利王室。

国内政策：

1）对贵族的政策：拉约什国王实际上是在同大贵族们一起执政，但他又在极力争取和拉拢小贵族。1351 年颁布的法律重申了 1222 年黄金诏书的内容，同时宣布了"同等自由原则"，即大贵族和小贵族享有同等自由（直到 1848 年，这一原则一直是匈牙利贵族立宪制的基础）。法律在"不动产继承人限制"方面也前进了一步，规定财产所有者逝世后，如果连旁系亲属都没有的话，其财产将收归国王所有。1222 年的黄金诏书虽然有这一内容，但根本没有实行。

2）对农奴的政策：当时的瘟疫夺取了许多人的生命（国王的第一个夫人就是被瘟疫夺取了性命），劳动力短缺。为了稳定生产，防止相互争夺劳动力，致使小贵族破产，法律统一了税收，规定全国各地的农奴一律向地主缴纳农产品收入的九分之一，向教会缴纳十分之一。任何人不得多收也不可少收。这一规定既规范了税收，也防止了农奴的流动，有利于农业的发展。

拉约什和波兰：拉约什国王和波兰的关系分为两个时期，1342 到 1370 年间，拉约什是波兰国王卡齐米日三世的盟友。根据 1339 年匈牙利国王和波兰国王签订的协议，从 1370 年起拉约什当了 12 年的波兰国王。作为匈牙利国王，拉约什多次帮助波兰。当时，对波兰来说最大的威胁来自土辽阔而强大的"异教徒"国家立陶宛。为了保护波兰，拉约什国王多次（1344—1345，1351—1352，1354 年和 1377 年）同立陶宛开战，但拉约什国王始终也没有征服立陶宛。

波兰国王卡齐米日三世 1370 年逝世，拉约什当年 11 月 17 日就任波兰国王。双方事先已经谈定，鉴于他事情太多，不能常驻波兰，故委任他的妈妈波兰王国的公主伊丽莎白（Erzsébet）作为摄政王来处理朝事。但伊丽莎白带去了大批随从人员，引起了波兰人的不满。拉约什失去人心的另外一件事是，就在他当波兰国王的当年，为了搞好和捷克的关系，把西里西亚（Szilázia）让给了捷克。

因为拉约什也没有儿子，因此，他在波兰的每一项政策都在为他女儿继承王位服务。1374 年，拉约什国王在考绍（Kassa）发布特权令，特权令规定免除贵族的税收，同时还规定，前王室家族成员及外国人不得任高官。这时波兰贵族们才通过了拉约什过世后由他的某个女儿继承王位的决议。但拉约什仍然得不到波兰人的忠心，1376 年，心怀不满的波兰人在克拉科夫把伊丽莎白摄政王带来的 160 个随从人员全部杀害了，并逼迫伊丽莎白回匈牙利。这时，拉约什把波兰王国的事务委托给了他的前任宰相欧拜尔尼·拉斯洛（Oppelni László）。为了平息波兰人的不满情绪，拉约什于 1377 年率兵出征立陶宛。由于波兰人不接受伊丽莎白公主，直到拉约什国王逝世，他的前宰相拉斯洛一直主管波兰王室的事务。

拉约什本来打算把王位要留给他的女儿玛利亚和她的未婚夫卢森堡·日格蒙德。1379 年，波兰的等级议会也通过了将来由玛利亚继承波兰王位的决议。但 1382 年波兰贵族们又提出，未来的国王必须常驻波兰。经过长时间的协商，波兰贵族们同意由玛利亚的妹妹、拉约什国王的小女儿海德韦格（Hedvig）来继承波兰王位，即波兰的雅德维加女王（1384—1399）。

海德韦格本来在 4 岁时就已经许配给奥地利奥波特伯爵的儿子威廉。海德韦格当了波兰国王后，波兰人不喜欢将来由奥地利的威廉当波兰的国王，就把他赶出波兰。这时，国家正受到异教徒国家立陶宛大公国的威胁。奇妙的是，1385 年，立陶宛大公雅盖隆（Jagello Ulászló）突然来到波兰向海德韦格求婚，条件是他本人及立陶宛人民都皈依天主教。海德韦格认为，这是神的意愿，不可违背，就答应了。她的条件是，必须由罗马教廷宣布她同奥地利威廉的婚约无效，教廷也这样做了。就这样，海德韦格嫁给了立陶宛大公雅盖隆，从此以后，立陶宛全国人民都改皈依了天主教。1399 年海德韦格死于难产，波兰人民坚信，她将来会被封圣的，因此被葬于克拉科夫瓦维尔主教堂祭坛的下面（波兰历任国王都葬在教堂的地下室）。波兰人历来都把她当作圣人来敬重。1997 年 6 月 8 日，波兰出身的教皇约翰·保罗二世（II. János Pál）为她举行了封圣仪式。

时至今日，波兰史学界对当了 12 年波兰国王的拉约什的评价并不高："拉约什对波兰人来说不是一位好国王，卡齐米日三世（大王）逝世后，由他亲自建立的国家中央机构大大削弱了，而拉约什只把如何能使他的女儿继承王位作为他的最终目的，并为此去收买追随者，他颁布实施的特权在几个世纪前就奠定了波兰在 18 世纪溃败的基础。"

## 28. 玛利亚女王 Mária királynö（1382—1395）

1371 年 4 月 12 日出生于布达，1382 年登基，同年 9 月 17 日加冕。1385 年

# 匈牙利历代国王 (1000—1918)

12 月 31 日放弃王位，1386 年 2 月 7 日重新执政，在位 13 年。1395 年 5 月 17 日逝世，享年 25 岁，死后葬于瓦劳德 V á rad。

父亲：纳吉·拉约什一世国王。

母亲：波斯尼亚公主伊丽莎白。

第一个丈夫：法国查理五世国王的儿子路易（订婚后没有结婚）。

第二个丈夫：卢森堡·日格蒙德。

子女：没有子女。

在她父亲逝世的第二天，1382 年 9 月 17 日由埃斯泰尔格姆的大主教为她带上了圣.伊斯特万的王冠，当时只有 12 岁的玛利亚当上了匈牙利历史上的第一位女王。实际上国家的权力掌握在她的妈妈伊丽莎白王后和宰相高洛伊·米克洛什（Garai Mikl ó s）手中。

当时的政治形势亟须给女国王找一个丈夫，希望这个男人以铁手腕来管理好这个国家。很明显，谁当了女王的丈夫，谁就会得到匈牙利的王权。就女王的婚事，国内形成了三派势力，其中两派各为女王找了一个丈夫，另外一派则反对玛利亚当匈牙利国王。

1373 年 6 月 1 日，玛利亚的父亲纳吉·拉约什就把她许配给了神圣罗马帝国皇帝的次子日格蒙德，而日格蒙德从小就生活在匈牙利王宫里，他不但学会了匈牙利语，而且也很了解匈牙利的文化和风俗习惯。但王后认为他是一个懒惰、挥霍浪费的败家子。此外，这时以王后伊丽莎白和宰相高洛伊为首的一批贵族们还认为，日格蒙德代表德国和捷克的利益，不合他们的心意。他们决定要退掉女王同神圣罗马帝国皇帝的儿子日格蒙德的婚约，要把女王嫁给法国查理六世国王的儿子路易王子，并于 1385 年夏天在巴黎通过使节签订了婚约。

以当时克罗地亚都督洛次克菲（lackfi）和埃斯泰尔戈姆大主教戴迈代尔（Demeter）为首的另外一派贵族坚决主张维持同日格蒙德早已签订的婚约。在这种情况下，日格蒙德决定以武力夺回自己和玛利亚结婚的权利。他立刻前往他的父亲神圣罗马帝国皇帝查理四世和他的哥哥捷克国王文策尔（瓦茨拉夫四世）以及他的叔父摩拉维亚侯爵那里求援。不久，他率领捷克和摩拉维亚的军队来到匈牙利，并于 1385 年 11 月 1 日强迫玛利亚和他结了婚。法国王子路易闻讯后，立刻宣布解除与玛利亚的婚约。

以萨格勒布主教霍尔瓦蒂·帕尔（Horv á ti P á l）为首的第三派贵族则不同意由国王的女儿来继承王位。他们希望从小就生活在匈牙利的、现任那不勒斯国王的基什·卡罗伊来继承匈牙利王位。于是，萨格勒布的主教霍尔瓦蒂·帕尔在其他大贵族和高级教士的鼓动下，前往那不勒斯邀请那不勒斯国王来继承匈牙利王位。因为他曾经当过克罗地亚的伯爵和斯洛沃尼亚的都督，所以，匈牙利南部地区的人们都很喜欢他。基什·卡罗伊应邀并带兵于 1385 年年底来到布达，玛利亚女王被迫于 12 月 31 日将王位让给了他。

## 29.（基什）卡罗伊二世国王 II.（Kis）Károly（1385—1386）

大约生于 1350 年，1385 年登基，同年 12 月 31 日加冕。在位 2 个月。1386 年 2 月 24 日逝世，葬于维谢格拉德。

父亲：那不勒斯王子杜劳佐·拉约什（Durazzói Lajos）。

母亲：毛尔吉特（Margit），生于意大利南部 San—Severino 小城市。

妻子：都拉斯（Durazzó）的公主玛尔吉特（Margit）。

子女：约翰娜（Johanna）和拉斯洛（László）。

（基什）卡罗伊是阿尔巴德王朝伊斯特万五世国王的玄外孙，按辈数算，他和纳吉·拉约什一世国王是同辈。拉约什国王逝世后，（基什）卡罗伊是安茹王朝唯一的一个成年男子。他的父亲因为反对那不勒斯的女王约翰娜，被约翰娜投入大牢并死在那里，之后由约翰娜抚养他。1365 年在教皇乌尔班五世的请求下，纳吉·拉约什一世把他接到匈牙利王宫来抚养。后来，纳吉·拉约什一世任命他为达尔马提亚和克罗地亚的伯爵，1371—1376 年曾任斯洛沃尼亚的都督。这时，那不勒斯女王约翰娜看中了他，准备将来让他当那不勒斯的国王，但后来约翰娜与教皇乌尔班五世之间产生了矛盾。在这种背景下，教皇把西里西亚判给了（基什）卡罗伊，匈牙利国王纳吉·拉约什一世对此表示支持。故此，他从 1381 年 6 月 2 日起，以卡罗伊三世的之名当上了西里西亚的国王。为了感谢纳吉·拉约什一世的支持，他曾承诺从此不再谋求匈牙利王位。1382 年 5 月 22 日，他谋杀了那不勒斯女王约翰娜，当上了那不勒斯国王，因此同罗马教皇产生了矛盾，1385 年被教皇驱逐教籍。

应一部分匈牙利贵族的邀请，（基什）卡罗伊 1385 年年底来到布达，在匈牙利颇有威望的（基什）卡罗伊，依仗支持他的大小贵族，逼迫玛利亚女王于 12 月 31 日退位，当天加冕，这就是只当了 39 天国王的基什·卡罗伊二世。

卡罗伊二世只把宰相高洛伊·米克洛什免了职，还把前国王玛利亚和她的妈妈当作亲戚留在了王宫。匈牙利的贵族们认可了这位新国王，但被罢官的高洛伊·米克洛什宰相不服。在他的策划下，国王的斟酒师福尔加奇·鲍拉日（Forgách Balázs）在 1386 年 2 月 7 日的宴会上用剑向新国王卡罗伊二世头部刺去。受伤的新国王被关押在维谢格拉德城堡，他们先是向他的伤口上撒毒药，后来 2 月 24 日就把他掐死了 。然后，玛利亚国王复位，宰相高洛伊·米克洛什再次掌权。

这时，以保利什瑙伊·亚诺士（Palisnai János）为首的克罗地亚人公开起义了。为了平息事态，女王玛利亚及其母亲和宰相高洛伊·米克洛什急忙前往克罗地亚。1386 年 7 月 26 日，玛利亚一行在高劳（Gara）城堡附近遭到袭击，宰相高洛伊·米克洛什及刺杀卡罗伊二世的福尔加奇·鲍拉日被打死，并将他们的头割下送给了远在那不勒斯的前国王卡罗伊二世的妻子。被俘的玛利亚及其母亲被关押在城堡中，后被转移到亚得里亚海边的诺维格勒。当发现玛利亚的妈妈伊丽莎白暗中在同威尼斯联系时，克罗地亚人在她的女儿玛利亚国王在场的情况下将她的母亲伊丽莎白掐死了。玛利亚继续被扣押。

日格蒙德为了组建军队去营救他的夫人，把瓦格（Vág）和多瑙河之间的地产押给了摩拉维亚侯爵，然后带着他组建的军队杀回匈牙利。1387 年 3 月 31 日日格蒙德加冕为匈牙利国王，随后带领军队到匈牙利南部，6 月 4 日把他的妻子玛利亚从克罗地亚人手中解救出来。1395 年 5 月 17 日怀有身孕的玛利亚从马上摔下来，连同早产的婴儿一起逝世。

# 四、不同家族国王时代（1387—1526）

在匈牙利历史上，不同家族国王时代是指从日格蒙德国王登基（1387）到拉约什二世国王逝世（1526）的这 139 年。之所以这样称呼，是因为这期间的任何一个家族的王朝都没能像阿尔巴德王朝和后来的哈布斯堡王朝那样长期占据匈牙利王位，阿尔巴德王朝长达 301 年，哈布斯堡王朝长达 392 年（1526—1918）。现在，一些历史学家不同意这种称呼，认为这种称呼过时了，应称其为中世纪后期，而阿尔巴德王朝时期应称为中世纪。

## ◎卢森堡王朝（1387—1437）

纳吉·拉约什国王没有留下子孙就去世了。国家经过几年的无政府状态后，卢森堡的日格蒙德登上了匈牙利王位，他为了恢复中央政府的威望付出了几十年的努力。他依靠他在国际上的威信奠定了其政权的稳固地位。1410 年，他被选为神圣罗马帝国的皇帝，他为恢复国家的和平统一作出了很大的努力。但他在面临土耳其的威胁时却显得那么无能，这大大影响了匈牙利此后三个世纪的历史。

卢森堡王朝是中世纪德意志地区的一个王朝，其王室成员在 1308 年至 1437 年间三度成为神圣罗马帝国皇帝。日格蒙德的父亲查理四世是神圣罗马帝国的皇帝，1373 年 6 月 1 日，纳吉·拉约什就把他的女儿玛利亚许配给了神圣罗马帝国皇帝查理四世的次子日格蒙德，因此，日格蒙德从小就生活在匈牙利王宫里。

### 30. 日格蒙德国王 Zsigmond（1387—1437）

1368 年 2 月 14 日出生于德国的纽伦堡。1387 年 4 月 31 日登基，同年加冕。匈牙利国王和克罗地亚国王（1387—1437）；德意志国王（1410—1437）；捷克国王（1420—1437）；神圣罗马帝国皇帝（1433—1437）。在位 50 年，1437 年 12 月 9 日逝世，享年 69 岁，葬于瓦劳德（Várad）。

父亲：神圣罗马帝国皇帝查理四世。

母亲：波兰公主伊丽莎白（Pomerániai Erzsébet）

第一个妻子：匈牙利女王玛利亚。

第二个妻子：奥地利施蒂利亚伯爵和大贵族齐莱伊·海尔曼（Cillei

Hermann）的女儿齐莱伊·博尔巴洛（Cillei Borbála）。

子女： 没有儿子，只有一个女儿伊丽莎白。

1385 年 11 月 1 日，当日格蒙德强迫国王玛利亚和他结婚后，法国路易王子立刻宣布解除与玛利亚的婚约。1386 年 2 月基什·卡罗伊遇刺身亡。同日格蒙德争夺王位的两个人，一个放弃了，一个被杀了，他继承匈牙利王位已成定局。但国内形势混乱，占山为王的各派贵族之间分歧严重。他同贵族们经过了一年多的讨价还价，终于在 1387 年 3 月末的国会上被选为国王，3 月 31 日加冕。

日格蒙德在匈牙利和克罗地亚贵族及威尼斯战舰的帮助下，于 1387 年 6 月 4 日把他的夫人玛利亚从克罗地亚叛乱者手中解救出来。他在战斗中俘虏了叛乱的首领和杀害伊丽莎白王后的凶手霍尔瓦蒂·亚诺什（Horváti János），后来，在佩奇将其处死。

日格蒙德同大贵族们的关系：日格蒙德当上国王后任命劳茨克菲（lackfi）为宰相，在其统治的前期，主要是靠以宰相劳茨克菲和 大法官考尼饶伊（Kanizsai）为首的贵族集团的支持。为了获得更多大贵族们的支持，他不得不把更多的城堡和土地赐给他们。纳吉·拉约什国王逝世时，国王还拥有 160 座城堡，到了这时，国王的城堡只剩下 70 个，国王拥有的土地也从占全国土地的 20% 锐减到 5%。

日格蒙德虽然在匈牙利王宫中长大，但他还是更信赖他的外籍支持者。虽然 1387 年他同劳茨克菲和考尼饶伊贵族集团曾达成协议，不得让外籍人担任重要职务。但日格蒙德很想摆脱控制着他的劳茨克菲和考尼饶伊贵族集团，为此，他不断地在统治集团中安插自己的人，而且都是外籍人。例如，他任命波兰骑士什迪博尔特（Stibort）为埃尔代伊总督和波若尼（Pozsony）的伊什潘（州督）。不久，国王免去了劳茨克菲的宰相职务。劳茨克菲不甘心退居二线，便开始寻找替换国王的人选。他看中了已故的卡罗伊二世国王的儿子基什·拉斯洛。此事被日格蒙德发觉，故于 1396 年秋被日格蒙德处决了，并把劳茨克菲的地产赐给了考尼饶伊。这时，另外一个外籍心腹埃拜尔哈尔德（Eberhard）也得到了重用，被任命为萨格勒布的主教。此时，考尼饶伊已经感觉到了什迪博尔特（Stibort）和埃拜尔哈尔德（Eberhard）集团的威胁，因此，以考尼饶伊为首的大贵族们公开要求国王解除这些外国人的职务，但遭到国王的拒绝。1401 年，身为大法官的考尼饶伊和宰相拜拜克（Bebek）把国王抓了起来，关在了希克洛什城堡大贵族们的监牢里。这时高洛伊.米克洛什（玛利亚女王的宰相高洛伊的儿子）把他的兄弟和儿子作为人质赎出了国王。

日格蒙德国王获得自由后立刻采取了报复措施，罢免了拜拜克（Bebek）的宰相职务，任命救命恩人高洛伊为新宰相；1402 年在国会上强行通过决议，决议规定，如日格蒙德去世时无后，国会要选举奥地利王子阿尔拜尔特（Albert）为匈牙利国王。这时，以大法官考尼饶伊为首的反对派们忍无可忍，决定邀请卡罗伊二世的儿子拉斯洛回国当匈牙利国王，并在 1403 年用一顶临时制作的王冠在扎拉（Zára，现在的扎达尔）为其加冕。日格蒙德很快就将他们打败了。拉斯洛回到意大利。大法官考尼饶伊等虽得到国王的宽恕，但都被免去了职务。新的大贵族们掌握了国家大权，日格蒙德的权力这时才得到巩固。

1405 年，日格蒙德国王娶了施蒂利亚伯爵、大贵族齐莱伊·海尔曼（Cillei Hermann）的女儿博尔巴洛（Borbála）为妻，而齐莱伊的另外一个女儿安娜已经嫁给了宰相高洛伊。这样一来，大贵族齐莱伊·海尔曼就成了国王和宰相高洛伊的岳父，而国王和宰相高洛伊又互为连襟，齐莱伊—高洛伊集团就形成了。1408 年正式成立了"龙"骑士会，成员有国王、王后、齐莱伊和高洛伊等 22 名大贵族。

这个由全国大贵族们组成的"龙"集团，是日格蒙德政权的坚强支柱，直到日格蒙德逝世，一直都非常忠于他。他有时几年都不在匈牙利，这时通常由宰相来处理国家的一切事务，高洛伊从 1402 年直到他 1434 年逝世一直担任宰相职务。

土耳其的威胁：1354 年，奥斯曼土耳其军队经过马尔马拉海，从巴尔干半岛踏入欧洲大地，并在几十年内征服了塞尔维亚、波斯尼亚、阿尔巴尼亚和罗马大公国，之后，势不可当地伸入欧洲内陆地区。在 1389 年 6 月 15 日里戈麦泽（Rigómezei，今科索沃的波列）战役中，土耳其军队打败了巴尔干各国的联军，将势力扩展到了多瑙河下游地区。随后，日格蒙德国王竭尽全力从英法等国募集了一支西欧骑兵部队，但这支骑兵部队 1396 年在保加利亚境内的尼卡波伊（Nikápoly，今尼科波尔）战役中面对土耳其人灵活的战术惨遭失败，许多将领被土耳其俘虏，日格蒙德花重金将他们赎回。日格蒙德也差一点被俘，他先逃到君士坦丁堡（今伊斯坦布尔），后又逃到威尼斯，从威尼斯回国。回国后日格蒙德立刻开始组建军队，1397 年规定，贵族们每 20 个农奴要出一个射手；1435 年又规定，每 33 个农奴要出一个骑兵射手。庆幸的是，尼卡波伊战役后土耳其没有再同匈牙利作战，因为土耳其同蒙古发生了战争。日格蒙德同塞尔维亚的斯特凡·拉扎列维奇公爵签订的条约也是为了对付土耳其的，条约规定公爵逝世后，纳多尔费黑尔瓦尔（Nádorfehérvár，今贝尔格莱德）、高洛姆博茨（Galambóc）和毛乔（Macsó）要划归匈牙利。1427 年，斯特凡·拉扎列维奇公爵逝世，由于叛徒的出卖，高洛姆博茨城堡被土耳其人占领。由于这个城堡位于多瑙河的右岸，土耳其人可以从河上直接威胁匈牙利领土。这时，日格蒙德立刻在多瑙河的左岸修建了圣拉斯洛城堡（Szentlászlóvár），以牵制和防范土耳其军队。1428年，匈牙利军队从水路和陆路进攻高洛姆博茨城堡，但均以失败告终。随后，塞尔维亚大公杜拉德·布兰科维奇不但称臣于土耳其，而且还把自己的女儿嫁给了土耳其苏丹为妾。从此，土耳其对匈牙利的威胁更加严重了。

日格蒙德同教廷的关系：由于教皇也支持卡罗伊二世的儿子拉斯洛取代日格蒙德当匈牙利国王的举动，日格蒙德同教皇的关系也受到了影响。日格蒙德1404年春颁布法令，不经国王的同意不得宣布教皇任命牧师的诏书，不经国王的同意不得下达教廷法院的判决书和传票。

虽然日格蒙德同当时的教皇卜尼法斯九世关系不好，但他还是为恢复1378年以来四分五裂的教会的统一作了大量的工作。

1378年教会分裂：罗马人支持的主教团选举了一位意大利人当教皇，随后，法国人把持的主教团选举了一名法国人当教皇。两个教皇，一个在罗马，一个在法国的阿维农，双方都说对方是"伪教皇"。每个教皇的背后都有一批拥护和支持的国家。后来，各国的农民起义不断，这时各国的统治者们需要有一个统一的教会来镇压农民，结束教会的分裂列入了他们的议事日程。1396年，英法签订《加莱条约》，要求两个教皇同时退位（英国原来支持罗马教廷，法国支持阿维农教廷）。1408年，法国国王不但不再支持阿维农的教皇本笃十三世，而且还宣布他为异端分子，本笃逃往西班牙避难。同年，捷克和匈牙利撤回了对罗马教廷的支持。1409年，各国君主在比萨召开宗教会议，会议由罗马和阿维农的两个枢机主教主持，宣布宗教会议有权废立教皇，随后宣布了两个教皇的异端罪，均予以废黜，另选亚历山大五世（即约翰二十三世）为统一教皇。但原来的两个教皇还分别得到一些封建君主的支持，拒不退位，于是形成了三个教皇鼎足而立的局面。

1410年，日格蒙德被选为德意志国王，这时他把结束宗教长期分裂的任务视为己任，因为他期望当神圣罗马帝国的皇帝，他希望能由一位合法的大家公认的教皇为他加冕。无巧不成书，这时教皇约翰二十三世正式委托日格蒙德负责召开一次教廷会议。两人于1413年圣诞节会面，共同决定1414年11月1日在德国的康斯坦茨召开宗教会议，并商定了被邀请人的名单。这时的三个教皇是：格列高利十二世、本笃十三世和约翰二十三世。日格蒙德的意见是三个教皇同时退位或同时被废黜。为了使各教派和各国君主们统一认识，他花了几年的时间四处奔走游说，多方做工作。

格列高利十二世很快就同意了退位。本笃十三世不同意退位，而且一些国家的君主或教会人士坚决支持他。日格蒙德首先拜访了坚决支持本笃十三世的阿拉贡王国（阿拉贡原是法国的一个郡，后为独立的王国，1516 年归属西班牙，现为西班牙的一个自治区）的国王裴迪南一世，他从康斯坦茨出发，经过两个多月的长途跋涉才到达了阿拉贡的佩皮尼昂市。阿拉贡国王终于同意了日格蒙德的意见。9 月 21 日，日格蒙德在阿拉贡会见了本笃十三世，他仍不同意退位。随后日格蒙德又同卡斯蒂利亚的国王、纳瓦拉（Navarr）的国王以及苏格兰国王进行了会谈，1415 年 12 月 13 日，这些国家的国王或伯爵在纳博内（Narbonne）签订协定，规定今后不再顺从本笃十三世。接着日格蒙德又访问了法国和英国，他的访问得到了英法的热烈欢迎，因为两国正处在百年大战中，日格蒙德的访问在两国间起到了调停的作用。1417 年 1 月 27 日，日格蒙德突然回到康斯坦茨。

教皇约翰二十三世本来希望日格蒙德去说服各国君主，选举他为正式的唯一的教皇。当他得知日格蒙德要现在的三个教皇都退位时，他就决定不参加会议。但日格蒙德将其扣押下来，像俘虏一样把他带入会场。各教派和各国君主很快就达成了协议，1417 年 11 月 11 日把当时的 3 个教皇都予废黜，另选举马丁五世（1417—1431）为新教皇，从此结束了历时几十年的西方教会大分裂的局面（不幸的是，会议邀请了改革派领袖胡斯与会，为此，日格蒙德还给胡斯发了保证其人身安全的证书，但会议不顾日格蒙德的反对，胡斯还是以异端罪被判火刑处死）。由于日格蒙德对这次会议作出了巨大贡献，1417 年，罗马教廷正式宣布匈牙利的国王享受受俸牧师推荐权，即教皇只能任命国王推荐的人担任宗教职务。1404 年国王的法令及这次教廷的授权，加强了匈牙利国王作为本国教会最高保护人的地位，缩小了教皇在匈牙利的影响。

日格蒙德与胡斯战争：1419 年，捷克国王瓦茨拉夫四世逝世，瓦茨拉夫是日格蒙德的哥哥。他们的父亲，神圣罗马帝国皇帝兼任捷克国王的查理四世在世时就已留下遗嘱：如果日格蒙德的哥哥逝世时无后，捷克王位就由弟弟日格蒙德继承。瓦茨拉夫去世后，日格蒙德顺利地当上了捷克国王。

1414 年，胡斯应邀参加在康斯坦茨举行的宗教会议，匈牙利国王日格蒙德在胡斯赴会时，曾答应保证其人身安全，但胡斯到达后就被逮捕。虽然日格蒙德不同意，但教廷还是于 7 月 6 日在康斯坦茨广场上以异端罪名把胡斯处以火刑。1417 年 9 月，布拉格举行多次集会，抗议教皇和日格蒙德的背信弃义，市民开始驱逐德意志教士，并不顾康斯坦茨宗教会议要求，实行俗人用酒杯领圣餐的宗教仪式。从 1417 年起，出现了消灭一切领主的呼声。

1419 年 7 月 30 日，布拉格市民在胡斯派 J. 哲里夫斯基等人的领导下举行起义，持续十多年的胡斯战争爆发了。期间罗马教皇马丁五世和日格蒙德国王组织十字军 10 万余人,于 1420—1431 年对捷克进行了五次十字军征讨。

起义军 1420 年在布拉格城郊维斯特夫山、1422 年在库特纳霍拉和涅梅茨布罗德粉碎了十字军的进攻。1426 年在奥西希(今乌斯季)、1427 年在塔霍夫都打败了十字军。1431 年,教皇使节红衣主教约扎里尼率领 13 万十字军(其中骑兵 4 万)进行第 5 次十字军征讨。起义军以不足十字军一半的兵力在多马日利采会战中获胜。但起义军内部逐渐分化为圣杯派和塔博尔派,温和的圣杯派于 1433 年与神圣罗马帝国皇帝日格蒙德秘密签订了《巴塞尔协定》。1434 年 5 月,在利帕内会战时,圣杯派勾结外敌将塔博尔派击败,至此,胡斯战争基本结束。

1437 年的埃尔代伊农民起义:农民起义的直接原因是,埃尔代伊主教莱派什·久尔吉由于货币贬值,三年没有征收什一税,而在 1437 年要农民以优质货币补交三年的税款。这样农民们要多交几倍的税。此外,他们还要罗马尼亚农民交税,原本对罗马尼亚的东正教是不征收什一税的。农民们不交税,教会就诅咒农民,或开除他们的教籍。

设立在埃尔代伊的宗教裁判所对所谓的"异教徒"实行严厉打击。如果断定谁是叛教徒的话,即便人已死去,也要把他的尸体挖出来焚尸扬灰。由于胡斯思想在农民中广泛传播,教会还因此诅咒农民和开除他们的教籍,这更加激起了农民们的愤怒。

1437 年春天,匈牙利和罗马尼亚农民在巴博尔瑙(Bábolna)山区开会,一些小贵族也参加了。会议决定派代表去见总督,希望以和平的方式解决问题。没有想到的是,总督恰克·拉斯洛不但不接见他们,反而把他们关押起来,接着又残忍地把他们处死。农民们得到这个消息后拿起了武器。总督的骑兵开始向巴博尔瑙山区的农民军队进攻,但以布道伊·纳吉·安道尔(Budai Nagy Antal)为首的农民军队在代什(Des,今罗马尼亚的德治)粉碎了总督的贵族部队的进攻。这时,贵族们被迫同起义军谈判,并于 7 月 6 日在科洛日修道院达成协议。协议减轻了什一税,废除了玖一税,保证自由迁居权,还允许农民也作为一个等级参加会议。协议根本就没有执行,9 月 6 日,匈牙利、塞凯伊和撒克逊的贵族们在卡波尔瑙达成协议,结成联盟,形成了极为强大的军事上的优势,立刻宣布同农民签订的协议无效。这时战事再起,而且农民军再次获得胜利。10 月 6 日在奥帕蒂(Apáti)签订了第二个协议,但条款对农民已不那么有利了。随后总督和教会决定免除贵族们的什一税,这时一些贵族改变了态度,农民军被分化了。1438 年 1 月在科洛日城堡(Kolozsvár)附近两军激战 4 天,农民军战败,农民军领导人布道伊·纳吉·安道尔战死,随后总督又将其他 9 名农民军领袖处死。农民起义被彻底镇压了。

日格蒙德在匈牙利历史上的地位：日格蒙德是个有教养有学问的统治者，他精通匈牙利语、德语和拉丁语等7种语言。他不但是匈牙利的一位重要国王，而且也是当时欧洲政治舞台上的一位杰出人物，当时发生的许多事件都和他的名字联系在一起：

他为了阻止土耳其人对欧洲的侵犯，组织了1396年的全欧十字军，想把土耳其人赶出欧洲，但在尼卡波伊（Nikápoly）战役中惨败。从此，匈牙利乃至整个欧洲对土耳其只有防御而无进攻之力。他主持的康斯坦茨宗教会议（1414—1417），结束了欧洲宗教几十年的分裂局面。他作为国王在位50年，后40年间匈牙利国内没有发生过大的动乱，也没有外敌入侵，因此，匈牙利城市得到了迅速发展，尤其是布达和维谢格拉德，其建筑风格和水准达到了欧洲一流水平。他虽然还是捷克、德意志国王和后来的神圣罗马帝国的皇帝，但他的大本营一直在匈牙利。因此，当时的布达和维谢格拉德是欧洲许多君主和达官贵人经常造访的地方。

日格蒙德于1395年在老布达建造了"老布达大学"，大学有四个学院：神学院、教会法规学院、医学院和艺术学院。1403年被关闭，1410年又重新恢复。

日格蒙德1437年12月9日病故，葬于瓦劳德（Várad）他的妻子玛利亚墓的旁边。

## ◎哈布斯堡王朝（1437—1439）

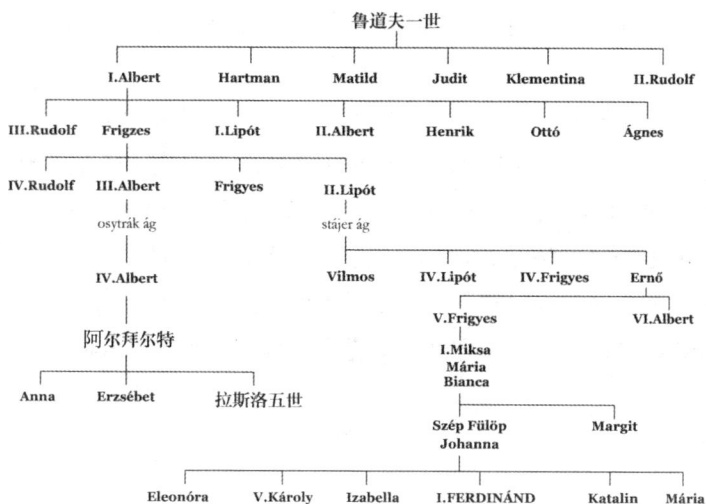

日格蒙德国王没有儿子，他的第二个妻子只给他生了一个女儿伊丽莎白。伊丽莎白嫁给了奥地利王子阿尔拜尔特（Albert）。日格蒙德把国王的宝座传给了他的女婿，奥地利哈布斯堡王朝的阿尔拜尔特王子。

## 31. 阿尔拜尔特国王 Albert（1437—1439）

1397 年 8 月 16 日出生于维也纳。1437 年 12 月 18 日登基。1438 年 1 月 1 日加冕，在位 2 年。1439 年 10 月 27 日去世，享年 42 岁，葬于塞克什白堡（Székesfehérvár）。

父亲：奥地利大公国阿尔拜尔特四世。

妻子：匈牙利国王日格蒙德的女儿伊丽莎白。

子女：安娜（Anna）、伊丽莎白（Erzsébet）和（遗腹子）拉斯洛（László）。

1404 年，阿尔拜尔特四世去世时他刚刚 7 岁，就以阿尔拜尔特五世之称就任奥地利大公国大公，国事由他的监护人掌管。1421 年 9 月 28 日同日格蒙德国王的女儿伊丽莎白结婚，1423 年，日格蒙德把摩拉维亚交给他掌管，他还参加了反胡斯的战争。1435 年率领军队与土耳其军队作战，并把土耳其人从国家的南部地区驱逐出去。他的岳父日格蒙德去世前，指定由他继承匈牙利王位（他是哈布斯堡家族在匈牙利的第一个国王）。日格蒙德向阿尔拜尔特移交权力时，担心王后从中作梗，故下令将王后软禁在家。

1438 年 3 月 18 日，阿尔拜尔特被选为德意志国王，1438 年 5 月 6 日被选为捷克国王。1439 年土耳其人占领了森德勒（Szendrö，今塞尔维亚境内的斯梅代雷沃），这时国王决定讨伐土耳其人，但军队抵达塞尔维亚的蒂泰尔（Titel，塞语称 Tumen）就停止不前了，这一方面是因为土耳其军队放弃了对匈牙利的进攻，开始攻打波斯尼亚；另外一个原因是匈牙利部队里爆发了赤痢传染病，士兵们纷纷逃生。国王阿尔拜尔特本人也感染上赤痢病，又由于他吃了许多西瓜，病情加重，于 1439 年 10 月 27 日病逝于科马罗姆州的奈斯梅伊（Neszmély）。他逝世时，他的妻子已经怀孕，1440 年 2 月 22 日生下一子，他就是匈牙利未来的国王拉斯洛五世（1440—1457）。根据国王的的遗嘱，他的儿子要居住在波若尼（即今博拉迪斯拉瓦），由匈牙利、捷克和奥地利的贵族们共同抚养成人。

# ◎ 雅盖隆王朝（1440—1444）

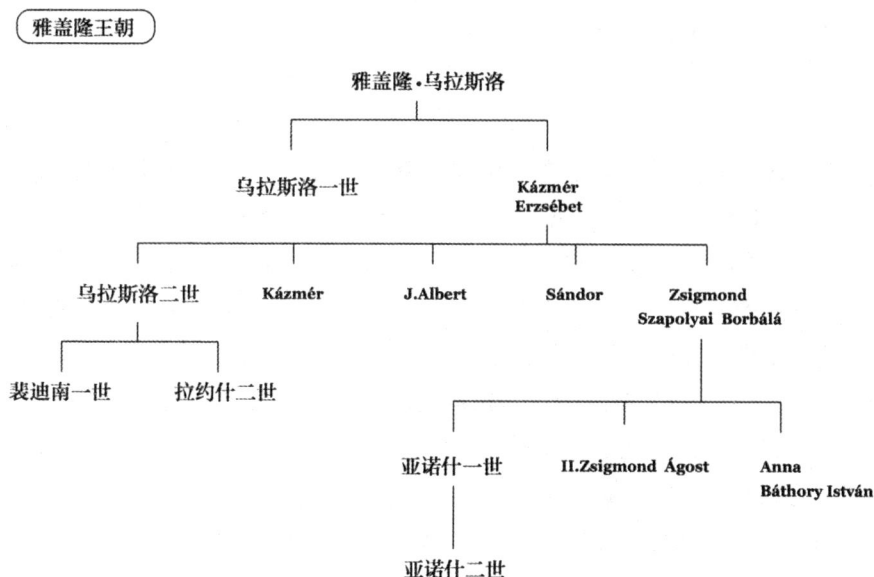

雅盖隆王朝

雅盖隆·乌拉斯洛

乌拉斯洛一世　　　　Kázmér
　　　　　　　　　　Erzsébet

乌拉斯洛二世　Kázmér　J.Albert　Sándor　Zsigmond
　　　　　　　　　　　　　　　　　　　　Szapolyai Borbálá

裴迪南一世　拉约什二世　　　　亚诺什一世　II.Zsigmond Ágost　Anna
　　　　　　　　　　　　　　　　　　　　　　　　　　　Báthory István

亚诺什二世

　　　雅盖隆王朝是一个源自立陶宛大公格迪米斯纳王朝的中欧王朝，在 14 世纪到 16 世纪时曾经统治今日的立陶宛、波兰、白俄罗斯、乌克兰、拉脱维亚、爱沙尼亚、加里宁格勒和部分俄罗斯。身为波兰和匈牙利国王的纳吉·拉约什逝世后，他的小女儿海德韦格（Hedvig）继承了波兰王位（1384—1399）。1386 年，身为立陶宛大公的雅盖隆（Jagelló）向海德韦格求婚，条件是他和立陶宛人民都皈依天主教（当时立陶宛是欧洲最后一个异教国家），海德韦格同意了。经请示，罗马教廷也同意了。结婚后雅盖隆改名为乌拉斯洛（Ulászló），而且被选为波兰国王。在 1386 年至 1572 年间，波兰与立陶宛由雅盖隆王朝的一代代立宪制君主所统治，而波兰与立陶宛之间的关系也一直是共主邦联。

　　　1439 年 10 月 27 日，哈布斯堡王朝的阿尔拜尔特国王逝世，匈牙利的一部分贵族希望由前国王纳吉·拉约什的外孙、海德韦格和雅盖隆的儿子——15 岁的波兰国王乌拉斯洛二世当匈牙利国王。大主教和首相当即派了一个代表团到波兰，并授予他们选举国王的权力，代表团于 1440 年 3 月 8 日在克拉科夫选举乌拉斯洛二世为匈牙利国王。

## 32. 乌拉斯洛一世国王 I.Ulászló（1440—1444）

1424 年出生，1440 年登基，当年 6 月 1 日加冕。1444 年 11 月 10 日战死在战场。享年 20 岁，在位 4 年。墓地不详。

父亲：波兰国王雅盖隆·乌拉斯洛。

母亲：匈牙利公主海德韦格（纳吉·拉约什一世国王的女儿）。

子女：无。

乌拉斯洛是波兰国王雅盖隆·乌拉斯洛的儿子，是匈牙利国王纳吉·拉约什一世（1342—1382）的外孙。他 1434 年继承波兰王位。阿尔拜尔特国王逝世后，匈牙利的贵族们分成两派，以埃斯泰尔戈姆大主教和首相高洛伊为首的一派认为，要等王后把孩子生下，如果是个男孩，就由他继承王位。另一派则认为，即便王后生一个男孩，也不能把日益受到土耳其威胁的国家交给一个孩子去掌管。他们希望由（15 岁的）波兰国王乌拉斯洛当匈牙利国王，并当即派了一个代表团前往克拉科夫，授权他们选举国王的权力。代表团于 1440 年 3 月 8 日在克拉科夫选举乌拉斯洛一世为匈牙利国王。

这期间，王后伊丽莎白神不知鬼不觉地把保存在维谢格拉德的伊斯特万王冠偷走。当她生了孩子后，秘密地把孩子带到塞克什白堡，由维谢格拉德的大主教为只有几周大小的拉斯洛加冕，称为拉斯洛五世。随后便逃到维也纳德意志国王腓特烈三世那里去避难。

当乌拉斯洛的亲信们要给他加冕时，才惊奇地发现王冠不在了。他们便把覆盖在圣·伊斯特万遗骸上的一顶仿制的王冠取下，用它在 1440 年 7 月 17 日给乌拉斯洛加了冕，同时，以诏书的形式宣布给（遗腹子）拉斯洛五世的加冕无效。之后，两派之间开战。1441 年 1 月初，乌拉斯洛一世的战将胡尼奥迪·亚诺什（Hunyadi János）在巴陶塞克（Bátaszék）打败了（遗腹子）拉斯洛五世的部队。因为当时拉斯洛五世还是一个孩童，而腓特烈又被其他事情缠住，再加上拉斯洛五世的大部分支持者都已承认了乌拉斯洛。故此，1442 年 12 月 14 日乌拉斯洛一世同拉斯洛五世的监护人德意志国王腓特烈在杰尔签订和约，确认了乌拉斯洛的王位。5 天之后拉斯洛的母亲伊丽莎白王后去世。王位之争到此结束。

1443—1444 年，乌拉斯洛对土耳其人发动了反攻，1444 年 6 月 12 日，匈牙利和土耳其签订了塞格德（Szeged）和约。但和约没有维持多久。在威尼斯教皇及其他一些天主教国家的催促下，乌拉斯洛 8 月 4 日作出了出征的决定。这时，奥斯曼帝国的穆拉德二世已经把安纳托利亚（Anatólia）的起义镇压下去了，并把其主力调到了巴尔干。匈牙利军队顺利地挺进到了黑海边。在黑海西岸的瓦尔纳（Várna）战役中（1444 年 11 月 10 日），虽然胡尼奥迪作了精密的战事准备，匈牙利军队还是战败了。土耳其人把乌拉斯洛国王杀死，并把他的头割下，在一个匈牙利军队看得到的地方，把乌拉斯洛的头颅挂在茅厕上示众，匈牙利军人看后大乱。这时胡尼奥迪立刻下令后撤回国。因土耳其军队也已疲惫不堪，无力追杀，故匈牙利军队没有再受到更大的伤亡。因为没有在战场上找到国王的尸体，且有消息说国王受伤了但没有死，还有消息说，国王经过塞浦路斯到了葡萄牙并生活在那里，所以，匈牙利王位空了两年。

◎哈布斯堡王朝（1444—1457）

（遗腹子）拉斯洛五世是前国王日格蒙德的外孙，匈牙利哈布斯堡王朝阿尔拜尔特国王（1437—1439）的儿子，因他父亲是哈布斯堡家族的成员，所以，他当了匈牙利国王后便称哈布斯堡王朝。

1444 年 11 月 10 日的瓦尔纳战役后，因一时无法确定乌拉斯洛国王是否真的在战役中阵亡，匈牙利王位空了两年，这时国会任命胡尼奥·亚诺什为摄政王，任期 6 年。两年之后，匈牙利国会于 1446 年 6 月 1 日才正式承认拉斯洛为国王。

## 33.（遗腹子）拉斯洛五世 V.（Utószülött）László（1440—1457）

1440 年 2 月 22 日出生于科马罗姆（Komárom）。1440 年 5 月 15 日加冕。1444 年 11 月 10 日登基，在位 13 年。他身为奥地利公爵（1440—1457），匈牙利和捷克国王（1444—1457）。1457 年 11 月 23 日去世，享年 17 岁，葬于布拉格圣维特主教座堂。

父亲：阿尔拜尔特国王（1437—1439）。

母亲：日格蒙德国王的女儿伊丽莎白。

没结婚，也无子女。

他是哈布斯堡王朝在匈牙利的第二个国王（他的父亲阿尔拜尔特是第一个），也是哈布斯堡王朝中唯一出生在匈牙利的国王。

他是在他的父亲阿尔拜尔特逝世后四个月才出生的，虽然在他妈妈的安排下，1440 年 3 月 15 日在塞克什白堡由埃斯泰尔戈姆大主教用圣·伊斯特万王冠为他加了冕，但最终还是波兰国王乌拉斯洛登上了匈牙利国王的宝座。

1444 年 11 月 10 日的瓦尔纳战役后，几乎有两年的王位空白期（1444 年 11月—1446 年 6 月），因为当时一时无法确定乌拉斯洛国王是否真的在战役中阵亡。直到 1446 年 4 月，国会才作出决定，国王如果在 5 月 30 日前回不来，国会就承认拉斯洛为国王。随后便派代表团前往维也纳，但德意志国王腓特烈三世拒不交出在维也纳避难的拉斯洛。作为应急措施，匈牙利国会选举胡尼奥迪·亚诺什为摄政王，为期六年。捷克国会则选举波杰布拉德（Prodjebrád György）为摄政王。1451 年秋天，腓特烈前往罗马参加给他加冕神圣罗马帝国皇帝的仪式时，把拉斯洛作为俘房带到了罗马。这期间，拉斯洛的老师文代尔（Wendell Káspár）试图把拉斯洛偷走，行动暴露，文代尔被打入大牢。

1452 年拉斯洛已年满 12 岁，按照当时的说法，12 岁已是成年人。匈牙利和捷克的国会都要求拉斯洛回国。为了逼迫腓特烈把拉斯洛交出来，奥地利和匈牙利的 16000 士兵于 6 月 20 日包围了腓特烈在维也纳郊区的住所。这时，腓特烈才不得不把拉斯洛交出，但交给了拉斯洛的舅家亲戚齐莱伊·乌尔里克（Cillei Ulrik），还让齐莱伊当国王的参谋。据奥地利史料记载，齐莱伊天天让一个只有 12 岁的孩子吃喝玩乐。故此，1453 年 9 月 28 日，匈牙利国会把齐莱伊从拉斯洛身边调走，让捷克的摄政王波杰布拉德（Podjebrád）把拉斯洛带到了布拉格。

1452 年胡尼奥迪·亚诺什 6 年的摄政到期，国王立刻任命他为全军总司令，国家的实际大权仍在他手中。不久，齐莱伊又回到了拉斯洛身边，从此就开始和胡尼奥迪争夺权力了。在贵族们的调解下，双方曾一时和好，而且还结成亲戚，胡尼奥迪的儿子马加什和齐莱伊的女儿伊丽莎白定了婚，胡尼奥迪把儿子马加什作为抵押品送到了布拉格（齐莱伊和国王拉斯洛都住在布拉格），而齐莱伊则将女儿伊丽莎白送到胡尼奥迪的城堡（但伊丽莎白不久就病死了）。

1455 年 2 月 6 日，刚满 15 岁的拉斯洛第一次来到布达，他感到人们对他不热情，故于 5 月底返回维也纳。1456 年 7 月 21 日，胡尼奥迪·亚诺什在纳道尔白堡（Nádorfeférvár, 今贝尔格莱德）击败了比自己的军事力量多几倍的土耳其军队，获得巨大胜利，赢得了整个欧洲欢呼。这一战役的胜利，使奥斯曼土耳其的继续扩张推后了 70 年。这位传奇般的反土耳其的军事首领在胜利的巅峰，于当年的 8 月 11 日被鼠疫夺取了生命。胡尼奥迪·亚诺士逝世后，在 1456 年 10 月的国会上，齐莱伊被任命为匈牙利摄政王。这时齐莱伊又企图谋杀胡尼奥迪的儿子胡尼奥迪·拉斯洛。1455 年 11 月 8 日，拉斯洛五世国王在齐莱伊的陪同下，带领 4000 名军人来到纳道尔白堡（今贝尔格莱德），前来收回长期以来由胡尼奥迪·亚诺士掌管的纳道尔白堡。胡尼奥迪·拉斯洛的舅舅西拉吉（埃尔代伊的总督）出城迎接国王，当国王、齐莱伊（Cillei Ulrik）和几名大贵族步入城门后，城门突然关闭，将陪同国王的武装人员关在门外。第二天，齐莱伊和胡尼奥迪·拉斯洛不知为何开始争吵，被胡尼奥迪·拉斯洛一剑刺死。这时，年轻的国王大概是出于压力，立刻任命胡尼奥迪·拉斯洛为全军总司令，随后起驾回布达，途径胡尼奥迪家乡时，国王亲口对胡尼奥迪·亚诺什的夫人说，他不会因齐莱伊被杀事件对她的两个儿子（胡尼奥迪·拉斯洛和胡尼奥迪·马加什）进行报复。但国王回到布达就变了卦，1457 年 3 月 16 日将胡尼奥迪.拉斯洛处死，同时把他的弟弟胡尼奥迪·马加什打入大牢。

1457 年 9 月，拉斯洛五世国王回到布拉格，准备和法国国王查理七世的女儿毛格多尔瑙（Magdolna）结婚，但 11 月 23 日突然逝世。拉斯洛五世去世时年仅 17 岁，既未完婚也无子嗣。逝世后他在奥地利、匈牙利和捷克的王位分别由不同的人继承。

## ◎胡尼奥迪王朝（1458—1490）

胡尼奥迪·马加什是胡尼奥迪·亚诺什（Hunyadi János）的次子，胡尼奥迪的儿子当了国王后，便称其为胡尼奥迪王朝。胡尼奥迪·马加什是中世纪匈牙利最伟大的君王之一，他改革税收制度，增加了国家收入，组建了强大的雇佣军（"黑军"），建立了强大的中央集权的君主国家。征服了摩拉维亚、西里西亚，甚至征服了包括维也纳在内的奥地利的大部分。匈牙利人称其为"正义的马加什"。他在布达和维谢格拉德建造的王宫是欧洲早期最豪华的文艺复兴宫殿之一，他的图书馆（Corvina）是当时欧洲最重要的古迹收藏地之一。他没有发动反对土耳其的战争，而是想保持现状。他的注意力更多地放在了西部和北部，他的目标是建立一个强大的、足以有能力把土耳其赶出欧洲的"多瑙河王国"。遗憾的是，他没能如愿以偿。

### 34. 马加什一世国王 I.Mátyás（1458—1490）

1443 年 2 月 23 日出生于科洛日瓦尔（今日罗马尼亚的克卢日）。1458 年 1 月 24 日登基，1464 年 3 月 29 日加冕。在位 32 年。他是匈牙利国王（1458—1490）；奥地利大公（1486—1490）和捷克的对立国王（1469—1490）。1490 年 4 月 6 日逝世于维也纳，享年 47 岁。逝世后葬于塞克什白堡（Székesfehérvár）。

父亲：胡尼奥迪·亚诺什。

母亲：西拉吉·伊丽莎白（Szilágyi Erzsébet）。

第一个妻子：考陶林（1449—1464），捷克国王波杰布拉德的女儿。

第二个妻子：贝亚特里斯（Beatrix，1457—1508），意大利那不勒斯国王的公主。

儿子：科尔文·亚诺什（Corvin János），是马加什一世国王与维也纳一个姑娘的私生子。

马加什受过良好的教育，波兰的人文主义者萨诺基（Szánoki Gergelyhe）和埃斯泰尔戈姆大主教、红衣大主教韦泰兹（Vitéz János）都当过他的老师。他是一位兴趣广泛、全面发展的好学生，研修过宗教、宪法、艺术和拉丁文。他还精通德语和捷克语。

当马加什的哥哥被处决，马加什被国王打入大牢后，马加什的舅舅西拉吉在埃尔代伊起兵，反对国王，匈牙利国内局势开始混乱。乌拉斯洛国王离开匈牙利，先到维也纳，后逃到布拉格，同时把马加什作为犯人带到布拉格关押起来。当乌拉斯洛国王突然去世后，也在被软禁的瓦劳德市（Várad）的主教、马加什的老师、马加什父亲胡尼奥迪的挚友韦泰兹·亚诺什立刻同捷克的执政王波杰布拉德（Podjebrád）取得联系。波杰布拉德表示可以放人，也可以支持马加什当国王，条件是马加什必须娶他的女儿考陶林为妻。达成协议后，波杰布拉德就到匈牙利去找那些有权势的大贵族们，说服他们支持马加什当国王。同时，马加什的舅舅西拉吉·米哈伊和他的母亲西拉吉·伊丽莎白同当时的宰相高洛伊·拉斯洛（Garai László）也达成了协议——马加什当了国王后不能为他哥哥被处死进行报复，不没收高洛伊家族的财产，并同高洛伊结盟，此外，马加什还必须娶高洛伊的女儿安娜为妻。这样，当匈牙利国会召开时，马加什已经有了两个未婚妻。西拉吉·米哈伊对国会不放心，他亲自在国会外边集结了 1.5 万军人，以防万一。就这样，在 1458 年 1 月 24 日的国会上，马加什被选为国王。鉴于马加什当时只有 15 岁，国会同时选举马加什的舅舅西拉吉为摄政王，为期五年。波杰布拉德 2 月将马加什交给匈牙利代表团。同时宣布了他女儿和马加什的婚约的条件。这样一来，高洛伊的女儿就不能和马加什结婚了。马加什 2 月 15 日从布拉格抵达布达，但不能加冕，因为王冠还在神圣罗马帝国皇帝腓特烈三世手里。

巩固和加强国王的权力：马加什登基后的首要任务是巩固和加强国王的权力。第一项措施就是免除宰相高洛伊·拉斯洛的职务，任命胡尼奥迪家族的挚友古蒂·欧尔萨格·米哈伊（Guti Ország Mihály）为宰相。

第二项任务是对付他的舅舅西拉吉·米哈伊。按照当时的传统，13 岁就是成年人了，而当时马加什已经 15 岁。他的父亲胡尼奥迪当摄政王时，拉斯洛五世只有 6 岁，当国王拉斯洛满 13 岁时就免去了他父亲胡尼奥迪的摄政职务。西拉吉十分卖力地为马加什争取王位，实际上也是有私心的。马加什这时已是成年人，他不但有一个有经验的顾问团，而且他自己又是一个受过良好教育和非常聪明的人，他要自己当政是再自然不过的了。

这时，土耳其人侵犯塞尔维亚，西拉吉前去支援，在途中（1458年7月28日）西拉吉勾结前宰相高洛伊谋反。马加什得知这一消息后，立刻罢免了西拉吉的摄政王职务。任命他为拜斯泰尔采（Beszterce，今罗马尼亚境内的比斯特里察Bistrita）的终生伯爵。但他的舅舅西拉吉不服，还在从事谋反活动，这时马加什就把他关押在维拉戈什（Világos，现在在罗马尼亚境内，罗文称Siria）城堡。西拉吉还是不服，这时，马加什许诺，如果西拉吉能从土耳其人手中夺回森德勒（Szendrö）城堡（塞尔维亚境内的斯梅代雷沃，位于贝尔格莱德东南48公里处），就任命他为塞尔维亚大公。西拉吉立刻出征，但在1460年11月8日被土耳其人俘虏，并把他押送到君士坦丁堡，由于他拒不向土耳其人泄露军事秘密，被土耳其苏丹处死。

第三项任务是同神圣罗马帝国的皇帝腓特烈三世的较量。对马加什不满的一些大贵族们，在马加什废黜高洛伊宰相职务和免去西拉吉摄政王职务之后转向了神圣罗马帝国皇帝。1459年2月17日，24名大贵族在内迈特乌伊瓦尔（Németújvár，即今奥地利的Grüssing）选举神圣罗马帝国皇帝腓特烈三世为匈牙利国王。腓特烈三世的军队在这些大贵族们的支持下打入匈牙利领土，并在克尔门德（Körmend）击败了马加什的军队，但几天之后由毛乔（Macsó）的督军纳吉·西蒙（Nagy Simon）率领的匈牙利军队就打败了神圣罗马帝国的军队。这时，高洛伊突然去世，高洛伊的夫人归顺了马加什国王。年轻的马加什国王不但原谅了这些人，而且还重用了其中的一些人。这样一来，腓特烈三世想当匈牙利国王的美梦也破灭了。

第四项任务是收复北方领土。以捷克雇佣军为支柱的大贵族伊什克拉当年受伊丽莎白王后（阿尔拜尔特国王夫人）的委托占领了匈牙利的北部地区，马加什的父亲胡尼奥迪摄政王也没能征服他。马加什派他的侍从武官罗兹戈尼·谢拜什真（Rozgonyi Sebestyén）率领军队去攻打伊什克拉。当罗兹戈尼收复几个城堡后，伊什克拉许诺要将匈牙利王位让给波兰国王卡齐米日四世，然后在波兰国王的支持下继续对抗马加什的军队。这时，马加什说服了捷克国王波迪布拉德，捷克国王不再支持伊什克拉。此时，伊什克拉又转向神圣罗马帝国皇帝腓特烈，在格拉茨会见了腓特烈，并视其为匈牙利国王。但这时马加什和腓特烈即将和解（腓特烈已决定将匈牙利王冠归还给马加什）。在走投无路的情况下，伊什克拉归顺了马加什，把北部地区的城堡交给了国王，马加什国王则在奥劳德州给了他一份地产。被伊什克拉割据数十年的北部地区终于回归王室。

索回匈牙利王冠：腓特烈自己的军队及其信徒们都没有打败马加什，腓特烈也已感到拿到匈牙利王位是没有希望了。马加什则决心把王冠要回来。罗马教皇庇护二世也希望将王冠归还给匈牙利，因为教皇希望匈牙利在对付土耳其入侵中发挥重大作用。故此，派特使去说服腓特烈。经过长期的讨价还价和外交交涉，终于在 1462 年，匈牙利代表韦泰兹·亚诺什和腓特烈在格拉茨达成协议，1463 年在维也纳新城签订和约。根据和约匈牙利向腓特烈支付了 8 万金福林，腓特烈将圣·伊斯特万王冠和肖普朗市（Sopron）还给了匈牙利（肖普朗市是阿尔拜尔特国王的夫人伊丽莎白王后于 1441 年抵押给腓特烈的）。此外，腓特烈认马加什为自己的儿子，两人结盟，并答应帮助马加什反抗土耳其入侵。条约中有一个几十年以后还被频频提起的条款，即如马加什日后无子嗣，则由腓特烈或其儿子继承匈牙利王位。

1464 年 3 月 29 日，马加什用失而复得的王冠加冕。1464 年的第二号法律对王冠的保管作出了规范：今后王冠要存放在维谢格拉德城堡内，由合适的人员看守，这是如何保管王冠的第一个法令。

对行政机构的改革：通过对国家机构的改革，将重要事宜的处理权从大领主手中集中到了政府机关手中。重大国务活动由政务署处理。政务署的官员、秘书、书记为朝廷会议准备材料。这样一来，大贵族们在这方面的影响就大大降低了。朝廷会议制定文件，处理外交公文。国家的经济和王室的税收由大司库掌管。国家的最高司法机构为"御前法庭"。御前法庭的法官要根据证据和法律进行审判。在所有行政机关职务中，专长、技术是决定性的标准，从而为下层贵族、普通公民，乃至农奴出身的知识分子提供了升迁的可能性。

马加什的军队——黑军：军队是马加什政权最强大的支柱，马加什采取的是雇佣军制，他死后通常称他的这支军队为"黑军"。这支雇佣军由陆军和多瑙河水兵（200 艘多瑙河上的战舰和炮舰）组成，共计 16.3 万人，其中陆军 14.8 万人，大部分是从捷克、西里西亚和摩拉维亚雇佣来的。匈牙利人和塞凯伊（Székely）人 4.6 万人（其中匈牙利重骑兵 1 万人，塞凯伊轻骑兵 1.6 万人，重型装备的匈牙利步兵 4 千人，轻型装备的塞凯伊步兵 1.6 万人），大贵族的军队 1.2 万人，附属国摩拉维亚和瓦拉几亚公国（Havasföld）的军队有 7 万人。

对税收制度的改革：在 1467 年的国会上，马加什对税收制度进行了根本性的改革。对于安茹王朝时代颁布的"大门税"和边境上的"三十分之一海关税"都予以废除，因为当时已有太多人在享受免交的特权，改由国王征收的"王室国库税"和"王冠海关税"代替。征收方式也做了改变，不再以大门为单位，而是以农户为单位（因此也称作"烟囱税"），这是因为当时在一个地块上往往住着好几家农户。此外，马加什国王还按"大门"征收 1 福林的特别军事税。这样，国库税收曾接近甚至超过 100 万福林，而远比匈牙利富裕的法国国王税收并不比这个数字多多少。

马加什当然知道，农民的承受能力是有限的，因此，他坚决阻止教会和地主进一步剥削农民，从而保障了农民的生存和财产。他维护农民的自由迁徙权，支持自由农民努力经营，并给予各种优惠以发展农业市镇。因此，他在普通老百姓的印象中，是一个伟大国王的形象，是伸张正义、支持农民、打击富豪的统治者的典范。

埃尔代伊的武装起义：起义的起因是 1467 年开始实行的税收改革。当马加什的"大门税"和"王室国库税"开始在埃尔代伊实施时，对这种税制不满的埃尔代伊的中小贵族及一些大贵族在埃尔代伊的总督圣久尔吉·亚诺什（Szentgyörgy János）和他的弟弟日格蒙德的带领下于 1467 年 8 月 18 日进行起义，他们选举圣久尔吉为国王。起义还得到了波兰、摩拉维亚和捷克的支持。当马加什的军队到达埃尔代伊后，他们很快就投诚了。马加什接受了圣久尔吉的投诚（但罢免了他的总督职务），也原谅了他的弟弟及几个大贵族，对一些小贵族则大开杀戒。

1471 年，马加什父亲的挚友、马加什的老师埃斯泰尔戈姆教堂大主教、匈牙利的大法官韦泰兹·亚诺什（Vitéz János）及韦泰兹的侄子、佩奇的大主教姚努什·蓬诺尼乌什（Janus Pannonius）等人，因对马加什的中央集权制及对反土耳其入侵的自卫措施不满，另外，他们还认为不应同捷克进行战争，因此，他们于 1468 年公开反对马加什，并希望波兰的王子来当匈牙利国王，姚努什还请求德国的支持。马加什为了平息这场战乱，收买了几个大贵族，后来在国会上向小贵族们许诺，要归还没收他们的财产。虽然波兰的王子卡齐米日带兵攻入匈牙利境内，也有一些贵族投靠了波兰军队，但多数贵族则担心自己的国家会被波兰人占领，同时也担心刚刚从国王那里得到的财产会失掉，纷纷站在了马加什一边。波兰王子见势不妙，同马加什签订和约后，撤出了匈牙利。马加什俘虏了韦泰兹·亚诺什，后者 1472 年死于大牢。其侄子姚努什逃到斯洛沃尼亚，也于 1472 年逝世。

同土耳其人的战争：土耳其人自从在南多尔费白堡（今贝尔格莱德）吃了败仗以后，仍在不断地侵犯属于天主教地盘的巴尔干半岛，有时还骚扰匈牙利南部边境。当时，土耳其问题已不仅仅是匈牙利的问题了，而已成为欧洲的一个大政治问题。不仅威尼斯受到奥斯曼的威胁，梵蒂冈教廷也受到了威胁。为此，威尼斯的卡利克斯特三世国王和庇护二世教皇都再三催促马加什同土耳其开战，并许诺从物质、外交和军事上给予援助。而位于匈牙利和土耳其之间的瓦拉几亚公国（Havasalföld）和波斯尼亚摇摆不定，一会儿支持匈牙利，一会儿又支持土耳其。

经过长期准备后，1463 年，匈牙利和波斯尼亚对土耳其发起进攻。不久便发现，西方许诺的援助迟迟不到位，实际上只得到了庇护二世教皇的 8 万福林的支援。最后，波斯尼亚战败，国王被俘并被处死。同年，匈牙利军队又将具有战略意义的姚伊曹（Jajca）城堡（今波斯尼亚的亚伊采）夺了回来。这样一来，波斯尼亚的北部重新回到匈牙利的控制之下。马加什任命乌伊洛基（Újlaki Miklós）为波斯尼亚的国王。

教皇于 1464 年组织的十字军，因西方国家不支持而告吹。1464 年，土耳其人对姚伊曹城堡发起强力攻击，试图夺回这个城堡，但马加什保住了这个重要的城堡。

这时，土耳其和匈牙利双方都需要和平，土耳其人正在亚洲和波斯人打仗，在欧洲和威尼斯打仗，无意再和匈牙利交战。而马加什也意识到，光靠匈牙利没有能力把土耳其人赶出巴尔干。因此，把目光转向了西方，决定去占领捷克和奥地利的领土。

匈捷战争：马加什当国王的初期，匈牙利和捷克的关系很好，马加什在1461 年还娶了捷克国王波杰布拉德（Podjebrád）的女儿考陶林为妻。1464 年，考陶林逝世后，马加什把捷克纳入了他的大计划之内，因为捷克在神圣罗马帝国内是七大选帝侯国之一，马加什要想当神圣罗马帝国的皇帝，捷克这一票是很重要的。

当年为了结束胡斯战争，教廷同意了胡斯派的要求，同意教徒在做弥撒时既可以吃饼也可以喝酒。后来，教廷撤回了这一许可，不再准许喝酒了。但捷克国王不听从教廷的指令。罗马教廷于 1466 年宣布捷克国王波杰布拉德为异教徒，教皇请求马加什支持以兹登科（Zdenko）为首的另一派捷克天主教教会。

1468 年 3 月 31 日，马加什向捷克开战。马加什首先向波杰布拉德的儿子，掌管摩拉维亚的韦克托林（Viktorin）王子开战，因为腓特烈三世支持捷克，所以也与奥地利开战。匈牙利军队占领了摩拉维亚的大部分。这时捷克亲教廷的教派于 1469 年 5 月 3 日选举马加什为捷克国王。这显然是没有什么意义的，因为波杰布拉德国王还在位，马加什也没能占领捷克。

1471 年 3 月 22 日，波杰布拉德国王去世，捷克国会选举波兰国王卡齐米日四世的年仅 15 岁的儿子乌拉斯洛为捷克国王。这时，战争发展成了波兰和捷克与匈牙利之间的战争了。马加什占领了西里西亚，把居民集中在有吃有喝的城市中，马加什自己则躲在博罗斯洛（Boroszló，现在斯洛伐克的 Brestov）城堡。捷克和波兰军队把匈牙利军队紧紧包围住。马加什不理捷克和波兰军队。与此同时，马加什另外派军队到波兰去大肆破坏，放火毁掉庄稼，切断波军的一切粮草供给。1477 年，波兰和捷克军队被迫向马加什求和。1479 年 7 月 21 日，三国在摩拉维亚的奥洛穆茨签订和约。根据和约，摩拉维亚和西里西亚划归匈牙利所有（但马加什逝世后捷克可以把这两个地方赎回），今后马加什和乌拉斯洛都可以使用捷克国王的徽号。后来，直到马加什逝世三国都平安无事。

匈牙利和奥地利的关系：匈牙利同奥地利腓特烈三世的关系则一年一个状况，有时是战争状态，有时是联盟关系，甚至马加什还曾打算娶腓特烈的女儿为妻。1477 年 6 月 10 日，身兼神圣罗马帝国皇帝的腓特烈在维也纳将七大选帝侯之一的头衔授予捷克国王乌拉斯洛。马加什十分气愤，立刻开始进攻奥地利。马加什攻打奥地利的理由是，当年捷克国王的儿子韦克托林（Viktorin）占领了许多奥地利的领土。腓特烈当时曾答应马加什，如果马加什能帮助他把捷克军队赶出奥地利，他将把选帝侯的头衔授予马加什。现在身兼神圣罗马帝国皇帝的腓特烈食言，把选帝侯的头衔授给了捷克国王乌拉斯洛，马加什自然咽不下这口气。马加什的部队很快就占领了奥地利的许多城堡，并围困了维也纳。教皇鉴于整个欧洲面临着土耳其人的威胁，为了大局，千方百计地劝和。1477 年 12 月 1 日，腓特烈在奥地利的格蒙登（Gmunden），马加什在科登斯堡（Korneuburg）签署了两国和约，和约规定："两国都要解除对两国关系不利的同其他国家签订的条约；互不干涉内政；如果腓特烈皇帝承认马加什为捷克国王和任命马加什为神圣罗马帝国的七大选帝侯之一的话，马加什就从奥地利撤军；如果腓特烈不追究支持马加什的奥地利贵族的责任的话，马加什就把他占领的奥地利城堡交还给腓特烈；腓特烈要向马加什支付 10 万福林的战争赔款，如逾期不兑现，马加什可以动用一切手段追要赔款。"

这个和约对马加什来说是一个巨大的胜利，实现了他的伟大愿望，得到了神圣罗马帝国选帝侯的头衔。另外，如果腓特烈不支付赔款，他还可以随时对奥地利动武。1477 年 12 月 13 日，马加什在腓特烈皇帝面前宣誓就职捷克国王。

1479 年，马加什催促腓特烈支付战争赔款，腓特烈不但不给，反而动员帝国的其他几个选帝侯来对付马加什。马加什在给其他选帝侯的信中宣布，如果他们出兵支持腓特烈的话，匈牙利就放弃对土耳其的战斗。结果，腓特烈就成了孤家寡人。

1482 年，匈牙利—奥地利第二次战争爆发，马加什取得了绝对的胜利。1485 年占领了维也纳，并把朝廷搬到了维也纳，任命多尔齐（Dórczi Orbán）为维也纳主教，任命萨博姚伊（Szapolya István）为所占领土的执政王。但马加什当神圣罗马帝国皇帝的愿望没能实现。在 1486 年的法兰克福帝国会议上，腓特烈的儿子米可绍（Miksa）当选为罗马人民的国王（按照帝国法律规定，只有先当选为罗马人民国王的人，才有资格当选皇帝）。五年后马加什突然逝世，没人知道马加什到底要在被征服的奥地利国土上干什么。但有一点是清楚的，匈牙利的雇佣军在奥地利驻扎了 8 年。

马加什的继承人问题：1489 年年初，马加什因为痛风病已经无法站立起来。1490 年 4 月 6 日，年仅 47 岁的马加什离开了人间。马加什的第一个夫人，捷克国王波杰布拉德的女儿考陶林（1449—1464），因难产同婴儿一起死亡，没有留下后代。马加什的第二个夫人，意大利那不勒斯国王的公主贝亚特里斯（Beatrix）也没有给他生下一男半女。但马加什于 1470 年访问维也纳时，结识了一位维也纳平民姑娘（Edelpeck Borbála），随后就把她带回布达同居，1473 年 4 月 2 日她给马加什生了一个儿子，取名叫科尔文·亚诺什（1473—1504）。马加什 1478 年正式承认科尔文·亚诺什是他的儿子，并选定科尔文·亚诺什为自己的接班人。马加什曾千方百计地想让他继承他的王位，由于大贵族们的反对，没有成功。但根据马加什的妈妈、科尔文奶奶的遗嘱，马加什给了他大量的财产。当国会选举乌拉斯洛为国王后，他试图用武力夺取王位，失败后归顺了国王。后来，国王任命他为克罗地亚和斯洛文尼亚的督军。

马加什的历史功勋：马加什时期，匈牙利的文化水平已接近欧洲最发达国家的水平。马加什很重视科学和艺术，他认为，"没有文化的国王不过是一头戴着王冠的驴"。他的宫廷大门总是向国内外的人文学者敞开着，尤其在他和第二个王后结婚后，意大利作家和艺术家更是大批地来到匈牙利，其中有邦菲尼（Antonio Bonfini）大师，后来他作为宫廷作家为马加什作传。另外，马加什于 1488 年委托他在文艺复兴精神指导下，以人文主义的风格、现代的方法和受人喜爱的观点撰写一部匈牙利自古至今的历史。他在马加什逝世后，于 1492 年才完成，当时的国王乌拉斯洛二世授予邦菲尼大师匈牙利贵族称号和桂冠诗人称号。

马加什时代全国都在进行大规模的建设。他把布达城堡进行了全面的、文艺复兴式的改建。布达城堡和维谢格拉德宫殿的遗址充分说明了匈牙利在文艺复兴时期的发展水平。在宫殿里建有 350 间房子。豪华的王宫和狩猎园、养鱼池远远胜过国王的其他建筑物。城堡里的喷泉用红色大理石雕刻，金属浇铸而成，每逢佳节，红白两色葡萄酒喷向空中，宫殿金碧辉煌，令人惊叹不已。他的图书馆（Corvina）是当时欧洲最重要的古籍收藏地之一。饰有胡尼奥迪家族徽号——乌鸦的装潢精美的书籍及《科尔文图书集》现都珍藏在布达城堡。维谢格拉德和布达的美丽宫殿、发达的经济、巩固的中央政权及繁荣的文化生活等都表明，这是中世纪匈牙利历史上的极盛时期。

正义的马加什：马加什逝世后，许多有关马加什的传说在社会上广泛流传，其中有一部分是真有其事，大部分是善良的人民编出来的。比如有关微服私访的传说，说马加什有时会穿上老百姓的衣服，到老百姓中间，了解他们的苦难并帮助他们解决。马加什还会惩治那些专横跋扈的大贵族。实际上，人民不喜欢马加什，大贵族们也不喜欢马加什。人民不喜欢他，是因为战争太多、捐税太重；贵族们不喜欢他，是因为他不是某个朝代代代相传下来的一位国王，而是一个和他们一样的大贵族的儿子。他去世后人民确实很想念他，那时因为新登基的国王乌拉斯洛二世过于软弱，无人能阻止大贵族们的胡作非为。大贵族们在莫哈奇战役以后才突然发现了马加什的伟大，因为这时国家的经济已经到了不可收拾的地步了。

## ◎雅盖隆王朝（1490—1526）

马加什国王逝世后，已故国王阿尔拜尔特（1437—1439）的外孙，捷克国王乌拉斯洛当选为匈牙利国王。因为乌拉斯洛是波兰雅盖隆王朝卡齐米日四世国王的儿子，所以乌拉斯洛当选为匈牙利国王后，便把匈牙利的王朝也称为雅盖隆王朝。

雅盖隆家族的两个无能的国王对日益强大的封建主们一再妥协让步，致使国家大权旁落，国王成了傀儡和摆设。匈牙利国内政局混乱，国际地位迅速下降，马加什征服的摩拉维亚、西里西亚和奥地利的一部分统统丢失。1514年爆发的农民战争被残酷地镇压下去，并遭到了无情的报复。匈牙利处于四分五裂的状态，而此时的奥斯曼土耳其政权则正处顶峰期，已做好了重新进攻欧洲的准备。1526年莫哈奇战役令世人震惊。由苏莱曼一世率领的7—8万精兵于8月29日占领了莫哈奇。匈牙利军队实在难以抵挡三倍于己的强敌，双方在一个半小时的交战中，匈牙利步兵和领导层的精英们全部阵亡了，国王拉约什二世也牺牲了。土耳其军队两周后攻入匈牙利首都布达。

### 35. 乌拉斯洛二世国王 II.Ulászló（1490—1516）

1456年3月1日出生，1490年登基，1490年7月12日加冕，在位26年。1516年3月13日去世，享年60岁。葬于塞克什白堡（Székesfehérvár）。

父亲：波兰国王卡齐米日四世（1447—1492）。

匈牙利历代国王 (1000—1918)

母亲：匈牙利公主伊丽莎白（阿尔拜尔特国王的女儿）。

第一个妻子：贝亚特里斯（Beatrix），意大利那不勒斯国王的公主。已故国王马加什的遗孀。1500年教皇宣布这桩婚姻无效（详情见下）。

第二个妻子：法国公主安娜（Gandalei Anna）。乌拉斯洛派了一位画家到法国，给安娜画了一幅油画像，乌拉斯洛看了画像后才决定和她结婚的。

子女：安娜（Anna，1503—1547），拉约什（Lajos，1506—1526）。

乌拉斯洛二世是已故国王阿尔拜尔特的外孙，已故国王日格蒙德的重外孙。乌拉斯洛1471年当选为捷克国王。马加什也想当捷克国王，为此两国开战，最后，1479年，乌拉斯洛同马加什签订协定，捷克国王由他们二人共同担任。此后两国和平相处。

1490年马加什逝世。当时，争当匈牙利国王的除乌拉斯洛外，还有马加什国王的私生子科尔文·亚诺什、奥地利大公米克绍以及波兰的王子阿尔拜尔特。

王位之争：前国王马加什的遗孀贝亚特里斯（Beatrix）支持乌拉斯洛当国王，为了支持他还在形式上嫁给了他，但她事先通知了朝廷会议的成员们，说她嫁给乌拉斯洛是出于不得已，是为了名正言顺地在物质上支持他。婚后贝亚特里斯立刻拨给乌拉斯洛15000福林巨款。婚礼由主教鲍科茨主持，而鲍科茨故意在婚礼仪式上犯了一个错误，为此贝亚特里斯事后不承认这桩婚事，两人为此打了十年的官司。1500年，教皇正式宣布他们的婚姻无效。另外匈牙利的大贵族们也支持他。因此，在1490年7月15日的国会上乌拉斯洛被正式选举为匈牙利国王。为什么匈牙利大贵族们支持他当国王呢？因为他是捷克国王，他有一个国家，匈牙利贵族们的期望是，在今后抵抗土耳其的战斗中，捷克会助匈牙利一臂之力。

科尔文·亚诺什是马加什国王的私生子，从小受到良好的教育，他精通匈牙利语、拉丁语、捷克语和德语。马加什国王赐给他大量财产，准备让他接班当国王。马加什虽然曾让贵族们发誓，在他逝世后要选举科尔文为国王，但马加什突然逝世后，大贵族们变了卦，而支持他的南部贵族们没有形成一支团结的力量。另外，科尔文也没有得到城市小贵族，尤其是部队的支持。当国会选举乌拉斯洛为国王后，科尔文曾经试图以武力夺取王位，但他吃了败仗，这时他被迫承认了乌拉斯洛的王位，并参加了国王的加冕仪式。后来还参加了反对奥地利大公米克绍的战争，他还收复了斯洛沃尼亚，1495—1497年任克罗地亚和斯洛沃尼亚总督，因同国王发生矛盾，1497年被免去总督职务。1498年两人再次和好，国王又恢复了他的总督职务。直到逝世他一直镇守着匈牙利的南大门。

这时，没有当上匈牙利国王的波兰王子阿尔拜尔特（乌拉斯洛的亲弟弟）带兵侵入匈牙利。为了保住自己的王位，乌拉斯洛把捷克的西里西亚让给了阿尔拜尔特，阿尔拜尔特得到西里西亚后放弃了对匈牙利王位的要求并撤兵回国。1492年，他的父亲卡齐米日四世逝世后，他继位当上了波兰国王。

奥地利大公米克绍（即马克西米连一世）根据1463年马加什国王同腓特烈三世在维也纳新城签订的和约，也对匈牙利王位提出了要求。当时的和约规定："如果马加什日后无子嗣，则由腓特烈或其儿子继承匈牙利王位。"根据这一条款，他宣布并加冕自己为匈牙利国王。他不但收复了被马加什占领的奥地利领土，还占领了匈牙利西部的许多城市，甚至还一度占领了塞克什白堡（Székesfehérvár）。这时，他把钱花完了，无力支付雇佣军的军饷，军人造反了，他不得不撤出匈牙利。1491年，乌拉斯洛同米克绍签订了波若尼（Pozsony）和平协议，根据协议米克绍撤出他占领的匈牙利领土，协议还规定，如果乌拉斯洛逝世时无后，就由哈布斯堡王朝继承捷克和匈牙利的王位。

1505年，匈牙利国会通过一项决议，规定：今后如国王逝世时没有男嗣，不得选举外国人当国王，也不得选举国王的女儿为国王。奥地利大公米克绍得知这一决议后，立即出兵匈牙利。但1506年2月20日，两个王朝达成协议：日后，米克绍的孙子裴迪南（Ferdinánd）要娶乌拉斯洛的女儿安娜为妻，匈牙利王后（这时王后已有孕在身）如果生一个男孩的话，要娶米克绍的孙女、裴迪南的妹妹为妻。1506年，乌拉斯洛的儿子拉约什出世。乌拉斯洛有了继承人，从而消除了他逝世后争夺王位的隐患。

一位傀儡国王：匈牙利贵族们之所以挑选乌拉斯洛当国王，第一是因为他是捷克的国王，指望日后在抗击土耳其的战斗中得到捷克的支持；第二，匈牙利的贵族们在他身上看到了恢复"昔日自由"的希望。他们之所以不让马加什的儿子当国王，是因为他们担心他会继续奉行他父亲马加什的政策。事实也证明，乌拉斯洛真的是一个匈牙利贵族们玩弄于骨掌之上的傀儡国王。在选举他为国王时，大贵族们就同他达成了协议：他不能像前国王马加什那样随意颁布新政；没有等级国会的同意，国王不得做任何决定；马加什作出的对大贵族们不利的措施一一被取消，例如，取消了马加什的按"大门"上交1福林的国库税，等等。大贵族们对他的这些规定他都无奈地答应了。另外，他还要报答支持他的大贵族们，这样，王室本来就不多的财产又流失掉一部分。他是个外来户，匈牙利境内没有他的私人地产，只能靠借债过日子，为此，他把多座城市，例如巴尔特福（Bártfa，今斯洛伐克的巴尔杰约夫 Bardejov）、埃派尔耶什（Eperjes，今斯洛伐克的普雷绍夫 Presov）、基什塞本（Kisszeben，今斯洛伐克的 Sabinov）以及萨格拉布（Zágráb）等都抵押出去了。

　　马加什赫赫有名的"黑军"也被他们给消灭了。1492 年，国王亲自接见了这支部队的将领，并派他们到边疆去打来犯的土耳其军队。但国王没有钱发军饷，不久军队大乱，开始抢夺百姓的钱财。这时，国王下令歼灭了这支无吃无喝的队伍。

　　乌拉斯洛继位后不久大权便旁落，政权落到了几个横行霸道的大贵族和主教手中——埃斯泰尔戈姆大主教鲍科茨·陶马什（Bakócz Tamás），国家司库、佩奇城大主教埃尔努斯特·亚诺什（Ernuszt János），埃尔代伊总督萨波约伊·亚诺什（Szapolyai János）和大银行家塞伦切什·伊姆雷（Szerencsés Imre）等。到了后期，当召开朝廷会议时，他只是默默地坐在大贵族和大主教们旁边，他对一切都是一句口头语 Dobzse （波兰语"好吧"）。因此，历史上讽刺地称他为"Dobzse 国王"。

　　乌拉斯洛 1504 年中了风，行动已不便。1506 年 6 月 1 日，安娜王后产下王子后便与世长辞，国王得知噩耗后得了脑溢血。从此就更管不了国家大事了。从 1505 年到他 1516 年去世的整整 10 年间，国家大权完全旁落在埃尔代总督萨波伊约伊·亚诺什和宰相拜雷尼的手中。

　　1514 年的农民战争：1513 年，埃斯泰尔戈姆大主教鲍科茨·陶马什在罗马竞选教皇失利，新教皇利奥十世（X.Leo）不喜欢他待在罗马，因此决定派十字军讨伐土耳其。新教皇为了安慰他，便授权由他来颁布圣谕。

　　1514 年 3 月，鲍科茨在朝廷会议上宣布了教皇的圣谕，为此，朝廷会议上产生了激烈的争论。征兵令发布后，到了 5 月中旬，全国各地有 8 万人应征，仅拉科什麦泽（Rákosmezö）一地就有 4 万人。

　　对鲍科茨来说，谁来率领这支部队也是一个难题。这位将领既要有作战经验，也需在群众中有威望、有号召力。最后选择了多热·久尔吉（Dózsa György）。多热的出身情况不详。只知道他是塞凯伊人（Székely），故此也称他为塞凯伊·久尔吉。过去的历史说，他曾以骑兵队长的身份参加过纳道尔白堡（Nádorfehérvár，今贝尔格莱德）战役，并在 1514 年 2 月 28 日，同一位土耳其勇士决斗并杀死了土耳其人，为此还得到了"国王奖章"。现在的历史学家们又说，这个人不是他，而是一个与他同名同姓的人。

　　5 月中旬正是夏收时节，地主们对自己的农奴在农活最忙的时候参加十字军颇为不满，多方阻碍组织十字军。大地主们这种行为在兵营里引发了极大的愤慨。另外，军营里对军人的安置，食品供应和组织工作都存在种种不足，为此，时常引发一些事件，事件又得不到妥善处理。另外，一些圣芳济会的传教士不但在军营，而且在全国到处号召不给地主卖命，要起来造他们的反。

鲍科茨已经意识到形势不好，首先停止继续宣传教皇的圣谕。国王于5月15日下令停止招兵，鲍科茨于5月22日、国王于5月24日再次下令立即停止十字军战争。这时，多热和他最有名的将领采格莱德（Ceglé d）教区牧师梅萨罗什·勒林茨（Mészáros Lörinc）认为，贵族和国王已经沦为亲土耳其派，已成为祖国的叛徒，必须将他们打倒。顿时，农民军已经从反抗土耳其转而反抗自己的主人了。

多热5月18日在采格莱德的演讲及其宣言中公开号召推翻封建社会。农民军占领采格莱德后，跨过蒂萨河向大平原挺进。5月26日，农民军与大地主巴托里·伊斯特万（Báthori István）的军队在纳吉劳克（Nagylak）遭遇，农民军大胜，并活捉了恰基（Csáky Miklós）主教及泰莱格迪（Telegdi István）司库。当多热得知许多被俘的农民军将士被残杀后，当即就把恰基主教及泰莱格迪司库处以绞刑。在攻下奥劳德（Arad，今罗马境内的阿拉德）和利帕（Lippa，今罗马境内的Lipova）之后，6月16日开始攻打泰迈什瓦尔（Temesvár，今罗马尼亚境内的蒂米什瓦拉）。此城是南方贵族的大本营，守城的是巴托里·伊斯特万。持续了一个多月的围困和饥饿，迫使巴托里向他最仇视的对手、埃尔代伊总督萨波约伊·亚诺什求救。共同的危机把素来水火不容的统治阶级连在了一个阵营中。7月15日，埃尔代伊总督萨波约伊·亚诺什率领的大军把多热领导的农民军彻底打败了（为了奖励巴托里，1519年国王任命他为宰相），多热受伤后被捕入狱。

随之而来的是惨无人道的报复，成千上万的农民被处死。他们让农民领袖多热身坐烧红的铁椅，头戴炽热的铁冠，还用烧红的铁钳撕裂他赤裸的身躯。但多热留给人们的宁为玉碎不为瓦全的精神却成了农民反抗的象征。

1514年10月召开国会，主要任务是：惩罚起义的农民和赔偿贵族；对教唆犯、起义领导人和杀人犯处以死刑；剥夺了农奴们的自由迁徙权，要他们"永远和无条件地为地主服务"；还规定，农奴和雇农每年要向地主缴纳1福林的税；每周为地主服一天的劳役；农产品要向地主缴纳九分之一、向教会缴纳十分之一；农奴出身的神父不得提升为主教。因此，这一届国会在世界历史上被称为"野蛮会议"。

农民起义被镇压两年后，1516年3月13日，60岁的乌拉斯洛国王逝世了，给他儿子留下了40.3万福林的债务。

## 36. 拉约什二世国王 II.Lajos（1516—1526）

1506年7月1日出生。1508年6月4日加冕。1516年登基。1526年8月

29 日逝世，在位 10 年，享年 20 岁。葬于塞克什白堡（Székesfehérvár）。

父亲：乌拉斯洛二世国王。

母亲：法国公主安娜（Candalei Anna）。

妻子：哈布斯堡的公主玛利亚。

子女：无。

拉约什二世 1508 年刚刚两岁就加冕为匈牙利国王，1509 年三岁时加冕为捷克国王，1515 年同哈布斯堡王朝的公主玛利亚订婚。

乌拉斯洛二世去世后，由于国内两派势力相当，在由谁来做年轻国王的监护人问题上分歧严重。最后达成一个妥协方案，宣布刚刚 10 岁的拉约什为成年人，并立即登基，鉴于国王尚年轻，暂由朝廷会议执政。朝廷会议由 28 人组成，每年改选一次，其中 6 名高级教士，6 名大贵族，另外 16 名为普通贵族，他们分成两组，每组在宫廷工作半年。

1514 年，土耳其正在和波斯作战，如果当时的十字军真正向土耳其开战，本是一个战胜土耳其的好机会，但十字军东征演变成了内战，错过了战机。土耳其战胜波斯以后，波斯和埃及结成联盟，为此，土耳其直到 1517 年都把兵力用在对付波斯和埃及的战场上。

1520 年，杰出的外交家和卓越的军事家苏莱曼二世出任奥斯曼的苏丹。1521 年，他将建立在多瑙河和蒂萨河两岸的匈牙利边防一扫而空，首先占领了绍巴奇（Szabács，今塞尔维亚的沙巴茨），守城的战士全部光荣牺牲。经过 9 天的激战，南多尔白堡（今贝尔格莱德）也失守了。

明明知道土耳其还会大举进攻匈牙利，因为没有钱去维修和加固边界的城堡，没有钱给城堡司令们发军饷，许多城堡司令都辞职不干了。国际形势对匈牙利也不利。从 1521 年起，法国国王弗朗索瓦一世同神圣罗马帝国皇帝、奥地利大公查理五世为了西班牙在意大利的领地开战了。1525 年法国国王战败，并被俘虏。当弗朗索瓦一世被释放后，他联合教皇、威尼斯以及英国签订了科尼亚同盟，一致对付哈布斯堡王朝。因为匈牙利奉行的是亲哈布斯堡的政策，在这场反土耳其的战争中注定不会得到教皇、英国、法国和威尼斯的支持。

莫哈奇之战：1526 年春天，苏丹的军队再次向匈牙利开来。当时，匈牙利的贵族们还在争权夺利，在 1526 年 4 月的国会上，解除了韦尔伯齐的宰相职务，重新恢复了巴托里的宰相职务。这时，拉约什国王向欧洲的君主们求援，只有英国国王和教皇给了一点援助，法国和奥地利根本就没有理睬。匈牙利国内直到 5 月底才开始备战，号召贵族们有钱的出钱，有力的出力。考洛乔（Kalocsa）的大主教托莫里·帕尔（Tomori Pál）自己有一支 2000 人的队伍，他从国王那里得到一批资金，另外还从西西里岛的大贵族，教皇的特使安东尼奥·乔瓦尼·布尔焦（Antonio Gionanni da Burgio）那里获得了 1600 福林的援助，随后回到了匈牙利南部地区。但他的部队没能阻止土耳其人越过萨瓦河，土耳其人在齐莫尼（Zimony）越过了萨瓦河，占领了佩泰尔瓦劳德（Pétervárad，即塞尔维亚的彼得罗瓦拉丁）。这时匈牙利贵族们才开始行动起来。他们用自己的钱以及得到教皇同意而拍卖教会财产得到的钱去招聘雇佣军，但为时已晚，相继又有几座城市被土耳其人占领。

1526 年 7 月 20 日，拉约什二世国王率领他的部队从布达出发，他故意慢慢地行军，他希望大贵族和普通贵族的军队能跟得上，还故意在埃尔德（Érd）和托尔瑙（Tolna）安营扎寨，但没有任何人的军队跟来。托莫里·帕尔渡过多瑙河来迎接国王，他希望能保住德拉瓦河（Dráva）这条防线，但此时敌人已经越过了这条边界河。根据军事委员会的指示，托莫里·帕尔的部队加入了莫哈奇的主力军。这时军事委员会内部就谁来担任军事统帅问题产生了严重分歧。埃尔代伊总督萨波姚伊·亚诺什（Szapolyai János）是最理想的人选，但他和他的部队还在埃尔代伊。最后，军事委员会任命他的弟弟萨波姚伊·久尔吉为统帅，托莫里·帕尔（Tomori Pál）为副统帅。实际上军队是由托莫里·帕尔指挥的。这时，军委会的一些成员建议推迟这场战争，待埃尔代伊、克罗地亚以及捷克和德国援军到来之后再打。但托莫里·帕尔及其部队坚决主张现在就打。1526 年 8 月 29 日，两军在莫哈奇（Mohács）开战，当时匈牙利军队只有 2.5 万人，而土耳其有 6 万人，且装备要比匈牙利好得多。

莫哈奇战役只进行了一个半小时，匈牙利惨败。骑兵大部分战死，步兵几乎全部被消灭。匈牙利共阵亡 1.5 万人，其中包括托莫里·帕尔（Tomori Pál）在内的 7 名主教和 28 名大贵族。国王拉约什二世也一命归天。他是在撤退时连人带马一起溺水在切莱（Csele）河中，发现尸体时，他还是全副武装。至此，一个独立的匈牙利王国灭亡了。

莫哈奇战役惨败的消息传到布达后，王后和王宫人员立刻逃到了波若尼（Pozsony）。国王去世，国家机器分崩离析。有指挥有组织地反对土耳其侵略的行动就此终止了。苏莱曼的军队 9 月 12 日轻而易举占领了布达，14 日放火烧掉了布达城堡，然后把布达城堡里凡能搬动的东西都装上船运走了，就连 1456 年胡尼奥迪在南多尔白堡缴获的土耳其的那门大炮也运走了。苏莱曼苏丹 9 月 25 日起程回伊斯坦布尔，10 月 8 日离开了匈牙利边境。

# 五、分裂时期（1526—1699）

1526 年的莫哈奇（Mohács）战役后匈牙利王国一分为二，北部和西部为
"西匈牙利王国"（也称"国王的匈牙利"），首都设在波若尼（Pozsony）；
蒂萨河以东地区为"东匈牙利王国"，首都设在布达。1541 年，土耳其占领布
达后，国家就一分为三了。

## （一）东匈牙利王国（1526—1570）

在莫哈奇战场上失去亲弟弟的埃尔代伊总督萨波姚伊·亚诺什认为攫取王权
的时机已经到来。他得到了"民族派"普通贵族们的拥护，他们的依据是 1505
年国会的决议，当时的决议说："如果乌拉斯洛二世身后无子嗣，国会将只选举
匈牙利人为国王。"萨波姚伊于 1526 年 10 月 14 日在托考伊（Tokaj）召开了国
会，国会选举萨波姚伊为匈牙利国王。为了显示其力量，又于 1526 年 11 月 10
日在塞克什白堡召开国会，国会上再次选举他为国王，并在次日用圣·伊斯特万
王冠给他加了冕，号称亚诺什一世国王，首都设在布达，历史上称其为"东匈牙
利王国"。按规定，国王不在，要由宰相召开国会，但宰相巴托里（Báthori）
在王后那一边。因此，王后和宰相都不承认他。

### 37.（萨波姚伊）亚诺什一世国王 I.（Szapolyai）János király（1526–1540）

1487 年 2 月 2 日出生。1526 年 10 月 14 日登基，11 月 11 日加冕。
1540 年 7 月 22 日去世，享年 53 岁。前后在位 14 年。葬于久洛费黑尔瓦尔
（Gyulafehérvár）。

父亲：萨波姚伊·伊斯特万（Szapolyai István）。

母亲：西里西亚公国公主海德韦格·泰什切尼（Hedvig tescheni）。

妻子：波兰公主伊莎贝拉（Izabella）。

儿子：亚诺什·日格蒙德（János Zsigmond）。

萨波姚伊的父亲伊斯特万是一个小贵族，在 1492—1499 年当过宰相。萨波
姚伊本人在 1505 年的拉科什（Rákos）国会上就被普通贵族党定为国王的候选

人。1511 年被任命为埃尔代伊的总督。为了获得王权，1513 年三次向乌拉斯洛国王的女儿安娜求婚，三次都被拒绝。1514 年，他残酷地镇压了多热领导的农民起义，并极端残忍地杀害了农民领袖多热。1516 年，普通贵族党想让他担任拉约什二世国王的监护人，但大贵族们拒不同意。后来他又想当宰相，又没有成功。1525 年亚诺什好不容易当上了宰相，但第二年又被大贵族们拉下了台。因为他在埃尔代伊，没有赶上参加莫哈奇战役，当时他和他的 10—15 万人的部队正在赶往战场的路上，双方开战时他的部队刚刚赶到塞格德。有些历史学家认为，他在故意拖延行程。莫哈奇战役后，土耳其军队 9 月 12 日占领了布达和佩斯，10 月 13 日离开匈牙利回国，在这期间，萨波姚伊的军队一直待在塞格德。后来他在托考伊召开了国会，11 月 1 日带兵进入布达。1526 年 11 月 10 日在塞克什白堡举行的国会上当选为国王，11 日加冕，号称亚诺什一世国王。

1527 年 7 月初，裴迪南出兵 2 万人对亚诺什一世大举进攻，1527 年 9 月 27 日亚诺什一世的部队在托考伊（Tokaj）遭到毁灭性的打击，亚诺什不得不逃到波兰避难。亚诺什一世在他的盟友法国的唆使下，转而向土耳其求援，他派了一名特使前往伊斯坦布尔，使者对苏丹说："我的主人——匈牙利国王的一切都归属于您。"就这样，土耳其苏丹便成为裁判他和裴迪南争夺王位的法官，匈牙利则成了大国角逐中的一颗棋子。1528 年 1 月 27 日，亚诺什一世同土耳其的苏莱曼媾和并签订了条约：苏莱曼苏丹承认亚诺什为匈牙利国王，并答应帮助他把裴迪南从匈牙利赶出去。1528 年下半年，苏丹帮助亚诺什一世从裴迪南手中夺回了蒂萨河以东的大部分领土。1530 年秋，裴迪南率领 10 万大军攻打布达，攻打了两个月也没有拿下布达。

两个国王经过长达十一年的战争，也没有决出胜负。1538 年，两个国王签订了瓦劳德（Várad）和约，和约规定：1）双方同意维持当前的局面，国家的东部归属亚诺什一世，西部归属裴迪南；2）在亚诺什国王逝世后，裴迪南为全匈牙利国王，若亚诺什日后有子嗣，则应由裴迪南册封其为塞派什的（Szepes）公爵，并与哈布斯堡家族的公主结婚；3）和约内容暂时对土耳其人保密。

1539 年，52 岁的亚诺什同波兰公主伊莎贝拉（Izabella）结婚，1540 年 7 月 7 日生了一个儿子，取名亚诺什·日格蒙德（János Zsigmond），即历史上的亚诺什二世国王。儿子出生后刚刚 15 天，他的父亲亚诺什一世就于 1540 年 7 月 22 日因心力衰竭而去世。亚诺什在逝世前恳求忠于他的大臣们，不要遵守瓦劳德和约，要立他的儿子日格蒙德为国王。对此，宫廷内有三种意见：一种意见是，要遵守瓦劳德和约；第二种意见是，在裴迪南要动用武力时，才把王位让给他；第三种意见是，完全废除瓦劳德和约。最后，第三种意见占了上风。

### 38. 亚诺什二世国王 II.János（1540—1571）

1540 年 7 月 7 日生于久洛费黑尔瓦尔（Gyulafehérvár）。1540 年 7 月 22 日登基。但没有加冕，在位 31 年。1571 年 3 月 14 日逝世，享年 31 岁。葬于久洛费黑尔瓦尔（Gyulafehérvár）。

父亲：亚诺什一世国王。

母亲：波兰公主伊莎贝拉（Izabella）。

子女：无。

亚诺什·日格蒙德 1540 年 7 月 7 日出生后，土耳其立刻承认他为匈牙利国王。1541 年 9 月 13 日在拉科什（Rákos）召开了国会，国会废除了瓦劳德（Várad）和约，选举亚诺什·日格蒙德为匈牙利国王。这时，裴迪南以伊莎贝拉不遵守瓦劳德条约为理由，开始攻打布达城，但始终没有攻下。1541 年春天派了 3 万大军再次攻打布达城。这时，苏莱曼苏丹派兵去增援亚诺什二世。当苏莱曼本人到达布达时，土耳其的军队已经将裴迪南的部队击退。1541 年 8 月 29 日（莫哈奇战役 15 周年日），苏莱曼将伊莎贝拉王后、小国王亚诺什二世及王室的所有高官请到他的大本营，当面向他们宣布：布达城从现在起属于他了。就这样，土耳其人没有费一点力气，没有开一枪，就把布达城占领了。

苏莱曼苏丹说：在亚诺什国王不到成年人之前布达由土耳其人占领，等到亚诺什二世成年以后再将布达归还给他。还宣布，他将把埃尔代伊送给他的"干儿子"亚诺什，并允许他们将国家的金库和档案等随人运走。匈牙利王室就这样被赶出了布达，他们先在利保（Lippa，今日罗境内的利波瓦 Lipova）落脚，后来又将王室迁到了久洛费黑尔瓦尔（Gyulafehérvár，今罗马尼亚境内的阿尔巴尤利亚）。1551 年前由弗拉泰尔·久尔吉（Fráter György）以摄政王的名义代替国王执政，1551—1559 年由其母亲伊莎贝拉替其执政。

1541 年土耳其占领布达以后，弗拉泰尔·久尔吉已经不把埃尔代伊的独立看作是最终目的了，同时他也不再奉行亲土耳其的政策了。他一直在等待时机，以便把埃尔代伊交给裴迪南。在他的努力下，1549 年，裴迪南同伊莎贝拉王后及其 9 岁的儿子、亚诺什二世签订了尼尔巴托尔（Nyirbátor）条约，条约规定：亚诺什放弃国王称号，亚诺什迁居西里西亚，任奥波莱（Opole，即波兰奥波莱省的首府）和拉齐布日（Raciborz，今位于波兰西里西亚省）的公爵职位。因此，亚诺什及其母亲于 1551 年 8 月 8 日离开了埃尔代伊，并将圣·伊斯特万王冠也移交给了裴迪南。但裴迪南在一年之后才派意大利人卡斯塔尔多（Giovanni Battista Castaldo）率领 7500 军人去埃尔代伊接管政权。这时，弗拉泰尔·久尔吉为了不引起土耳其人的怀疑，还在同土耳其的帕夏们保持着联系。但前来接管的雇佣军将领认为弗拉泰尔·久尔吉设有圈套。因此，裴迪南一方面向罗马教廷请求任命弗拉泰尔·久尔吉为红衣主教，同时又下令将其暗杀，1551年12月16日这位政治家就这样被暗杀了。弗拉泰尔·久尔吉被暗杀后，裴迪南在埃尔代伊的政权就开始动摇了，因为卡斯塔尔多的那7500人的兵力无法保证埃尔代伊的稳定。卡斯塔尔多也认识到了这一点，所以他于1553年3月撤离了埃尔代伊。

这时，埃尔代伊的贵族们痛苦地意识到，哈布斯堡有能力占领埃尔代伊，但没有能力保护埃尔代伊。而苏莱曼苏丹可以允许他的"干儿子"亚诺什二世在给他纳税的情况下在埃尔代伊当国王，但绝对不允许将埃尔代伊划归给哈布斯堡。这时，埃尔代伊的各族贵族们都同意将亚诺什国王及其母亲请回埃尔代伊。就这样，1556年10月22日，亚诺什二世在隆重的欢迎仪式中重新回到了科洛日瓦尔（Kolozsvár，今罗马尼亚境内的克卢日－纳波卡）。

哈布斯堡经常进攻亚诺什二世的东匈牙利王国，因为其兵力有限，所以又经常煽动埃尔代伊的塞凯伊人和撒克逊人来反对亚诺什二世。1562年，塞凯伊人和撒克逊人在哈布斯堡的煽动下起义反对亚诺什二世，被亚诺什残酷地镇压下去了。此后，亚诺什二世剥夺了塞凯伊人的特权，把他们的铁矿、盐矿和炼铁业统统收归国有，除其高层人士外，其他人一律降为农奴待遇。

1565年3月，亚诺什二世的代表同米克绍一世（即马克西米连二世）的代表在绍特马尔（Szatmár）签订和约，和约规定：亚诺什放弃国王称号，只担任埃尔代伊大公，如果身后无子嗣，埃尔代伊归哈布斯堡所有。这个和约激怒了土耳其的苏丹，亚诺什害怕苏丹的报复，立刻宣布和约无效，并表示他本人愿意到土耳其向苏莱曼亲自做解释。但苏莱曼不再相信他了，亲自率兵出征匈牙利。1566年9月6日，苏莱曼苏丹在攻打匈牙利的西盖特瓦尔（Szigetvár）时突然病故。

1570年8月16日，亚诺什二世和裴迪南的继承人米克绍一世（即奥地利的马克西米连二世）签订了什派耶尔（Speyer）和约。和约规定：亚诺什·日格蒙德放弃国王称号，如无子嗣，承认哈布斯堡王朝为其继承者。亚诺什只任埃尔代伊大公。

亚诺什二世于1571年3月14日，在什派耶尔和约批准生效的第四天突然逝世。亚诺什二世逝世后，在原来的"东匈牙利王国"的领土上诞生了独立于匈牙利的埃尔代伊大公国。

# （二）西匈牙利王国（1526—1705）

莫哈奇战役后，奥地利大公、神圣罗马帝国皇帝查理五世的弟弟、玛利亚王后（拉约什二世的遗孀）的哥哥裴迪南根据 1463 年马加什国王同腓特烈签订的和约（详情见马加什国王篇）、1491 年乌拉斯洛国王同米克绍签订的和约（详情见乌拉斯洛国王篇）以及 1515 年哈布斯堡—雅盖隆婚约的条款，也非要继承匈牙利王位不可。1526 年 11 月 17 日，宰相巴托里在波若尼召开国会，选举裴迪南为匈牙利国王并加冕，首都设在波若尼。历史上称其为"西匈牙利王国"，也称为"国王的匈牙利"。但圣·伊斯特万王冠不在他们手里，故也不合法。一年后，裴迪南在战场上大胜萨波姚伊，1527 年 11 月 13 日在塞克什白堡又为裴迪南举行了一次加冕仪式，这次用的是圣·伊斯特万王冠，因为他用重金收买了亚诺什一世的王冠看守人，从而拿到了圣·伊斯特万王冠。

两个国王都有外国支持，法国支持亚诺什一世，神圣罗马帝国皇帝查理五世支持裴迪南。两个国王从 1527 年到 1538 年打了 11 年的内战。

哈布斯堡王朝（奥地利分支）

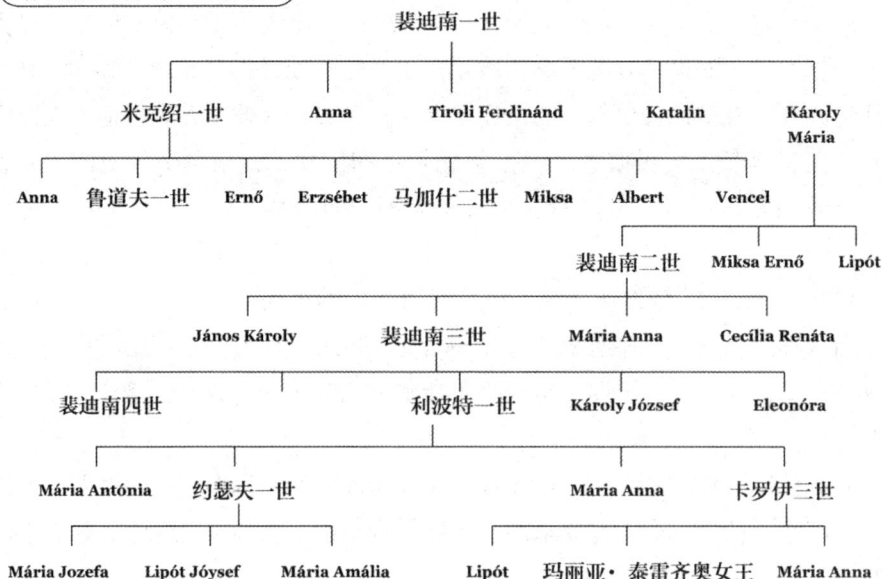

裴迪南一世
├─ 米克绍一世
│   ├─ Anna
│   ├─ 鲁道夫一世
│   ├─ Ernő
│   ├─ Erzsébet
│   ├─ 马加什二世
│   ├─ Miksa
│   ├─ Albert
│   └─ Vencel
├─ Anna
├─ Tiroli Ferdinánd
├─ Katalin
└─ Károly
    └─ Mária
        ├─ 裴迪南二世
        │   ├─ János Károly
        │   ├─ 裴迪南三世
        │   │   ├─ 裴迪南四世
        │   │   ├─ 利波特一世
        │   │   │   ├─ Mária Antónia
        │   │   │   │   ├─ Mária Jozefa
        │   │   │   │   ├─ Lipót Jóysef
        │   │   │   │   └─ Mária Amália
        │   │   │   ├─ 约瑟夫一世
        │   │   │   ├─ Mária Anna
        │   │   │   └─ 卡罗伊三世
        │   │   │       ├─ Lipót
        │   │   │       ├─ 玛丽亚·泰雷齐奥女王
        │   │   │       └─ Mária Anna
        │   │   ├─ Károly József
        │   │   └─ Eleonóra
        │   ├─ Mária Anna
        │   └─ Cecília Renáta
        ├─ Miksa Ernő
        └─ Lipót

## 39. 裴迪南一世国王 I.Ferdinán（1526—1564）

1503 年 3 月 10 日出生，1526 年登基，1527 年 11 月 3 加冕。1564 年 7 月 25 日逝世，葬于布拉格，享年 61 岁，在位 38 年。

父亲：勃艮第（Burgund）王国王子腓力。

母亲：卡斯蒂利亚（Kasztilia）王国的公主约翰娜（Johanna）。

妻子：匈牙利乌拉斯洛二世国王的女儿安娜（Anna）。

子女：3 个儿子，12 个女儿。大女儿伊丽莎白嫁给了波兰国王，长子米克绍（Miksa）当上了匈牙利和捷克的国王及神圣罗马帝国的皇帝。次子裴迪南。三子卡罗伊（他的儿子裴迪南继承了神圣罗马帝国、匈牙利及捷克的王位，即裴迪南二世）。

作为匈牙利和捷克国王的拉约什二世在莫哈奇战役中逝世后，匈牙利和捷克的两个王位空缺。1526 年，捷克贵族选举裴迪南为捷克国王。

在他妹妹、拉约什二世的遗孀玛利亚的推动下，1526 年 12 月 17 日，匈牙利 13 个大贵族在宰相巴托里的主持下于波若尼选举裴迪南为匈牙利国王。随后，裴迪南从银行借了一批款项，招募了一批雇佣军开始攻打匈牙利，很快占领了布达。他用重金收买了亚诺什一世的王冠看守人，拿到了圣·伊斯特万王冠，于 1527 年 11 月 3 日在塞克什白堡正式用圣·伊斯特万王冠加冕为匈牙利国王（这是匈牙利国王在塞克什白堡的最后一次加冕仪式）。在随后的几个月里，他把亚诺什一世赶到了蒂萨河以东地区，在 1528 年甚至把亚诺什一世逼出了匈牙利，使其逃到波兰去避难。不久，亚诺什一世便在波兰的帮助下重返匈牙利。这时，亚诺什为了获得政权，1528 年 1 月 27 日同土耳其苏莱曼苏丹媾和，并签订了条约：苏莱曼苏丹承认亚诺什为匈牙利国王，并答应帮助他把裴迪南从匈牙利赶出去。于 1528 年下半年，在土耳其驻贝尔格莱德的帕夏的帮助下，亚诺什一世从裴迪南手中夺回了蒂萨河以东的大部分领土。1530 年秋，裴迪南率领 10 万大军攻打布达，两个月也没有拿下。

瓦劳德和约：裴迪南在夺取匈牙利政权的过程中遇到很多困难，因为 1529—1532 年土耳其军队曾大举进攻维也纳和奥地利。鉴于这种状况，在他的哥哥神圣罗马帝国皇帝查理五世的催促下，1538 年 2 月 24 日，裴迪南同亚诺什一世签订了瓦劳德和约，和约规定：1）双方同意维持当前的局面，国家的东部归属亚诺什一世，西部归属裴迪南；2）在亚诺什国王逝世后，裴迪南为全匈牙利国王，若亚诺什日后有子，则应由裴迪南册封其为塞派什（Szepes）公爵，并与哈布斯堡家族的公主结婚；3）和约内容暂时对土耳其人保密。

## 匈牙利历代国王 (1000—1918)

焦卢和约：1540 年 7 月亚诺什一世逝世，亚诺什二世登基，但亚诺什一世的遗孀伊莎贝拉王后和她的大臣们仍希望有一个强大而统一的匈牙利，因此，1541 年 12 月 29 日在焦卢（Gyalu）同裴迪南又签订了一个和约，内容同 1538 年瓦劳德和约相同，但附加条款规定，如果裴迪南能把土耳其人赶出匈牙利，亚诺什二世就放弃国王称号。1542 年，根据焦卢和约，裴迪南出 4 万德国雇佣军去攻打布达，但裴迪南失败了。事后裴迪南发表声明说："我认为，帝国从来没有遭到过此般羞耻。"此后，土耳其人在 1543—1545 年的战争中，又先后占领了佩奇（Pécs）、埃斯泰尔戈姆（Esztergom）、陶陶（Tata）、费黑尔瓦尔（Fehérvár）、维谢格拉德（Visegrád）、诺格拉德（Nógrád）和豪特旺（Hatvan）。

1547 年，裴迪南为了在反土耳其问题上争取时间，而苏莱曼为了腾出手去对付波斯，两人签订了为期五年的和约，裴迪南承认了土耳其的占领区，此外，裴迪南每年还要向土耳其交纳 3 万福林的税收（实际上就是向土耳其进贡）。

尼尔巴托尔和约：1549 年，裴迪南同亚诺什二世签订尼尔巴托尔（Nyirbátor）和约，按和约埃尔代伊划归给裴迪南，亚诺什迁居西里西亚，任奥波莱（Opole，今波兰奥波莱省的首府）和拉齐布日（Raciborz，今波兰的拉齐布日）公爵职位。因此，亚诺什和其母亲于 1551 年 8 月 8 日离开了埃尔代伊，并将圣·伊斯特万王冠移交给裴迪南。但裴迪南在一年之后才派意大利人卡斯塔尔多（Giovanni Battista Castaldo）率领 7500 军人去埃尔代伊接管政权。这时，身为埃尔代伊总督的弗拉泰尔·久尔吉（Fráter György）为了不引起土耳其人的怀疑，还在同土耳其的帕夏们保持着联系。但前来接管的雇佣军将领以为弗拉泰尔·久尔吉已经投靠土耳其。因此，裴迪南一方面向罗马教廷请求任命弗拉泰尔·久尔吉为红衣主教，同时又下令将其暗杀。弗拉泰尔·久尔吉被暗杀后，裴迪南在埃尔代伊的政权就开始动摇了，因为卡斯塔尔多的兵力无法保证埃尔代伊的稳定。卡斯塔尔多也认识到了这一点，于 1553 年 3 月埃尔代伊撤离。

这时，埃尔代伊的贵族们痛苦地认识到，哈布斯堡有能力占领埃尔代伊，但没有能力保护埃尔代伊。而苏莱曼苏丹可以允许他的"干儿子"亚诺什二世在给他纳税的情况下在埃尔代伊做国王，但绝对不允许将埃尔代伊划归给哈布斯堡。于是，埃尔代伊的贵族们都同意将亚诺什国王及其母亲请回埃尔代伊。就这样，1556 年 10 月 22 日，亚诺什二世在隆重的欢迎仪式中重新回到了科洛日瓦尔（Kolozsvár，今罗马尼亚境内的克卢日—纳波卡）。

1562 年，裴迪南同土耳其人签订了一个为期 8 年的和约，他将精力主要放在了德国问题上。裴迪南于 1531 年获得了罗马人民国王的称号。按照神圣罗马帝国的章程，谁想当皇帝，谁就需要先获得罗马人民国王的称号。1556年，他的哥哥查理五世退位，他顺利地登上了神圣罗马帝国皇帝的宝座。

1563年9月8日，裴迪南在波若尼将其儿子米克绍加冕为匈牙利国王，费迪南一世于1564年7月25日逝世。

## 40. 米克绍一世国王 I.Miksa Kirá ly（1564—1576）

1527年7月31日出生于维也纳，1563年9月8日在波若尼加冕，1564年7月26日登基，在位12年。1576年10月12日逝世，享年49岁。葬于布拉格。

父亲：裴迪南一世国王。

母亲：波兰公主安娜。

妻子：西班牙公主玛利亚。

子女：共有16个子女。

1563年被选为匈牙利国王，1548—1550年为西班牙的摄政王，1564年被选为捷克国王（1564—1576）和罗马人民的国王（1562—1576），1564年加冕为神圣罗马帝国皇帝。他也曾试图成为波兰国王，但没有成功。

1565年3月，亚诺什二世的代表同米克绍一世的代表在绍特马尔（Szatm á r）签订和约，和约规定：亚诺什二世放弃国王称号，只担任埃尔代伊大公，如果身后无子嗣，埃尔代伊归哈布斯堡所有。这个和约激怒了土耳其的苏丹，亚诺什害怕苏丹的报复，立刻宣布和约无效，并表示他本人愿意到土耳其向苏莱曼苏丹亲自做解释。但苏莱曼苏丹随后率一万大军攻来，1566年9月6日，苏莱曼在攻打匈牙利的西盖特瓦尔（Szigetv á r）时突然病故。

德里纳波伊和约：苏莱曼一世苏丹逝世后，他的儿子塞利姆二世继位，奥斯曼和哈布斯堡都期望和平，因为他们都看到，谁也没有能力把对方赶出匈牙利。1567年夏两国开始谈判，哈布斯堡本想签订10年的和约，但奥斯曼帝国只同意8年，说到时可以再续签。这样于1568年2月17日米克绍国王和塞利姆二世苏丹签订了德里纳波伊（Drin á poly，今土耳其的埃迪尔内）和约，和约主要内容有：米克绍皇帝承认土耳其1552—1556年所占领的匈牙利领土归土耳其所有；双方不再进行扩张自己领土的战争，保证现有边界的安全；双方不攻打埃尔代伊，埃尔代伊也不得攻打哈布斯堡帝国和奥斯曼帝国；米克绍皇帝每年向奥斯曼缴纳3万金福林的税作为礼品。

当哈布斯堡和土耳其两国签订8年和约以后，亚诺什二世也已看清，如果他和哈布斯堡发生战争的话，土耳其人是不会帮助他的。鉴于此，1570年8月16

日，亚诺什二世和米克绍签订了什派耶尔（Speyer）和约。和约规定，亚诺什·日格蒙德放弃国王称号，如无子嗣，则承认哈布斯堡王朝为其继承者。亚诺什·日格蒙德及其后代任埃尔代伊大公。如一方遭到土耳其人攻击，另一方将出军支援。另外，米克绍将自己的堂妹、巴伐利亚的公主玛利亚许配给亚诺什。但合约正式生效后的第四天，亚诺什突然逝世。

1572 年，波兰国王齐格蒙特二世去世，米克绍一世国王前去竞争波兰王位，但波兰贵族们看上并选举埃尔代伊大公巴托里·伊斯特万为波兰国王，米克绍多年的梦想落空了。1576 年 10 月 12 日，米克绍一世在雷根斯堡（Regensburg）帝国议会上突发心脏病逝世。

## 41. 鲁道夫一世国王 I.Rudolf（1572—1608）

1552 年 7 月 18 日出生于维也纳。1572 年 9 月 8 日加冕，1576 年 10 月 12 日登基。1608 年被迫辞去王位，在位 32 年。1612 年 1 月 20 日逝世，享年 60 岁。葬于布拉格。

父亲：米克绍一世国王。

母亲：西班牙公主玛利亚。

妻子：没有正式结婚。但有多位情人，他与一个朝臣的女儿卡塔琳娜·施特拉达（Katharina Strada）有多个非婚孩子。他之所以没有结婚，是因为他算了一卦，卦上说，他将会被儿子赶下皇位。他没有被儿子赶下皇位，却被弟弟夺了权。此外，他还是一个同性恋者。

在他父亲米克绍一世 1576 年去世后，他作为已经加冕的（米克绍于 1572 年在波若尼为他加过冕）国王自动继承了匈牙利王位（1576—1608），同时还继承了神圣罗马帝国的皇位（1576—1612），捷克王位（1576—1611）及奥地利大公（1576—1608）。

鲁道夫从 11 岁起在西班牙他舅舅腓力二世宫廷度过了 8 年时光，受到西班牙宫廷保守思想的影响，鲁道夫性情孤僻，回到宫廷氛围相对宽松的维也纳后，鲁道夫仍保持着保守、神秘和沉默寡言的性格，他喜欢在家消遣，不喜欢出游，甚至不愿意参加日常的国家事务。鲁道夫沉迷于炼金术和占星术，这在当时的文艺复兴时期是社会主流，他的兴趣爱好广泛，包括骑马，收集钟表、珍宝，收藏艺术品等。1583 年，他又将官邸从维也纳迁往布拉格，以远离维也纳喧闹的宫廷生活。鲁道夫执政期间几乎没有可圈可点的政绩，被认为是个庸碌的君主。由于碌碌无为，他经常受到人们的指责，尤其是他一反惯例不愿结婚的做法。因此他也没有合法的继承人。从 1590 年开始鲁道夫陷入了郁郁寡欢的痛苦之中，并且越来越严重。他从 1600 年开始就放弃了大部分的天主教宗教活动，死前也拒绝接受最后一次圣礼。

鲁道夫在当选为一些国家的国王后便告知这些国家的贵族们，他不愿意处理他们的国事，接着把他的亲戚和兄弟们派到这些国家去替他处理国事。他派的大弟弟埃尔诺（Ernö）为匈牙利的摄政王（1553—1595），派最小的弟弟米克绍（Miksa）为克罗地亚和斯洛沃尼亚的摄政王（1518—1618）。

与奥斯曼的十五年战争：十五年战争是哈布斯堡同土耳其在匈牙利领土上进行的一场战争。由于鲁道夫不愿意向奥斯曼帝国妥协，而且顽固地认为他可以通过一次新十字军东征统一所有信奉天主教的国家，1591 年，他开始了一场同土耳其的战争，这场战争一直持续到 1606 年，被称为"十五年战争"（或"奥斯曼战争""漫长的战争"）。

从他开始执政就实行专制制度，剥夺贵族们的权利，从 1562 年到 1608 年他一直不允许匈牙利选举宰相，他任命的副宰相办公地点不在布达佩斯，而在维也纳。他支持宗教的反改革运动，极力阻止新教的发展，因为当时大部分贵族都信奉新教。他发动的十五年战争开支过大。为了弥补财政空缺，他对十几名匈牙利贵族和富商冠以"犯上"和"叛国"的罪名，没收其全部财产，特别是对国王忠贞不移的新教徒大地主伊雷什哈齐·伊斯特万的案件处理激起了很大波澜，再加上鲁道夫的将军巴斯塔在埃尔代伊的胡作非为，在这种形势下，匈牙利爆发了博奇考伊（Bocskai）起义。

1606 年 6 月 23 日，博奇考伊与鲁道夫国王的弟弟马加什签订了"维也纳和约"。和约规定：保证宗教活动自由；恢复并加强等级制宪法；50 年以后可以重新选举宰相；承认匈牙利王室会议；匈牙利大法官行使原来的职务；任命匈牙利人为各大边防城堡长官。维也纳和约还规定，保证埃尔代伊的独立自主。还把哈布斯堡统治下的 7 个州：绍博尔奇（Szabolcs）、绍特马尔（Szatmár）、拜赖格（Bereg）、博尔绍德（Borsod）、奥鲍乌伊（Abaúj）、泽姆普伦（Zemplén）和乌戈乔州（Ugocsa）划归给埃尔代伊。

1606 年 11 月 11 日，鲁道夫国王同奥斯曼苏丹艾哈迈德一世签订了为期 20 年的日特沃河河口（Zsitvatorok）和约，和约规定：交战双方各自保持自己已占领的城堡，这就是说，埃格尔（Eger）考尼绕（Kanizsa）和埃斯泰尔戈姆（Esztergom）划给了土耳其；哈布斯堡向土耳其赔款 20 万福林，此后，哈布斯堡不需每年再向土耳其进贡 3 万福林（从 1547 年起，哈布斯堡每年都需向土耳其以送礼品的形式缴纳 3 万福林的税）。日特沃河河口和约的签订结束了哈布斯堡同奥斯曼土耳其的十五年战争。

从 1606 年起，他的弟弟马加什（在奥地利称马蒂亚斯 Matthias）就开始联合上奥地利、下奥地利和匈牙利的贵族们，准备逼迫他的哥哥鲁道夫让位给他。1608 年 4 月，马加什带领大军来到捷克，硬逼他的哥哥下台。鲁道夫无奈，只好将匈牙利王位和奥地利大公让给了马加什。鲁道夫只保留了捷克王位和神圣罗马帝国皇帝的头衔。

这时，捷克新教派看准了神圣罗马帝国正处在最衰弱的时期，便提出更多宗教自由的要求，鲁道夫在 1609 年签署的文件满足了他们的要求，赋予信奉新教的捷克和西里西亚贵族宗教信仰自由和特权（这一举动成了后来 1618 年开始的30 年战争的导火索）。捷克人的要求得到了满足，但他们却得寸进尺地要求更多自由，鲁道夫只得派兵镇压了。这时，捷克人转而向鲁道夫的弟弟马加什请求帮助。此时马加什看到了夺取捷克王位的大好时机，便将他的哥哥鲁道夫囚禁在布拉格的城堡中，直到 1611 年鲁道夫将捷克的王位也让给了他为止。被弟弟夺去所有实权 9 个月后，鲁道夫于 1612 年 1 月 20 日去世，去世时只剩下神圣罗马帝国皇帝这个空头衔，马加什在 1612 年 6 月 13 日继承了鲁道夫的皇位。

鲁道夫对当时的艺术和科学表现出浓厚的兴趣。他同天文学家第谷·布拉赫及约翰内斯·开普勒联系密切，先后任命他们为皇家天文学家，让他们编制了行星表，后来开普勒在第谷·布拉赫观测资料的基础上，于 1627 年发表了可以用来计算太阳、月亮和行星运动的《鲁道夫行星表》。

鲁道夫是同时代最大的收藏家之一。他的艺术收藏具有传奇色彩，维也纳艺术史博物馆中布勒哲尔的画作大多出自他的收藏，他是风格主义画作的重要收藏者，还对石刻艺术情有独钟，他的石刻收藏在 1648 年布拉格之役中被瑞典人劫夺，如今散落到世界各地。鲁道夫 1602 年下令制作的皇冠在 1804 年被指定为奥地利的皇冠。

鲁道夫经常邀请画家作画，由此形成了"鲁道夫绘画圈"，其中包括汉斯·冯·阿亨（Hans von Aachen）、朱塞佩·阿尔金波尔多（Giuseppe Arcimboldo）、巴托洛莫斯·斯普兰格（Bartholomöus Spranger）和约瑟夫·海因茨（Joseph Heintz）等。同时他也热衷于雕塑艺术。

## 42. 马加什二世 II.Mátyás（1608—1619）

马加什（在奥地利称马蒂亚斯 Matthias）出生于 1557 年 2 月 24 日。1608 年7 月 25 日登基，同年 11 月 16 日加冕，在位 11 年。1619 年 3 月 20 日逝世，享年 62 岁，葬于维也纳。

父亲：前国王米克绍。

母亲：西班牙公主玛利亚。

妻子：哈布斯堡蒂罗尔（Tirol）的公主安娜。

子女：无。

马加什是一个铁了心要当皇帝和国王的人。他的哥哥鲁道夫曾建议他到一个教区当公爵，他坚决不去。1604 年，在他的授意下，波若尼（Pozsony）国会通过了第 XXII 号法律，在法律中国王重申了过去与天主教有关的一切法律和法规，并严禁在国会上谈及宗教事务。马加什想借此来打击新教，实际上没有起到任何作用。

1608 年 7 月 25 日，在波若尼举行的国会上为马加什举办了加冕仪式。匈牙利贵族们在为其加冕过程中为自己捞取了不少的好处，通过了许多限制国王权力的法律，例如，不经过国会的同意，国王不得对外宣战，不得把外国军队开进匈牙利，以立法形式确保了宗教信仰自由，恢复了匈牙利宰相，重申了当年博奇考伊授予豪伊杜的特权，等等。

马加什起初对埃尔代伊奉行友好的政策，1611 年在托考伊同埃尔代伊签订了"永久和平"条约。1614 年他就派福尔加奇（Forgách Zsigmond）进攻埃尔代伊，想把埃尔代伊收归为哈布斯堡王朝所有，但没有成功。1615 年 5 月 6 日被迫在纳吉索博特（Nagyszombat，今斯洛伐克的特尔纳瓦）同拜特兰·加博尔签订和约，承认埃尔代伊有自由选举大公的权力。作为回报，拜特兰则承认埃尔代伊属于匈牙利王冠区，此外，拜特兰还同马加什签订了秘密联盟和互助条约。但马加什很快又看中了德鲁盖特（Drugeth.György），想让他取代拜特兰（Bethlen）大公。1616 年，德鲁盖特率领哈布斯堡的军队进攻埃尔代伊，结果，他们在边界就被打败了。这时，马加什不得不再次承认拜特兰大公在埃尔代伊的统治权。

马加什人生最后几年是在捷克混乱局势中度过的。1618 年 5 月，布拉格发生了第二次"掷出窗外"事件，捷克新教派为了捍卫前国王鲁道夫赋予他们的权利，将两名皇帝的使者扔出窗外，引发了三十年战争（1618—1648）。

马加什 1611 年 54 岁时才结婚，没有子女。1617 年，年老体衰的马加什选定并公布他的侄子裴迪南为皇位和王位的继承人，1618 年 5 月 16 日在波若尼给他举办了加冕仪式。马加什二世国王 1619 年 3 月 20 日逝世。

## 43. 裴迪南二世国王 II.Ferdinad király（1619—1637）

裴迪南出生于 1578 年 7 月 9 日，1618 年 5 月 16 日加冕，1619 年 3 月 20 日登基，在位 18 年。1637 年 2 月 15 日逝世，享年 59 岁，葬于奥地利的格拉茨。此外，他还是捷克国王（1617—1619、1620—1637）和神圣罗马帝国的皇帝（1620—1637）。

父亲：裴迪南一世（1526—1564）的儿子卡罗伊王子。

母亲：巴伐利亚公主玛利亚。

妻子：第一个妻子，巴伐利亚公主玛利亚·安娜。

第二个妻子，意大利曼托瓦（Mantova）伯爵文采一世（l.Vence）的女儿埃利诺拉（Eleonora）公主。

子女：亚诺什（János）、卡罗伊（Károly）、裴迪南（Ferdinánd），玛利亚（Mária）、安娜（Anna）、采利利奥（Celilia Renáta）和利波特（Lipót）。

裴迪南二世是裴迪南一世（1526—1564）的孙子。鲁道夫和马加什国王都没有儿子，因此，马加什于 1617 年指定他的叔伯侄子裴迪南为他的继承人，匈牙利国会于 1618 年 5 月 16 日在非常苛刻的前提条件下选举裴迪南为匈牙利国王，号称裴迪南二世。

30 年战争的爆发：裴迪南二世从小接受了非常严格的天主教耶稣会教育。因此，他是一个狂热的天主教信徒，对新教则采取严厉打压的政策，从而引发了对欧洲历史具有决定性意义的 30 年战争。他登上捷克王位后不久，就撕毁了鲁道夫二世颁布的在捷克准许宗教信仰自由的敕令。他下令禁止布拉格新教徒的宗教活动，拆毁其教堂，并宣布参加新教集会者为暴民。很快他在捷克便受到来自各个社会阶层的反对。1618 年 5 月 23 日，武装群众冲进王宫，把皇帝派来的两位钦差从 7 米高的三层楼窗口抛入壕沟，史称"掷出窗外事件"，它成为 30 年战争的开端。捷克贵族起义了，宣布独立、废黜裴迪南二世。30 年战争（1618—1648）又被称为"宗教战争"。它是哈布斯堡王朝的同盟"天主教联盟"和反哈布斯堡王朝的同盟"新教联盟"两个庞大的强国集团为争夺欧洲霸权而进行的第一次全欧性战争。它是欧洲国家间争夺领土、王位、霸权以及各种政治矛盾和宗教纠纷尖锐化的产物。参加"天主教联盟"的有：西班牙、奥地利、匈牙利、罗马教皇、德意志天主教诸侯、波兰和立陶宛王国。参加新教联盟的有：法国、丹麦、瑞典、荷兰和英国。

拜特兰·加博尔起义：捷克贵族起义后，请求埃尔代伊大公给予支持。埃尔代伊大公拜特兰·加博尔（Bethlen Gábor）起兵支持捷克，拜特兰原以为他可以当选捷克国王，但捷克贵族最后选举普法尔茨选帝侯腓特烈五世为国王。拜特兰认为，30 年战争的爆发为他统一匈牙利提供了良好的机遇。这时，匈牙利的贵族们都站在了拜特兰的一边，因为他们也害怕失去鲁道夫二世颁布的在匈牙利准许宗教信仰自由的权利。1619 年，拜特兰的部队同捷克新教的部队几乎占领了整个"西匈牙利王国"。1620 年 8 月 25 日在土耳其、法国和波兰国王代表在场的情况下，匈牙利国会选举拜特兰为匈牙利国王。在占领波若尼时，拜特兰也得到了圣·伊斯特万王冠。但拜特兰没有给自己加冕，因为他知道自己的地位不稳。无论是哈布斯堡还是奥斯曼帝国都不会让他当匈牙利国王。奥斯曼在信中明确写道："拜特兰·加博尔！如果上帝同意，你就去当加冕的匈牙利国王……但我们永远都不会把埃尔代伊交还给匈牙利，这怎么可能呢，因为埃尔代伊是苏莱曼苏丹的创举，它属于伟大皇帝自己所有。"

当拜特兰被选为匈牙利国王后不久，国际形势就发生了对拜特兰不利的变化。1620 年 11 月 8 日，捷克贵族军队在布拉格附近的白山遭到了哈布斯堡的毁灭性打击。消息传到匈牙利后，拜特兰的阵营迅速瓦解。拜特兰虽然还在战斗，但目的仅仅是为了签订一个对自己更为有利的和约，拜特兰达到了这一目的。1621 年最后一天在摩拉维亚的尼克尔斯堡（Nikolsburg），拜特兰同裴迪南签订和约。和约规定：拜特兰放弃匈牙利王位，把王冠和占领的领土归还给裴迪南；而裴迪南则承认拜特兰为埃尔代伊的大公，并授予帝国王子的称号。裴迪南重申，承认 1606 年维也纳和约中给予匈牙利贵族们的权利，并把和埃尔代伊接壤的 7 个州划归给埃尔代伊等。

1624 年的第二次反哈布斯堡的战争没有取得成果，之后拜特兰开始向哈布斯堡靠近，想联合哈布斯堡共同反抗土耳其，其条件是：哈布斯堡要把整个匈牙利交给他领导，并把哈布斯堡的女大公许配给他为妻。他的建议遭到了裴迪南的拒绝。

在对外政策上，裴迪南努力维持 1606 年同土耳其签订的日特沃河河口和约，维持这个和约对土耳其也有利，因为当时土耳其正在和波斯交战，并多次失利，无暇也无力和哈布斯堡对抗。费迪南二世于 1637 年 2 月 15 日逝世。

## 44. 裴迪南三世国王 III. Ferdinad（1637—1657）

1608 年 7 月 13 日出生于格拉茨。1637 年 2 月 15 日登基，同年 12 月 8 日加冕，在位 20 年。1657 年 4 月 2 日逝世，享年 49 岁，葬于维也纳。

父亲：裴迪南二世国王。

母亲：巴伐利亚公主玛利亚·安娜 。

第一个妻子：西班牙公主玛利亚·安娜。

第二个妻子：蒂罗尔女大公玛利亚·利奥波丁。

第三个妻子：（意大利）曼托瓦伯爵卡罗伊二世的女儿埃莱欧诺拉（Eleonora）公主。

子女：裴迪南、玛利亚、安娜、利波特、卡罗伊、约瑟夫。

1637 年，裴迪南二世逝世后，他顺利地当上了匈牙利和捷克的国王及神圣罗马帝国的皇帝。在 30 年战争中他一直在同法国、瑞士及信奉新教的大公们作战，在 1634 年帝国统帅阿尔布雷赫特·冯·瓦伦斯坦被皇帝指使的军官们杀害后，当时身为奥地利大公的裴迪南被任命为参加 30 年战争的帝国军队名义上的首脑。但是裴迪南在当时的宫廷中属于主和派，他在促成帝国政府与德意志新教诸侯（尤其是萨克森）达成和解方面起了一些作用。裴迪南参与了 1635 年的布拉格和约谈判。

30 年战争的结束：30 年战争始于 1618 年 5 月 23 日的捷克贵族起义，时至 1637 年，战争已经打了 19 年了。 1637 年裴迪南二世去世后，裴迪南三世继承了神圣罗马帝国的皇位。由于整个德意志已经被战争弄得精疲力尽，裴迪南三世急切希望能与最主要的参战国瑞典及其财政上的支持者法国实现和平，即使不得不在宗教问题上作出让步。但他的愿望没能实现，战火继续蹂躏了德国 11 年，1648 年终于签署了结束 30 年战争的威斯特伐里亚（Vesztfália）和约。

和约的主要内容：哈布斯堡皇室承认新教在神圣罗马帝国境内的合法地位，同时新教诸侯和天主教诸侯在帝国内地位平等；神圣罗马帝国国内各诸侯邦国可自行选择官方宗教，臣民不愿改宗教者限期迁出；承认加尔文教派为帝国合法宗教；神圣罗马帝国内各诸侯邦国有外交自主权，但不得对帝国皇帝及皇室宣战；帝国皇帝依然无权决定任何重大问题，如宣战、媾和、课税和征兵等；正式承认联省共和国（荷兰）和瑞士为独立国家；哈布斯堡皇室的部分海外奥地利领地被迫割让给法国、瑞典和部分帝国内的新教诸侯。

威斯特伐里亚和约改变了欧洲政治力量的对比：1）导致奥地利哈布斯堡王朝失去了大量领地，削弱了哈布斯堡王朝的统治，使哈布斯堡王朝陷入中途衰落；2）使德国陷入封建分裂的时代；3）西班牙陆战海战皆败，从此失去了欧洲一等强国的地位；4）法国在此战中获得了阿尔萨斯和洛林以及三个主教区，实力大增，为后来称霸欧洲打下基础；5） 瑞典获得了波罗的海和北海沿岸重要港口，成为北欧强国；6）荷兰独立得到西班牙的正式承认，成为 17 世纪前期的海上霸主。

和埃尔代伊的关系：埃尔代伊的大公拉科齐·久尔吉一世（I.Rákóczi György）1644 年联合法国和瑞士，向哈布斯堡开战，拉科齐一世的军队随即占领了整个匈牙利北部，随后在布尔诺与瑞士部队会合，准备去攻打维也纳。但奥斯曼帝国从他的成功中看到了威胁，因此他的这种举动遭到了奥斯曼的反对和制止。后来，拉科齐一世开始同裴迪南谈判，最后于 1645 年 9 月 16 日在林茨（Linz）签订了林茨和约。和约用了 9 个条款的篇幅确保了贵族、城镇居民及农奴的信仰自由权；还规定，战争期间非法占领和没收的新教教堂要归还新教所有。过去赠送给拜特兰大公的 7 个州归拉科齐终身所有，其本人逝世后要归还给匈牙利王国。但绍博尔奇（Szabolcs）和绍特马尔（Szatmár）两个州除外，这两个州归拉科齐的儿子终身所有。为了给拉科齐补偿，将托考伊（Tokaj）、赖盖茨（Regéc）城堡和陶尔曹尔（Tarcal）市送给了拉科齐一世。拉科齐要解除同法国和瑞典的条约，从匈牙利撤军，不再干涉匈牙利王国的内部事务。1648 年 10 月 11 日，拉科齐·久尔吉一世逝世，根据林茨和约，上述的四个州归还给了裴迪南三世。

裴迪南三世对科学、音乐和艺术的兴趣要比对政治的兴趣高，他自己还会谱写宗教乐谱。他会 7 种语言：德语、拉丁语、西班牙语、意大利语、法语、匈牙利语和捷克语。他没有继承他父亲的宗教狂，为了国家和民族和平安定，他愿意向新教作出让步。裴迪南三世于 1657 年 4 月 2 日在维也纳逝世。

## 45. 裴迪南四世国王 IV. Ferdinand

1633 年出生。1647 年加冕为匈牙利国王，但没有登基。1654 年 7 月 9 日逝世，享年 21 岁。因为他逝世时，他的父亲裴迪南三世还健在。所以，他没有执过政。

## 46. 利波特一世国王 I.Lipót（1657—1705）

出生于 1640 年 6 月 9 日。1657 年 4 月 20 日登基，7 月 27 日加冕，在位 48 年。1705 年 5 月 5 日逝世，葬于维也纳，享年 65 岁。

父亲：裴迪南三世国王。

母亲：西班牙公主玛利亚·安娜。

第一个妻子：西班牙公主马尔吉特·泰雷齐奥（Margit Terézia）。

第二个妻子：蒂罗尔女大公克劳迪亚·菲利西塔什（Claudia Felicitas）。

第三个妻子：埃莱欧诺拉·冯·诺伊堡（Pfalz‑neuburgi Eleonóra，普法尔茨选帝侯小姐）。

子女：三个妻子共生育16个子女。但只成活了5个，11个子女都夭折了。他们是：1）约瑟夫伯爵（József），神圣罗马帝国皇帝、捷克和匈牙利国王；2）玛利亚·伊丽莎白（Mária Erzsébet），神圣罗马帝国皇帝在奥地利属地的看管；3）玛利亚·安娜女伯爵（Mária Anna），嫁给了葡萄牙国王亚诺什五世；4）卡罗伊伯爵（Károly），在约瑟夫之后任神圣罗马帝国皇帝、捷克和匈牙利国王；5）玛利亚女伯爵（Mária），终身未嫁。

利波特是裴迪南三世的第二个儿子，原来想当神父，耶稣会的影响贯穿其终身。只是因为他哥哥裴迪南四世的早逝，才把他推上了皇位和匈牙利王位，1658年当上了捷克国王和神圣罗马帝国皇帝。他在位期间，主要精力都用在了同土耳其和法国的战争上。

凯梅尼大公的悲剧：1661年1月1日，凯梅尼·亚诺什（Kemény János）当选为埃尔代伊的大公。他的前任鲍尔乔伊（Barcsai）过分亲近土耳其，因此，凯梅尼起兵将其赶下台，并将其杀害。凯梅尼是拉科齐二世的人，他坚决反对土耳其的占领，主张匈牙利统一。他当上大公后，宣布埃尔代伊脱离奥斯曼，回归哈布斯堡掌管下的西匈牙利王国。这时，土耳其立即出兵埃尔代伊，哈布斯堡不但不支援凯梅尼，反而同土耳其签订秘密协议：国王利波特不但承认瓦劳德（Várad）归土耳其所有，而且出卖了凯梅尼，居然同意土耳其在埃尔代伊另外选举大公。在土耳其的安排下，奥保菲·米哈伊（Apafi Mihály）当选为大公。被哈布斯堡出卖的凯梅尼不服气，在1662年1月与奥保菲和土耳其军队的一场战争中光荣牺牲。

哈布斯堡同土耳其的战争：战争的起因是，克罗地亚的都督兹里尼（Zriny）1661年开始在穆劳（Mura）河岸修建碉堡（后来称其为兹里尼碉堡），以确保克罗地亚和南奥地利的安全，土耳其人也想在这里建碉堡，两国为此争执不休。1662年，两国曾达成秘密协议，哈布斯堡答应拆除碉堡，但还没有来得及拆，1663年4月奥斯曼就向哈布斯堡宣战了。开始，战事对哈布斯堡很不利。后来，莱茵联盟及法国和波兰也参加了这场战争。1664年6月30日，土耳其人占领了兹里尼碉堡，并于7月7日将其彻底炸毁。1664年8月2日以哈布斯堡为首的十字军以2.5万到3万的军力在森特戈特哈德（Szentgotthád）大胜土耳其，土耳其在战场上损失了2万士兵。这是自1526年莫哈奇战役以来匈牙利第一次与土耳其的大规模交战，而且是以土耳其的失败而告终。当时，整个欧洲为之欢呼。匈牙利人、波兰人、摩尔多瓦人、法国人和莱茵联盟各国的人们都期望着再和土耳其大战一场，都预计奥斯曼垮台的日子快到了。但人们万万没有想到，哈布斯堡却于 1664 年 8 月 10 日同奥斯曼签订了一个对匈牙利和哈布斯堡都十分不利的沃什瓦尔（Vasvár）和约，和约规定：哈布斯堡永远不得再建兹里尼碉堡；哈布斯堡的军队撤出埃尔代伊；奥斯曼也不在埃尔代伊驻军；反土耳其的拉科齐二世和凯梅尼大公的子孙们都不得当统治者；奥保菲继续留任埃尔代伊大公；瓦劳德和这几年土耳其人占领的匈牙利城堡都归土耳其所有。另外，利波特皇帝从此不必再向奥斯曼缴纳税收。

哈布斯堡之所以急于同土耳其签订这个和约，是因为法国是哈布斯堡的敌对国，它害怕法国向它开战，那它将处于两面受敌的局面。另外，法国和莱茵河联盟都参加了这场战争，哈布斯堡害怕一旦打败了土耳其，法国和莱茵河联盟将会继续站在匈牙利的一边，把哈布斯堡赶出匈牙利。

韦谢雷尼的谋反案：利波特国王同土耳其签订了沃什瓦尔和约后，匈牙利的贵族们对哈布斯堡失望了。以宰相韦谢雷尼（Wesselényi）、埃斯泰尔戈姆大主教利保伊（Lippay）、大法官纳道什迪（Nádasdy）和克罗地亚都督兹里尼·彼得为首的贵族们希望建立一个脱离哈布斯堡而独立的匈牙利。此外，前埃尔代伊大公拉科齐·久尔吉二世的儿子拉科齐·费伦茨一世也加入了这一行列。他们起先希望得到哈布斯堡的宿敌法国的帮助，法国同意了，不过很快就变卦了；后希望得到波兰的帮助，波兰也没有响应。1667 年，牵头人韦谢雷尼宰相逝世。新的领导人兹里尼等人把希望寄托在土耳其人身上。他们希望日后的匈牙利大公国同土耳其的关系，就像现在埃尔代伊大公国同土耳其的关系那样，每年向土耳其缴纳一定的税，匈牙利大公国可以自由选举自己的大公。在 1663—1664 年战争中，土耳其人曾经有过这种考虑，但签订沃什瓦尔和约后，土耳其人正在和威尼斯作战，不愿意在此时得罪哈布斯堡。他们的建议被土耳其人拒绝了。但他们不甘心，又在 1667 年夏通过埃尔代伊的大公奥保菲同土耳其联系，奥保菲派使节前往土耳其。但这位使节的翻译通过土耳其的翻译，将他们的计划转告给了维也纳。之后，维也纳装作什么也不知道，对他们展开了秘密调查。关于谋反是如何泄密的，另外一种说法是 1668 年 3 月 23 日，一位维也纳的密探，自称是韦谢雷尼夫人派来的人，前去拜访一位普通贵族博里（Bory），博里将他们的计划都告诉了这位密探。这位密探随后去找兹里尼谈话说，你要是招认了，将会得到饶恕。1669 年 6 月 21 日，兹里尼招认了。这时，大法官纳道什迪也无路可走了，他跑到维也纳，跪在国王利波特面前招认了，并将全部文件都交给了国王。

1670 年，维也纳准备动手抓人时，拉科齐·费伦茨一世突然在东北部发动了起义。兹里尼和弗劳盖潘（Fragepán）等人听到拉科齐起义的消息后很是吃惊，他们为了表示对哈布斯堡的忠诚，立刻前往维也纳，并致函起义者，要他们放下武器。在维也纳，利波特国王还是将他们逮捕了。因为起义既没有得到土耳其的支持，也没有得到埃尔代伊的支持，起义者们不得不放下了武器。

拉科齐·费伦茨一世在他母亲的斡旋下（因为他母亲巴托里·佐菲亚一贯虔诚地支持耶稣会教派），交了 30 万福林的赎金后，国王没有再追究他的责任。兹里尼和弗劳盖潘被判处死刑，全部家产被没收，1671 年 4 月 30 日在维也纳新城被处决，纳道什迪在维也纳被砍头，除他们外还有 13 位被判处死刑和没收全部财产罪。这时，韦谢雷尼和利保伊已经去世。

利波特对匈牙利的报复：韦谢雷尼谋反案平定以后，利波特皇帝认为，匈牙利贵族们失去了他们自己掌管国家的资格，把匈牙利王国贬为以武力征服的失去一切权利的哈布斯堡的一个省份。因此，停止匈牙利国会活动和取消宰相职位长达 20 年之久（从 1662—1681），利波特任命德国条顿骑士团的大师阿姆波林肯·加什帕尔（Johann Caspat Ampringen）为总督，由 4 名奥地利和 4 名匈牙利人组成的委员会协助其工作。他成立了军事法庭和追查异教徒法庭。新教的教堂被关闭，许多有民族感情且富有的匈牙利大贵族被推上军事法庭，没收他们的全部财产，有的还被处死。普通百姓要缴纳各种苛捐杂税，税收从之前的 4—5 福林提高到 100—120 福林。1674 年波若尼法庭就审判了 700 名新教的传教士和 300 名所谓的"叛国犯"，他们均被判处死刑和没收全部财产（那些愿意皈依天主教的可以获得自由）。另有 42 人，他们既不怕坐牢，也不屈服对他们的折磨，被送到海上去当划船的奴隶。1672 年，哈布斯堡以边界城堡不可靠为理由，把这些城堡的大约一万一千军人全部解雇。被解雇的军人和全国害怕受迫害的人们，纷纷逃到埃尔代伊。这些出逃的人起初自称"逃亡者"，后来连同那里的农奴，统称他们为"库鲁茨"（Kuruc）。

特克伊·伊姆雷起义：聚集在埃尔代伊的"库鲁茨"很快就开始了反对哈布斯堡的活动，他们得到了埃尔代伊大公和法国的支持，但由于缺乏有力的领导人，一直没有起色。1678 年，特克伊（Thököly Imre）当选为库鲁茨的领袖，在他的领导下，一场反对哈布斯堡专制统治、争取独立的战争开始了。他们很快就占领了匈牙利北部山区和那里的煤矿城市、1682 年，特克伊同拉科齐·费伦茨一世的遗孀兹里尼·伊洛瑙（Zrinyi Ilona）喜结良缘。兹里尼·伊洛瑙拥有大量财富，这样一来，拉科齐家族的巨额财产给独立战争提供了不可或缺的资助。特克伊本来希望得到西方，尤其是法国更多的支持，但法国令他失望了，他只有依靠土耳其了。特克伊同土耳其结成联盟，很快就攻占了考绍（Kassa，今斯洛伐克的科希策）和菲莱克（Fülek）等地。1682 年 9 月，土耳其苏丹通过其驻布达的帕夏转交给他一封信，声称如果他愿意每年向土耳其上交 4 万泰勒（Taller）银元税的话，就册封他为中部匈牙利大公，特克伊欣然同意了。这样一来，匈牙利由一分为三变成一分为四了。但土耳其 1683 年 9 月在维也纳吃了大败仗，已无力顾及特克伊的独立战争了。另外，城堡州的贵族们和城市市民对特克伊的军事专制和迫害新教的做法很不满，当哈布斯堡开始反击土耳其时，他的库鲁茨战士们纷纷离开他，参加了哈布斯堡反对土耳其的战斗。这时，土耳其人认为特克伊已经失去了利用的价值，1685 年夏天把他抓了起来，短命的匈牙利中部大公国就结束了。土耳其很快就发现，他们犯了错误，所以又把特克伊释放了，但没有恢复其原职。从 1688 年 1 月起，他的夫人兹里尼·伊洛瑙坚守蒙卡奇（Munkács，今乌克兰的穆卡切沃）城堡三年后，才把城堡交给了国王利波特，自己独自到土耳其占领区度日。1690 年 9 月，埃尔代伊大公奥保菲逝世，特克伊武力占领了埃尔代伊，并被选为大公，但 2 个月后他就被赶出埃尔代伊，起义宣告失败。

1681 年的肖普朗国会：国王利波特一世不得不承认，他在匈牙利实行的长达 8 年的专制统治失败了。故此，1681 年在肖普朗（Sopron）召开了被停止运转长达 20 年之久的国会，取消了执政府，恢复了宰相的职务，恢复了匈牙利宪法和宗教信仰自由，决定重新修建被拆除的新教教堂等。

维也纳之战：奥斯曼帝国的 13 万军队于 1683 年 7 月 14 日开始围困维也纳，两个月都没有拿下维也纳，其中决定性的一战发生于 9 月 12 日，波兰国王约翰三世率领的由波兰—奥地利和德意志组成的 7 万名联军在维也纳森林附近，经过 8 个小时的激战彻底打败了大维齐尔卡拉·穆斯塔法·芭莎率领的奥斯曼军队。这场战役维持了哈布斯堡王朝在中欧的霸权，阻止了奥斯曼攻入欧洲的行动。这场战役是中欧的多个王国与奥斯曼持续 300 年战争以来的一次转折点。利波特皇帝（国王）显然对这次胜利无甚贡献，因为，他在维也纳被围的前夕便已逃离了维也纳，先去林茨后又逃跑到德国巴伐利亚州的帕绍（passau），理由是儿子年幼，他必须保住哈布斯堡血统的存续。

布达获得解放：在维也纳大战获得胜利之后便开始了解放匈牙利的战争。当时罗马教皇英诺森十一世是一个把反对土耳其当作头等大事的教皇，他是一个既有能力，也有把相互对立的天主教国家联合起来的外交家。在他的努力下，1684 年成立了由哈布斯堡、威尼斯和波兰组成的反土耳其神圣联盟，同时在三个战场上对奥斯曼帝国发起进攻。后来，沙俄也加入了这一联盟。与此同时，在教皇的斡旋下，哈布斯堡同他的西方仇敌法国签订了和约，这样一来，利波特皇帝就可以把主要军力集中在匈牙利了。

## 匈牙利历代国王 (1000—1918)

维也纳大捷之后，哈布斯堡的军队在当年夏天就开始攻打布达，哈布斯堡损失了2万军人也没能拿下布达城堡。反土耳其神圣联盟和哈布斯堡的军队于1683年解放了埃斯泰尔戈姆，1684年解放了维谢格拉德和瓦茨，1685年解放了奥劳德。1686年6月18日，再次开始攻打布达城堡，9月2日终于把城堡从土耳其手中夺回。匈牙利首都布达的解放是一个巨大的道义上的胜利，当时整个欧洲都在为布达的解放举办弥撒、放烟火或以狂欢的形式庆祝这一重大事件。1687年8月12日，联军在纳吉豪尔沙尼（Nagyharsány）又取得一场大胜仗。1687年解放了埃格尔（Eger），1688年解放了塞克什白堡（Székesfehérváry）和贝尔格莱德。

这时，法国国王路易十四认为，联军在匈牙利的系列胜利，大大增长了哈布斯堡皇帝利波特的威望和势力。1688年，在哈布斯堡和法国为期20年的和约刚刚签订4年之后，法国就背信弃义地向哈布斯堡开战了。哈布斯堡不得不在两个战场上同时作战，而且不得不把主要兵力放在法国战场上。因此，匈牙利付出了巨大的代价，彻底解放匈牙利的战争延迟了十年。

1687年的波若尼国会：在1687年11月7日的国会上，匈牙利的贵族们通过了今后匈牙利的王位由哈布斯堡王朝奥地利家族的男性子嗣来继承的法律。这就是说，利波特国王逝世后，匈牙利的王位由他的儿子约瑟夫或卡罗伊来继承，日后约瑟夫及卡罗伊逝世后再由他们的儿子来继承，只有当他们的子孙都无后时，匈牙利的贵族们才有自己选举国王的权利。53年后，匈牙利贵族们终于等到了这一天，卡罗伊三世国王1740年10月20无男嗣而亡，但匈牙利的贵族们又失掉了这一次机会，他们妥协了，同意由他的女儿来继承匈牙利王位。

在1687年的国会上还通过一条法律——匈牙利的贵族们为了感谢和报答哈布斯堡为解放布达所作出的牺牲，"自愿"放弃了1222年黄金诏书中授予他们的对国王的"反抗权"。这样一来，从1687年起，匈牙利贵族们就永远失去了他们的"自由选举国王"和对国王的"反抗权"。这就是为什么一直到第一次世界大战结束前，匈牙利国王一直都是奥地利哈布斯堡家族人统治的原因所在。

匈牙利获得解放：布达获得解放以后，法国突然在莱茵河向哈布斯堡发起进攻，哈布斯堡处于两面受敌的局面。这时，土耳其利用哈布斯堡同法国交战的时机，重新组建了军队，1690年开始反攻，重新占领了贝尔格莱德，又暂时在巴尔干半岛站住了脚跟。

反土耳其神圣联盟的军队于1689年进入巴尔干半岛。1691年8月19日，联军的3.3万战士和土耳其的5万名战士在塞尔维亚的斯兰卡曼（Slankamen）开战，土耳其损失了包括首相柯普律吕·穆斯塔法在内的2.5万名士兵和120名高级将领；联军牺牲了 7000 名战士，损失了 3 名将军和几百名军官。联军没有取得胜利，因为军队中发生了传染病，夺走了 3000 名士兵的生命。

1697 年，苏丹穆斯塔法二世亲自率领 10 万大军进攻匈牙利。这时，正值哈布斯堡和法国和好，哈布斯堡从西线战场调回了一批部队来加强东线防御。土耳其有 10 多万战士，多半为鞑靼人骑兵，武器精良。联军有 4 万多名战士，60—70 门大炮。时任奥军总司令的绍沃姚伊·耶诺（弗朗索瓦－欧根 Eugen von Savoyen）1697 年 9 月 11 日在增塔（Zenta，今塞尔维亚的森塔 Senta）对正在渡蒂萨河的土耳其军队发起了出其不意的进攻，奥军获得大胜，歼灭土耳其 3 万军人。苏丹穆斯塔法二世在河的对面目睹了土耳其军人惨遭杀戮的局面。增塔战役彻底摧毁了土耳其军队的反抗能力。而联军只牺牲了 699 名战士，1934 名战士受伤。穆斯塔法二世苏丹已经认识到：伟大的苏莱曼时代已经结束。因此，开始和神圣同盟谈判，1699 年 1 月 26 日在考尔洛曹（Karl 6 ca），也称卡洛维茨（今塞尔维亚的斯雷姆斯·卡尔洛夫奇）签订和约。因此，许多史书也称《考尔洛曹和约》为《卡尔洛夫奇和约》。根据和约哈布斯堡得到了除泰迈什科兹（Temesköz，今罗马尼亚蒂米什瓦拉地区）以外的整个匈牙利、克罗地亚及埃尔代伊。波兰、威尼斯及俄罗斯都得到了一些领土。至此，匈牙利结束了一个半世纪被土耳其占领的状态。

西班牙王位继承战：1700 年，西班牙国王卡洛斯二世去世，西班牙的哈布斯堡王朝宣告结束；卡洛斯把王位传给了他的外甥、法国路易十四的孙子安茹公爵菲利普。由于西班牙与奥地利王室的近亲关系，西班牙的外交政策通常是亲奥地利的，此时的路易十四决心在西班牙建立一个亲法的政权。利波特一世为支持其子卡罗伊竞争西班牙王位，对法国发动了西班牙王位继承战（1701—1714）。

拉科齐的自由斗争：1699 年 1 月签订的《考尔洛曹和约》使匈牙利从土耳其的占领（1526—1699）下彻底解放了。但维也纳朝廷把土耳其占领的地方不是作为应归还给匈牙利的领土，而是当作它新获得的战利品，把整个州的土地随意分封给有功将领和提供雇佣军的人。而匈牙利贵族却只能在出示地产证书，并缴纳地产 10% 的"武器赏金"之后，才能从"战利品分配委员会"得到自己原来的地产，由于多年的战乱，很多贵族的证件都已丢失；在新解放的地方，不去恢复过去的城堡州，而是由朝廷派的驻扎官来管理；朝廷取消了匈牙利财政部，解散了匈牙利军团，遣返了边防城堡的战士。利波特国王也不召开国会，完全用下达命令的方式来管理。

过重的赋税和专制统治引发匈牙利 1697 年在托考伊地区的一场农民起义。被逼得走投无路的农民和当年的边防战士在彼得—帕尔集市日，以突然袭击的方式占领了两座城堡。因为这次起义是一次孤立的行动，最终宣告失败。这次起义后，维也纳的政策仍没有改变，人们的不满情绪还在日益增长，逃亡的农民愈来愈多。当 1703 年拉科齐·费伦茨二世挺身而出时，就爆发了一场遍及全国的自由斗争。

拉科齐·费伦茨（Rákóczi Ferenc）二世是埃尔代伊大公拉科齐·费伦茨一世（1652—1676）的儿子，兹里尼的外孙。他在 1685—1688 年同他的母亲兹里尼·伊洛瑙一起在蒙卡奇城堡抵抗哈布斯堡的攻打达三年之久。当他母亲撤离城堡，独自到土耳其度日后，12 岁的他由朝廷监护，维也纳将他送到捷克一所耶稣会学校，希望这位拥有一百多万公顷土地的匈牙利的第一富人远离政治，将来去做一名僧侣。1692 年，他摆脱了朝廷的监护，移居维也纳，1694 年结婚，婚后移居匈牙利。1697 年，农民起义军曾请他出山，被他拒绝了。他为了避嫌，去了维也纳。农民起义被镇压后，他看到了朝廷对农民的残酷报复，看到了农民特别是农奴的苦难生活，再加上贝尔切尼·米克洛什伯爵的劝告，最终促使他走上了他祖先的道路。

起初，拉科齐效仿父亲和外祖父的做法，采取秘密谋反的办法。1700 年，他秘密地同法国路易十四取得联系，后因法国同他联络的人出卖了他，他于 1701 年 4 月他被关进维也纳新城的监狱。1701 年 11 月 7 日在他夫人和监狱看管的帮助下，成功越狱，逃到波兰，这时他已下定决心为自由而献身。但法国和波兰都不能向他提供足够的援助。这时，埃赛·托马什（Esze Tamás）告诉他，农民已做好了起义的准备，只要有人亮出旗帜，发出号召，那些"没有首领的人群就会变为军队"，拉科齐从他派往匈牙利回来的使者那里也听到了同样的报告，于是他接受了农民军领袖的要求。1703 年 5 月 6 日，他向起义军送去标有"上帝保佑我们为祖国和自由而战"字样的大旗，并号召"一切贵族和非贵族，一切真正的匈牙利人"拿起武器。5 月 21 日正式起义，月底就占领了蒂萨平原。拉科齐 6 月 15 日越过维列茨凯（Verecke）山隘，踏上匈牙利国土并在边界接见了由埃赛·托马什率领的库鲁茨起义军，当时，总共只有 200 支枪和 50 匹马。开始，只有农民和与农民相差无几的"小贵族"站到拉科齐的旗帜下，由猪倌、牛倌、剃头师和裁缝等充当军官。大贵族们则以敌视的态度看待他们的行动。但是，当拉科齐越过喀尔巴阡山来到匈牙利国土时，自由斗争就如火如荼地发展壮大起来了，库鲁茨军队迅速扩大。拉科齐许诺："谁拿起武器为把贫穷的匈牙利民族从枷锁下解放出来而战斗，谁就可以免除一切徭役和赋税。"现在双重希望展现在农民面前：既可以从占领军的残酷压迫下获得自由，又可以摆脱地主加在他们身上的沉重负担。于是，他们"没有枪，就用刀剑、铁叉和镰刀当作武器"。起义军强渡蒂萨河，从德布勒森直到瓦劳德整个蒂萨河以东地区都处在拉科齐的控制之下。农民军迅速取得的成功也把各州的一些贵族，甚至一部分大贵族吸引到起义军阵营来了。但教会的头目们始终顽固地与农民军对立。

从 1703 年年底到 1704 年年初，从各方面看，对农民军都很有利。西班牙的王位之战（1701—1714）完全把哈布斯堡拖住了。哈布斯堡与法国路易十四为争夺西班牙王位进行着势不两立的斗争。1703 年，索特马尔州的州督卡罗伊·山多尔和维也纳军队的上校博詹·亚诺什（Bottyán János）都加入了自由斗争的行列。在奥法战争最初的几年里，法军取得重大胜利。这时由贝尔切尼率领的 25000 名匈牙利和斯洛伐克的起义者攻打到瓦格和摩拉维亚河岸时，维也纳政权的崩溃似乎是指日可待。1704 年年初，除几个比较强大的城堡外，整个国家已经控制在拉科齐的库鲁茨军队手中。

1704 年 6 月 6 日，拉科齐被选为埃尔代伊大公，但拉科齐并没有回到埃尔代伊，他把整个匈牙利的统一视为首要任务。1704 年夏天，拉科齐速战速决的希望落空了。因为哈布斯堡王朝在巴伐利亚的霍希太德附近打败了法国人，获得了一次决定性胜利。哈布斯堡从西方战场调动一些军力来对付拉科齐。

1705 年 5 月 5 日，利波特国王逝世，他的儿子约瑟夫一世继位。

# （三）埃尔代伊大公国（1570—1690）

埃尔代伊大公国是一个在奥斯曼土耳其帝国控制之下的相对独立的国家，不属于匈牙利王国的版图。但匈牙利王国和奥斯曼土耳其都把埃尔代伊视为自己的势力范围和属地。因此，埃尔代伊与哈布斯堡王朝、奥斯曼土耳其帝国的关系时好时坏，战事时有发生。为了使大家对埃尔代伊这个特殊的国土有个基本的了解，特把埃尔代伊大公国作为一个章节来介绍。

埃尔代伊直到 1571 年 3 月 14 日亚诺什二世逝世，一直都是匈牙利王国领土的一部分。1526 年以前，其首领不叫"伊什潘"（州督），而称总督（Vajda），总督由匈牙利国王任命。1526—1571 年，埃尔代伊是"东匈牙利王国"的领土。

1570 年，亚诺什二世同米克绍签订了什派耶尔和约，和约规定：亚诺什二世放弃国王称号，如无子嗣，则承认哈布斯堡王朝为其继承者。亚诺什·日格蒙德及其后代任埃尔代伊大公。如一方遭到土耳其人攻击，另一方将出军队支援。另外，米克绍将自己的堂妹，巴伐利亚的公主玛利亚许配给亚诺什。但和约正式生效后的第四天，亚诺什二世大公突然逝世。

亚诺什二世大公逝世后，哈布斯堡决定任命信奉唯一神教的贝凯什（Békés

Gáspár）为总督，而土耳其也选定了自己的人选。在这种情况下，埃尔代伊的贵族们于 1571 年 5 月 25 日在久洛费黑尔瓦尔（Gyulafehérvár）召开国会，国会一致同意选举巴托里（Báthory István）为埃尔代伊大公。这时，巴托里秘密地以埃尔代伊总督的身份向米克绍国王表示，要效忠于哈布斯堡王朝。哈布斯堡当时既无力占领埃尔代伊，也无力再与土耳其开战，只好接受现实，承认巴托里为大公。土耳其后来公布的任命名单也是巴托里。对土耳其来说，只要埃尔代伊不落入哈布斯堡手中，他们就满意了。所以，土耳其 1572 年也承认了巴托里为埃尔代伊大公国的大公。

埃尔代伊大公国作为一个缓冲国，显然不可能有完全的独立。哈布斯堡王朝和土耳其都把埃尔代伊视为自己的属地，因此，埃尔代伊的对外活动受到双重限制。土耳其朝廷始终如一地对埃尔代伊行使着作为上级当局的权力。每当埃尔代伊选出大公，土耳其苏丹便发给证书以及饰有羽毛的金色高筒皮帽、骏马及土耳其式长袍，以示批准。同时，大公也必须向苏丹缴纳税金。在对内政策上享有自由决定权，平时境内也不驻扎土耳其军队。这表明埃尔代伊享有相对的独立。

大公是经国会自由选举的，但必须得到土耳其的批准，国会由三个民族——匈牙利、塞凯伊（Székely）和撒克逊（Szász）的代表组成。大公是军队、外交和国家财政的最高领导，国会也由他召开。另外，埃尔代伊有四个教派：天主教、新教、路德教和唯一神教派。因此，埃尔代伊是一个充满矛盾的多种民族、多种语言和多种宗教的国度。

埃尔代伊大公国从 1570 年到 1690 年共存在了 120 年。在这 120 年期间共有 18 位大公当政，18 位大公中有 17 位是匈牙利人，其中只有韦泰兹·米哈伊（Vitéz Mihály）是瓦拉几亚公国（Havasalföld）人。18 位大公中有 5 人属于正常死亡；4 人死于战场或战场受伤后死亡；5 位被迫辞职。18 人中 8 人当政时间不到 2 年。埃尔代伊也是大贵族们的天下，例如，巴托里（Báthory）家族中出了 4 位大公，而拉科齐（Rákóczi）家族出了 5 位大公。

巴托里·伊斯特万大公（Báthory István, 1571—1576）：1533 年 9 月 27 日出生于埃尔代伊的肖姆约（Somlyo）。他出生后不久，父亲就去世了。他是由埃斯特尔戈姆大主教瓦尔道伊（Várdai Pál）抚养大的。1540 年在维也纳宫廷服务，他是一个虔诚的天主教徒。1556 年巴托里回到埃尔代伊后在亚诺什二世的宫廷工作，1599 年被任命为瓦劳德（Várad）的城防司令，1563—1565 年作为亚诺什二世国王的使节常驻维也纳。1571 年 5 月 25 日，埃尔代伊的等级议会一致选举他为埃尔代伊的大公。这时，巴托里立刻向土耳其缴纳了一万福林的年税，与此同时，秘密地在匈牙利国王面前宣誓并许诺将在适当的时机把埃尔代伊交给匈牙利。土耳其和哈布斯堡都承认了他。但 1573 年米克绍国王唆使贝凯什（Békés Gáspár）对埃尔代伊发起了进攻，巴托里打败了贝凯什的进攻，没收了他的城堡，俘虏了他的家眷，贝凯什本人则逃到了匈牙利。贝凯什仍不甘心，一方面在匈牙利重新招兵买马，在埃尔代伊则唆使塞凯伊人和撒克逊人起来反对巴托里。这时，米克绍和巴托里都在竞争波兰王位，为了击败对方，米克绍国王更是全力支持贝凯什。而巴托里则得到了土耳其人的支持。1575 年 7 月 8 日，巴托里彻底击败了贝凯什的进攻，贝凯什战败后逃到波兰去避难。巴托里在战场上立刻处决了 7 名为贝凯什而战的大贵族。一个月以后，经国会同意，又处决了 43 人。这场胜仗，既增强了埃尔代伊的独立性，又增加了巴托里竞争波兰国王的可能性。1576 年初，波兰国会选举巴托里为波兰国王，5 月 1 日在克拉科夫加冕。这时，他任命他的哥哥克里什托夫（Báthory Kristóf）为埃尔代伊总督，但重要事务仍由他拍板。1579—1581 年，巴托里率领波兰军队三次进攻俄罗斯，把俄罗斯侵占的波兰领土都收回了。1581 年，他的哥哥克里什托夫病逝，这时巴托里仍任埃尔代伊大公，而议会选举克里什托夫 9 岁的儿子日格蒙德为总督，对此土耳其也认可了。巴托里的远景规划是，要成立波兰、匈牙利和埃尔代伊国家联盟，以此来遏制哈布斯堡和奥斯曼，但他的规划没能实现。1586 年 12 月 12 日，他突然逝世了。他的遗体被安葬在克拉科夫瓦维尔主教座堂地下室。

巴托里·日格蒙德总督（Báthory Zsigmond，1588—1599）：1581 年克里什托夫病逝，由他 9 岁儿子日格蒙德继位总督，并由他的大伯巴托里当监护人。土耳其和哈布斯堡都承认了他的合法性。1588 年，日格蒙德年满 16 岁，正式开始行使大公职权。

1591 年爆发了土耳其与哈布斯堡在匈牙利领土上的 15 年战争，大规模的战争从 1593 年开始。这时土耳其和哈布斯堡都拉拢日格蒙德加入自己的阵营，埃尔代伊的贵族们害怕土耳其，要求维持与土耳其友好的关系。在 1594 年 5 月的国会上两派矛盾大爆发，争执不下，日格蒙德一气之下于 1594 年 7 月末将埃尔代伊的大权交给了他的侄子巴托里·博尔迪扎尔（Báthory Boldizsár），这是他第一次辞职。没过多久，即 8 月 8 日他又回来掌权，并对主张与土耳其友好的反对派大开杀戒，连他的侄子巴托里·博尔迪扎尔也没有放过。1594 年在他的大伯——波兰国王巴托里和耶稣会的建议下，断绝了和土耳其的关系，1595 年 1 月 28 日加入了领导反土耳其的联盟。根据他和鲁道夫皇帝签订的条约，哈布斯堡承认埃尔代伊完全独立，并规定，如果埃尔代伊完全被土耳其占领的话，哈布斯堡将把西里西亚的奥波莱（Opole）和劳齐布日（Ratibor）划归给日格蒙德私人所有，并授予他帝国伯爵的称号，还把哈布斯堡卡罗伊大公的女儿玛利亚·克里斯蒂娜许配给他，当年 8 月 6 日完婚。

日格蒙德于 1595 年从土耳其那里收回了利波瓦（Lipova）和耶诺（Jenö）两座城市，10 月 28 日还打败了土耳其大维齐尔率领的部队。但 1596 年 10 月 26 日，埃尔代伊和匈牙利联军在迈泽凯莱斯泰什（Mezökeresztes）吃了大败仗。这时，日格蒙德认为已无力抵御土耳其的报复，1597 年辞去大公职务（这是第二次辞职），把埃尔代伊归还给了匈牙利鲁道夫国王，他自己到布拉格去了。这时，哈布斯堡派特使到埃尔代伊去执政。随后，日格蒙德又后悔了，1598 年 8 月 20 日以军事政变的手段又夺回了埃尔代伊大公的职位。然后开始奉行反哈布斯堡的政策，理由是，他认为哈布斯堡无能力保护埃尔代伊，并把哈布斯堡派来的特使打入大牢。埃尔代伊的贵族们再次选他为大公，但哈布斯堡拒绝承认他。这时，博奇考伊·伊斯特万（Bocskai István）出面同哈布斯堡谈判，为他说情，谈判还没有结束，他于 1599 年 3 月 30 日，把大公职位让给了一直生活在波兰并当上了红衣主教的侄子巴托里·安德拉什（Báthory András），这是第三次辞职。安德拉什想改善同土耳其的关系，这又引起了哈布斯堡的不满。当时，埃尔代伊的邻国——瓦拉几亚公国同哈布斯堡关系很好，不愿意看到一个同土耳其友好的邻居。在哈布斯堡的支持下，瓦拉几亚公国总督韦泰兹·米哈伊（Vitéz Mihály）联合埃尔代伊的塞凯伊人向埃尔代伊开战。1599 年 10 月 18 日，瓦拉几亚和塞凯伊的联军打败了安德拉什的部队，安德拉什大公在逃跑的途中被杀死。1599 年 11 月 26 日，韦泰兹·米哈伊（Vitéz Mihály）当选为埃尔代伊的大公，他是塞凯伊族人（Székely）。米哈伊当选为大公后，拒绝承认哈布斯堡的宗主权，并进军征服了摩尔达维亚。这时，哈布斯堡皇帝命令将军鲍什陶（Basta）进军埃尔代伊，1600 年，哈布斯堡的军队打败了米哈伊。此时，日格蒙德又回到了埃尔代伊。为了对付日格蒙德，鲍什陶将军又联合韦泰兹·米哈伊，1601 年打败了日格蒙德的军队。这时，韦泰兹·米哈伊对哈布斯堡来说已经没有利用价值了，被哈布斯堡派人于 8 月 9 日杀害。1601 年 2 月 4 日，日格蒙德再次夺回大公职位，当年 8 月 3 日被哈布斯堡及瓦拉几亚公国的联军击败，1602 年 7 月日格蒙德第四次辞职并永久地离开了埃尔代伊。他的盲目和不坚定的政策几乎把埃尔代伊给搞垮了。从 1602 年起由哈布斯堡王朝任命的摄政王、大元帅鲍施陶·久尔吉（Basta György）掌管埃尔代伊，1603 年塞凯伊·莫泽什（Székely Mozes）当选为埃尔代伊的大公。

塞凯伊·莫泽什大公（1603 年 5—7 月）：他曾经跟随巴托里到波兰，并率领军队出征俄罗斯，回国后效忠于日格蒙德大公，被提升为大贵族。1602 年，他起兵反对摄政王、大元帅鲍什陶·久尔吉的专政统治，得到过土耳其人的帮助，1603 年 5 月 8 日当上了大公，随后把哈布斯堡的军队赶出了埃尔代伊。这时塞凯伊人联合瓦拉几亚总督起兵反对他，7 月 17 日在布拉索夫（Brassó）附近的战役中被塞凯伊和瓦拉几亚公国的联军所打败，塞凯伊牺牲在战场上，敌军将他的人头割下献给了瓦拉几亚总督。

## 博奇考伊·伊斯特万大公 Bocskai István（1605—1606）

博奇考伊曾是日格蒙德大公的近臣，1592 年起任瓦劳德（Várad）的城防司令，1595 年他代表日格蒙德大公同匈牙利鲁道夫国王签订了加入反土耳其联盟的条约。1595 年 10 月 28 日，他率领的埃尔代伊和匈牙利联军打败了土耳其大维齐尔率领的部队。1602 年，博奇考伊抗议哈布斯堡的将军鲍什陶（Basta）在埃尔代伊实行专制统治，为此，哈布斯堡将其带到布拉格关闭了两年，出狱后他对哈布斯堡失望了，回到自己在比豪尔的领地，远离政治。后来，一些生活在土耳其占领区反对哈布斯堡的贵族们劝他加入反哈布斯堡的战斗中来，并说可以得到土耳其的支持，他们的来往信件被考绍（Kassa，今斯洛伐克的科希策）城堡司令贝尔基尤肖（Belgiojoso）截获，他早就想迫害博奇考伊，机会终于来了，他首先没收了博奇考伊的全部财产。在这紧要关头博奇考伊把豪伊杜军队的司令内迈蒂（Németi Balázs）和利保伊（Lippai Balázs）争取过来了。于是，他率领豪伊杜军队于 1604 年 10 月 14 日黎明时分在阿尔莫什德（Álmosd）和比豪尔迪欧塞格（Bihardiószeg）地区与哈布斯堡部队的战斗中取得了决定性的胜利。这样，由博奇考伊领导的反对外来统治的自由战争和反对在埃尔代伊强迫推行天主教的起义（当时埃尔代伊信奉新教）就拉开了序幕。

后来城市居民、普通贵族和部分大贵族们也都支持和参与了这场争取自由的战争。博奇考伊的势力迅速扩张，不到两周，从瓦劳德到考绍，全被博奇考伊所控制。1605 年 4 月 17 日在塞林茨（Szerinc）召开的国会上，博奇考伊被选举为没有被土耳其占领的匈牙利地区和埃尔代伊的大公。这时，土耳其苏丹给博奇考伊送来了国王的王冠。博奇考伊被迫同土耳其结盟，因为他不可能与两位皇帝抗衡。他认为这是必要的，也是暂时的。他还清楚地看到，单靠土耳其也不可能达到废黜哈布斯堡匈牙利王位的目的。因此，他决定与哈布斯堡进行谈判。谈判进行得异常艰难，但现实环境还是迫使双方达成了一致。这样，1606 年 6 月 23 日，博奇考伊与鲁道夫国王的弟弟马加什签订了《维也纳和约》。维也纳和约除保证埃尔代伊的独立自主外，还把哈布斯堡统治下的 7 个州绍博尔奇（Szabolcs）、绍特马尔（Szatmár）、拜赖格（Bereg）、博尔绍德（Borsod）、奥鲍乌伊（Abaúj）、泽姆普伦（Zemplén）和乌戈乔（Ugocsa）划归给埃尔代伊。

## 巴托里·加博尔大公 Báthori Gábor（1608—1613）

博奇考伊于 1606 年 12 月 29 日逝世，在他的遗嘱中指定德鲁盖特·巴林特（Drugeth Bálint）为接班人。但在国会的选举中，时为埃尔代伊全权摄政的拉科齐·日格蒙德（Rákoczi Zsigmond）击败了德鲁盖特·巴林特，当选为埃尔代伊大公。这时，不光德鲁盖特·巴林特不服，而且年轻有为的巴托里·加博尔也提出了要当大公的要求。德鲁盖特·巴林特由于自己过于靠近土耳其而不得人心，主动退出了竞争。而巴托里不但有哈布斯堡的支持，还得到了匈牙利及埃尔代伊的大贵族们和埃斯泰尔戈姆大主教的支持。年迈的拉科齐看到，如果他和巴托里开战，巴托里有匈牙利和哈布斯堡的支持，而他只有土耳其支持，而且土耳其还不大信任他，权衡利弊后，他决定把大公这个职位卖给巴托里——他要求巴托里把他抵押出去的大批地产给他赎回来。他的要求得到满足后于 1608 年 3 月 5 日正式辞去大公职务，3 月 7 日巴托里·加博尔正式被选举为埃尔代伊大公。不久，巴托里大公正式任命德鲁盖特·巴林特为上匈牙利司令官。

巴托里当政以后，由于实行暴力统治，激怒了埃尔代伊的贵族们；由于取消了萨克森人的自治权和强行占领了皇帝的自由市和他们的首都锡比乌（Nagyszeben），激怒了撒克逊的平民。他任意挥霍财产，随意提拔他喜欢的人，放肆施舍，频繁许诺，几年之内就把埃尔代伊的经济搞到了破产的边沿。他道德败坏、生活糜烂，从大贵族的贵妇人，国务委员会主席伊姆雷菲·亚诺什（Imrefi János）的夫人，埃尔代伊最富有的大贵族科尔尼什·博尔迪扎尔伯爵（Kornis Bordizsár）的夫人，到普通平民的媳妇他都强奸，更有甚者，他居然还把他的亲妹妹也强奸了。他的所作所为，导致众叛亲离，很快就成了孤家寡人。1610 年，以科尔尼什伯爵为首的一批人企图暗杀他，巴托里事先得知了他们的计划，科尔尼什伯爵被捕后遭到杀害，其他人则逃到国外。1610 年 11 月，他发动了侵略瓦拉几亚公国的战争，废黜了瓦拉几亚的总督劳杜尔（Radul），自己当上了瓦拉几亚的总督，接着又去攻打摩尔多瓦。1611 年 7 月 8 日，摩尔多瓦的军队和布拉索夫萨克森人的军队在布拉索夫（Brassó）打败了巴托里的部队。

巴托里在攻打瓦拉几亚和摩尔多瓦的同时，曾写信给土耳其苏丹，说他是为了土耳其的利益才这样做的。土耳其也不同意他的举动，并举兵把他赶出瓦拉几亚。1612 年 12 月 24 日，巴托里同匈牙利马加什二世国王签订和约，巴托里承诺在哈布斯堡同土耳其发生战争时，埃尔代伊必须支持哈布斯堡。这时，土耳其决定要废掉巴托里，扶持拜特兰·加博尔担任埃尔代伊大公。1613 年 10 月 21 日，泰迈什瓦尔（Temesvár）的帕夏在科洛日瓦尔（Kolozsvár）召开国会，会上罢免了巴托里，并选举拜特兰·加博尔为大公。这时，为了保住自己的地位，巴托里愿意把瓦劳德（Várad）市送给土耳其。但豪伊杜军人在 10 月 27 日将他杀死。

## 拜特兰·加博尔大公 Bethlen Gábor（1613—1629）

拜特兰是塞凯伊人，其祖父参加过莫哈奇战役，其父在巴托里家族供职。他本人曾为博奇考伊和巴托里大公效力。拜特兰虽然不认同巴托里·加博尔大公的生活方式和政策，但还是一直为他效劳。1661 年，巴托里·加博尔开始向哈布斯堡靠近，并集结军队准备攻打土耳其，这时，拜特兰将这一动向报告给了土耳其驻泰迈什瓦尔（Temesvár，今罗马尼亚的蒂米什瓦拉）的帕夏，他们的来往信件也被巴托里截获。1612 年 9 月巴托里准备将其处死，拜特兰见事不妙，立刻逃到泰迈什瓦尔并彻底与巴托里决裂，开始为自己当大公做准备工作。1613 年 2 月，拜特兰去了土耳其首都德里纳波伊（Drinápoly，今土耳其的埃迪尔内），在他的支持者们的帮助下，艾哈迈德一世苏丹接见了他。因为苏丹也知道巴托里·加博尔同哈布斯堡皇帝马加什签订了和约，和约规定，在哈布斯堡同土耳其发生战争时，埃尔代伊要支持哈布斯堡（从前，埃尔代伊同哈布斯堡的和约都回避了这一点），另外，苏丹也从埃尔代伊收到许多对巴托里不满的意见。鉴于此，苏丹决定让拜特兰接替巴托里。1613 年 4 月，土耳其大维齐尔在国务会议上已经称呼拜特兰为埃尔代伊的大公了。5 月 1 日拜特兰正式接到了土耳其的任命。1613 年 10 月 21 日，泰迈什瓦尔的帕夏在科洛日瓦尔（Kolozsvár）召开国会，会上罢免了巴托里，23 日选举拜特兰·加博尔为埃尔代伊的大公。

拜特兰在位期间是埃尔代伊的鼎盛时期。他上任伊始，为了确保埃尔代伊的独立，奉行既反对土耳其，也反对哈布斯堡的政策。后来发现这样不妥，为了改善同土耳其的关系，1616 年将利帕（Lippa，今罗马尼亚的利波瓦 Lipova）城堡拱手送给了土耳其，这样才得到了土耳其的继续支持。

哈布斯堡王朝则极力反对拜特兰。起初，公开骂他背信弃义，亲土耳其，背叛天主教，但毫无效果。1614 年，马加什二世请求奥地利国会拨款，以便声讨拜特兰。但 1615 年，马加什国王突然同拜特兰签订和约，承认埃尔代伊有选举大公的权力，而拜特兰则承认，埃尔代伊是匈牙利王冠下的一部分，并同马加什签订了秘密的联盟和互助条约。后来，马加什国王再次起兵反对拜特兰，马加什看中了德鲁盖特（Drugeth.György），想让他取代拜特兰。1616 年，德鲁盖特率领哈布斯堡的军队进攻埃尔代伊，结果，他们在边界就被打败了。这时，马加什不得不再次宣布承认埃尔代伊有选举大公的权力，再次承认拜特兰在埃尔代伊的统治权。

1618 年 5 月 22 日，在布拉格发生了"掷出窗外"事件（把两位皇帝派来的特使从 7 米高的三层楼的窗户扔了下去），该事件成为捷克贵族起义和整个 30 年战争的开端。捷克贵族武装起义并宣布废黜斐迪南二世。这时捷克贵族向埃尔代伊大公拜特兰（Bethlen Gábor）求援（拜特兰原以为可以当选捷克国王，但捷克贵族选举了普法尔茨选帝侯腓特烈五世为国王）。拜特兰认为，30 年战争的爆发为他统一匈牙利提供了良好的机遇，这时，匈牙利的贵族们都站在了拜特兰的一边，因为他们也害怕失去鲁道夫二世颁布的在匈牙利准许宗教信仰自由的权利。1619 年，拜特兰的部队同捷克新教的部队几乎占领了整个"西匈牙利王国"，当部队就要攻打维也纳时，霍蒙瑙伊（Homonnai György）率领的军队从波兰向拜特兰的部队发起攻击，拜特兰不得不后退。1620 年 8 月 25 日在土耳其、法国和波兰国王代表在场的情况下，匈牙利国会选举拜特兰为匈牙利国王。在占领波若尼时，拜特兰还得到了王冠。但拜特兰没有给自己加冕，因为他知道自己的地位不稳。无论是哈布斯堡还是奥斯曼帝国都不会让他当匈牙利国王。奥斯曼在信中明确写道："拜特兰·加博尔！如果上帝同意，你就当加冕的匈牙利国王……但我们永远都不会把埃尔代伊交还给匈牙利，这怎么可能呢，因为埃尔代伊是苏莱曼（Szuliman）苏丹的创举，它属于伟大皇帝自己所有。"

当拜特兰被选为匈牙利国王后不久，国际形势发生了对拜特兰不利的变化。1620 年 11 月 8 日，捷克贵族军队在布拉格附近的白山遭到了哈布斯堡毁灭性的打击。消息传到匈牙利后，拜特兰的阵营迅速瓦解。拜特兰还在战斗，但此时的目的仅仅是为了签订一个对自己更为有利的和约，虽然拜特兰达到了这一目的。1621 年最后一天在摩拉维亚的米库洛夫（Mikulov，德语称其为 Nikolsburg），拜特兰同匈牙利国王裴迪南签订和约。和约规定：拜特兰放弃匈牙利王位，把王冠和占领的领土归还裴迪南；裴迪南国王承认拜特兰为埃尔代伊的大公，并授予帝国王子的称号，裴迪南重申承认 1606 年维也纳和约中给予匈牙利贵族们的权利，并把和埃尔代伊接壤的 7 个州划归给埃尔代伊等。

后来，拜特兰又向裴迪南二世提出共同抵抗土耳其的建议，其条件是，要把匈牙利的王位让给他并娶奥地利女大公为妻，遭到裴迪南国王的拒绝。在他的和平统一祖国的希望破灭后，又企图在东西欧国家中建立广泛的反对哈布斯堡的联盟。为了巩固同新教国家的关系，他1626年3月1日娶了渤兰登堡（Brandenburg）选帝侯的女儿考陶林（Katalin）为妻，还加入新教国家的威斯敏斯特（Westminster）联盟，同年还把华伦斯坦率领的裴迪南的军队赶出了匈牙利。因为没有及时得到外国的援助，拜特兰不得不同裴迪南二世国王签订波若尼和约，和约重申了先前条约的内容。他的下一个计划是，联合瑞典和俄罗斯获得波兰的王位，但他于1629年11月15日突然逝世。

## 拉科齐·久尔吉一世 I.Rákoczi György（1630—1648）

拉科齐·久尔吉是拉科齐·日格蒙德大公的儿子（详见巴托里·加博尔大公章节）。1605年，他的父亲把他送到博奇考伊大公的宫廷，他在那里结识了巴托里·加博尔和拜特兰·加博尔。1615年任鲍尔绍德州的伊什潘（州督），之后又任欧诺迪（Ónodi）城堡司令。1616年4月18日同罗兰特菲（Lorántffy Zsuzsanna）结婚，从而得到了沙罗什保陶基（Sárospataki）的地产，后来这份地产成了他最主要的地产之一。1619年投奔拜特兰大公，从此一直忠心耿耿地为拜特兰服务。

根据拜特兰的遗嘱，埃尔代伊国会选举他的夫人考陶林为大公，因为她是德国人，又是一个女人，国会对她不大放心，故又任命拜特兰的弟弟拜特兰·伊斯特万为摄政。不久，国会罢免了考陶林，1630年9月28日正式选举拜特兰·伊斯特万为大公。这时，以拜特兰·伊斯特万大公的儿子为首的一批人极力推荐前大公拜特兰的战将拉科齐为大公，他们的建议也得到了土耳其驻布达的帕夏的支持。在这种形势下，拜特兰·伊斯特万于当年12月1日辞去大公职务，国会于当天选举拉科齐·久尔吉为大公。

匈牙利的宰相埃斯泰尔哈齐（Eszterházy Miklós）不同意拉科齐当埃尔代伊大公，竟然不顾裴迪南二世国王的反对，出兵埃尔代伊。结果被拉科齐的军队打败了。1636年，拜特兰·伊斯特万反悔，要求恢复他的大公职务，他的要求还得到了土耳其的支持，于是在土耳其军队的帮助下开始进攻埃尔代伊，结果拉科齐的军队在绍隆坦（Szalontán）打败了土耳其的军队。最后，土耳其驻布达的帕夏同拉科齐签订了和约，土耳其承认拉科齐为埃尔代伊大公，而拉科齐则承诺不再骚扰拜特兰。这场战争提高了拉科齐的威望，但泰迈什瓦尔（Temesvár）的帕夏丢掉了姓名，布达的帕夏则丢掉了职务。在埃尔代伊120年的历史中，拉科齐是唯一一个敢同土耳其作战，并打败了土耳其的大公，最后还保住了大公的位置。

在 30 年战争期间，拉科齐一直都小心行事。在眼看哈布斯堡就要失败的时候，1644 年，拉科齐一世大公联合法国和瑞士，向哈布斯堡开战，拉科齐的军队随即占领了整个北部匈牙利，随后在布尔诺与瑞士部队会合，准备去攻打维也纳，但奥斯曼帝国在他的成功中看到了威胁，因此他的这种举动遭到了奥斯曼的反对和制止。后来，拉科齐开始同裴迪南三世国王谈判。最后，1645 年 9 月 16 日在林茨签订林茨和约：和约用了 9 个条款的篇幅确保了贵族、城镇居民及农奴的信仰自由权。还规定，战争期间非法占领和没收的新教的教堂要归还新教所有。过去赠送给拜特兰大公的 7 个州，归拉科齐终身所有，本人逝世后要归还给匈牙利王国。但绍博尔奇（Szabolcs）和绍特马尔（Szatmár）两个州除外，这两个州归拉科齐的儿子终身所有。为了给拉科齐补偿，裴迪南三世将托考伊（Tokaj）、赖盖茨（Regéc）城堡和陶尔曹尔市（Tarcal）送给了拉科齐一世。

拉科齐一世于 1648 年 10 月 11 日逝世，他的儿子拉科齐二世被选为埃尔代伊大公。

## 拉科齐·久尔吉二世 II.Rákóczi György（1648—1657）

他是拉科齐一世的儿子，他父亲还健在时，1642 年 2 月 3 日国会就选举他为大公。1644 年在他父亲同裴迪南三世作战时，他任埃尔代伊的摄政王。1648 年 10 月 11 日登基就任大公。他非常崇拜巴托里·伊斯特万，并很早就梦想当波兰国王。1649 年拉科齐同乌克兰扎波罗哥萨克酋长国结盟，1653 年征服了摩尔多瓦和瓦拉几亚公国。1655 年，瑞典和波兰开战，差不多所有的邻国都反对瑞典入侵波兰，在这种形势下，瑞典国王卡罗伊九世急需埃尔代伊的援助。1656 年，瑞典的一个高级代表团来到埃尔代伊的首府久洛费耶尔瓦尔（Gyulafejervár，今罗马尼亚的阿尔巴尤利亚 Aba lulia），代表团向拉科齐二世大公许诺，如果他出兵帮助瑞典的话，打败波兰后他就可以当波兰国王。拉科齐为了当一个大国的国王失去了理智，不顾他母亲的反对，也不听他的顾问们让他采取中立的建议，更不顾奥斯曼土耳其的坚决反对，擅自在哥萨克酋长国和罗马尼亚大公的支持下，1657 年 1 月向波兰进军，很快就占领了克拉科夫，随后同瑞典军队会合。这时，瑞典本土受到丹麦的攻击，瑞典把大部分军队撤回国内。接着，拉科齐占领了华沙，由于瑞典军队突然撤退，拉科齐在维斯杜拉河附近吃了大败仗，被迫同波兰签订了耻辱性的和约，然后开始撤离波兰。波兰人又把他和他的军队送入鞑靼人的埋伏区，7 月 31 日拉科齐的军队全部当了鞑靼人的俘虏（只有拉科齐率领的几百名骑兵脱险回到埃尔代伊），鞑靼人把他们关押在克里米亚岛上。后来，拉科齐花了大量赎金才把他们赎了出来。期间，鞑靼人和土耳其的军队闯入埃尔代伊，横扫了整个在半个世纪的安静环境下富强起来的国家。埃尔代伊的贵族们在奥斯曼的压力下于 10 月 25 日罢免了拉科齐的大公职务，选举雷代伊·费伦茨（Rédei Ferenc）为大公。拉科齐又逼迫雷代伊 1658 年 1 月 9 日下台，国会 14 日再次选举拉科齐为大公，但奥斯曼帝国不认可，在奥斯曼的命令下，贵族们在 10 月 11 日的国会上选举鲍尔乔伊·阿科什（Barcsai Ákos）为新大公。拉科齐仍然坚持自己是大公，在 11 月举行的国会上，两个大公的支持者们进行了激烈的争吵。拉科齐于 1659 年 3 月 30 日宣布辞职，8 月份再次起兵反对鲍尔乔伊，在 9 月 24 日的国会上拉科齐再次当选为大公。土耳其驻布达的帕夏多次打败拉科齐，但土耳其军队撤走后，他马上就发起进攻。1660 年 5 月 22 日，土耳其驻布达的帕夏出兵将拉科齐彻底打败，拉科齐因在战争中头部受伤于 6 月 7 日逝世。拉科齐在这场战争中表现得非常英勇，根据记载，他砍死了 17 名土耳其士兵、砍倒了 5 匹马，他的 150 名护卫最后只剩下 20 名。随后，土耳其人开始攻打瓦劳德（Várad），匈牙利贵族们向维也纳求救，维也纳见死不救，守城的战士们在坚守 45 天后被敌军攻下。这样一来，具有重大战略意义的瓦劳德城堡也落入了土耳其手中。

## 凯梅尼·亚诺什大公 Kemény János（1660—1662）

凯梅尼出生于 1607 年，先后为拜特兰·伊斯特万和拉科齐一世效劳，从 1630 年起任费耶尔州伊斯潘（州督），1644 年任攻打哈布斯堡的埃尔代伊军队司令。在拉科齐二世时任大公的首席顾问，在 1653 年和 1657 年攻打摩尔多瓦和瓦拉几亚时任军队最高统帅。在对波兰的战争中，他也当了俘虏，1659 年 8 月以高额赎金才把他赎了出来。拉科齐二世逝世后他才步入政坛。他反对过度亲土耳其的鲍尔乔伊，他认为只有依靠哈布斯堡才能确保埃尔代伊的独立。1661 年 1 月 1 日，鲍尔乔伊辞去大公职务，国会选举凯梅尼为大公。他当上大公后，宣布埃尔代伊脱离奥斯曼，回归哈布斯堡掌管下的匈牙利王国。这时，土耳其不但不承认他为大公，而且立即出兵埃尔代伊，凯梅尼请求匈牙利利波特国王的支援，他本人也逃到匈牙利王国去了，哈布斯堡不但不支援凯梅尼，反而同土耳其签订秘密协议：利波特国王不但承认瓦劳德（Várad）归土耳其所有，而且还出卖了凯梅尼，居然同意土耳其在埃尔代伊另外选举大公。在土耳其的安排下，奥保菲·米哈伊（Apafi Mihály）当选为大公。被哈布斯堡出卖的凯梅尼不服气，1662 年 1 月 23 日，凯梅尼在和土耳其军队的一场战争中从战马上摔下，被乱军踩踏致死。

## 奥保菲·米哈伊一世大公 I.Apafi Mihaly（1661—1690）

　　奥保菲出生于 1632 年，1650—1653 年在拉科齐二世的宫廷服务，他也参加了征服摩尔多瓦、瓦拉几亚及攻打波兰的战争，他也被鞑靼人俘虏，而且在克里米亚岛当了三年俘虏，他的家族支付巨款才在 1660 年 11 月把他赎回国。由于国内政治形势混乱，他回到自己的家乡等待时机。时机很快就来了，由于国内的普遍不满，鲍尔乔伊·阿科什辞去了大公职务，刚刚选出的凯梅尼大公土耳其不承认，凯梅尼废除同土耳其的条约，请求哈布斯堡给予保护。土耳其一方面出兵惩罚凯梅尼，同时在土耳其的安排下，1661 年 9 月 5 日国会选举奥保菲·米哈伊（Apafi Mihály）为大公。

　　奥保菲是在土耳其的帮助下获得大公头衔的，也只有在土耳其的支持下才能巩固政权。对哈布斯堡来说，30 年战争刚刚结束，国力还没有恢复，而且又不得不时刻提防法国的进攻，因此，哈布斯堡不会进攻埃尔代伊。奥保菲认为，他的主要任务是确保埃尔代伊的相对独立。1664 年 8 月 2 日以哈布斯堡为首的十字军以 2.5 万到 3 万的军力在森特戈特哈德战胜土耳其后，奥保菲决定参加以哈布斯堡为首的反土耳其的十字军，但哈布斯堡 1664 年 8 月 10 日同土耳其签订的沃什瓦尔（Vasvár）和约（详见利波特一世国王篇）在欧洲和匈牙利引起了强烈不满，也令奥保菲十分失望。他发现，无论是哈布斯堡还是土耳其都没有把埃尔代伊的利益放在眼里（根据和约，土耳其人占领了原属埃尔代伊的瓦劳德（Várad），哈布斯堡占领了原属埃尔代伊的绍博尔奇州（Szabolcs）和绍特马尔州（Szatmár）。这时，奥保菲不得不根据新的形势调整其对外政策。奥保菲参与了韦谢雷尼的谋反（详见利波特一世国王篇），失败后利波特进行残酷的报复，这时，奥保菲接纳了许多到埃尔代伊避难的匈牙利贵族。此举得罪了土耳其，土耳其想让拉科齐二世取代他，但拉科齐于 1676 年逝世，他才侥幸保住了大公的宝座。随后，奥保菲于 1677 年同哈布斯堡的敌人法国国王路易十四签订了反哈布斯堡的协定，但特克伊·伊姆雷（Thököly Imre）不太支持他，因为他知道，法国和哈布斯堡签订奈梅亨（Nijmegen）条约后，法国已经对"东线"战场、对埃尔代伊的支持不感兴趣了。为此，奥保菲同特克伊在 1681 年彻底决裂了，因为特克伊一心只管壮大自己的力量，后来干脆既不承认奥保菲，也不支持奥保菲的儿子继承大公。最后，特克伊投靠了土耳其，并以每年向土耳其缴纳 4 万金币的条件，从土耳其手中购买了"中部匈牙利王国"国王的称号。1684 年在教皇英诺森十一世的号召下，成立了由哈布斯堡、波兰和威尼斯参加的反对土耳其的"神圣同盟"，奥保菲想依靠波兰等国的支持保持埃尔代伊的独立，待战争结束后，依靠新教国家的支持，完成祖国的统一大业。但这不符合哈布斯堡的利益，1686年布达从土耳其统治下解放后，利波特皇帝决定要尽快占领埃尔代伊，因为埃尔代伊是哈布斯堡重要的补充阵地。1687年8月12日，神圣同盟的军队在纳吉豪尔沙尼（Nagyhars á ny）获得巨大胜利，不久利波特皇帝（国王）派神圣同盟军的最高统帅安莱尼奥·高劳福（Antonio Caraffa）和洛林公爵卡罗伊率军占领了埃尔代伊。1688年5月27日，奥保菲被迫与安莱尼奥·高劳福（Antonio Caraffa）签订了鲍拉日福尔夫（Bal á zsfalv，今罗马尼亚的Blaj）条约，条约规定，从此埃尔代伊划归给哈布斯堡，奥保菲将由维也纳供养并付给他7万莱茵福林作为补偿，接着又逼迫埃尔代伊国会通过决议，宣布埃尔代伊脱离土耳其。1688年8月，奥保菲的夫人逝世，随后奥保菲患上严重的精神忧郁症。后来在一次打猎中着了凉，1690年4月15日去世。

## 奥保菲·米哈伊二世大公 II.Apafi Mihaly（1690—1696）

在他的父亲还健在时，1681年6月10日国会就选举他为大公，附加条件是，要等到年满20周岁时才可以登基。他父亲逝世时他才14岁。这时利波特国王（皇帝）任命摄政王替他执政。1690年12月5日利波特（国王）皇帝颁布了《利波特诏书》，诏书宣布：1）埃尔代伊是一个独立于匈牙利和哈布斯堡的单独的地区，它每年要给维也纳缴纳5万福林的税；2）在埃尔代伊由国会选举总督，总督需经皇帝批准（1691年国会选举班菲·久尔吉为总督）；3）保证埃尔代伊四个宗教的信仰自由权，国会迄今为止的各种规章制度不变；4）帝国驻埃尔代伊的军队不得干涉国家的行政事务；5）国家的公务员要从埃尔代伊人中挑选；6）过去赠送给各级官员的采邑不变等。这一诏书在埃尔代伊实行了150年。奥保菲二世1701年被迫辞去大公职务，他没有掌握过一天权力。1713年2月1日逝世，享年36岁。随着他的去世，存在120年的埃尔代伊大公国也完成了它的使命。

# 六、哈布斯堡王朝（1699—1918）

1686年9月2日，匈牙利首都布达获得解放。1697年9月11日，反土耳其神圣联盟的军队在增塔（Zenta）战役中歼灭土耳其3万军人。增塔战役彻底摧毁了土耳其军队的反抗能力。穆斯塔法二世苏丹已经认识到：伟大的苏莱曼时代已经结束。因此，开始和神圣同盟（哈布斯堡、波兰、立陶宛、威尼斯和俄罗斯）在克罗地亚的卡尔洛夫奇进行谈判，并于1699年1月26日签订了卡尔洛夫奇（Karlowitz）和约，匈牙利称为考尔洛曹（Karlóca）和约。

根据和约，哈布斯堡得到了除泰迈什科兹（Temesköz）地区以外的整个匈牙利、克罗地亚及埃尔代伊（波兰、威尼斯和俄罗斯也得到了一些领土）。从此结束了土耳其对匈牙利一个半世纪的占领。虽然埃尔代伊没有直接回到匈牙利王国的版图，而是作为哈布斯堡的一个独立省，但匈牙利王国和埃尔代伊都由哈布斯堡统治。因此，把匈牙利从1699年到1918年的历史阶段称作哈布斯堡王朝。

## 47. 约瑟夫一世国王 I.József,（1705—1711）

1678年7月26日出生。1687年12月9日加冕，1705年5月5日登基。1711年4月17日逝世，享年33岁。在位6年，葬于维也纳。神圣罗马帝国皇帝（1705—1711）、匈牙利和捷克国王。

父亲：利波特一世国王。

母亲：埃利诺拉·冯·诺伊堡（普法尔茨选帝侯小姐）。

妻子：不伦瑞克—吕讷堡公爵的女儿威廉敏娜·埃米丽。

子女：玛利亚·约泽福（Mária jozefa，奥地利女大公），利波特·约瑟夫（Lipót József，奥地利大公），玛利亚·奥玛利奥（Mária Amália，奥地利女大公）。

约瑟夫一世是一个很有天赋的人，他没有接受耶稣会的教育，但他的夫人是耶稣会的信徒。在当时来说，他是一个比较开明和人道的统治者。他想对神圣罗马帝国进行改革，由于阻力太大及他在位时间太短，没有成功。他削弱了耶稣会的势力和影响，减轻了农奴的负担。但他是一个享乐主义者，同许多女子有染，给宫廷造成很坏的影响。

他继续进行其父与法国在1701年爆发的西班牙王位继承战，他的将军欧根亲王及马尔博罗公爵分别在意大利、德国和尼德兰打败了法国国王路易十四的军队。

拉科齐·费伦茨的自由斗争（续）：1705 年 5 月 5 日，约瑟夫继任匈牙利国王，登基后试图通过谈判扑灭自由斗争。1705 年 9 月 20 日，拉科齐·费伦茨二世在塞切尼召开了国会，起义者依照波兰的做法，成立了等级联盟。国会上推举拉科齐为匈牙利总大公，设立了由 25 人组成的参议院为决策机构，还建立了解决当时极端困难的经济委员会，同时商讨决定了与哈布斯堡王朝讲和的条件，要求加强匈牙利等级议会的权力，恢复自由选举国王制度，恢复贵族有同国王对抗的权利，还要求哈布斯堡的盟国英国和荷兰予以保证，并要求哈布斯堡确认拉科齐对埃尔代伊的统治权。10 月 27 日，在纳吉桑博特（Nagyszombat，今斯洛伐克的特尔纳伐）的谈判中哈布斯堡虽然作了大量的许诺，但却坚决反对由英国和荷兰作担保，并拒绝允许埃尔代伊以任何形式的独立。

谈判没有取得成功，战火重起。哈布斯堡投入了更多的兵力。1705 年 11 月 11 日，拉科齐在埃尔代伊的日博（Zsibó，罗马尼亚的 Jibuo）吃了败仗，不得不撤出埃尔代伊。这时埃尔代伊的国会罢免了他的大公职务，1706 年，他又获得了大公的职务，但 1707 年哈布斯堡占领了整个埃尔代伊。随后又占领了考绍（今斯洛伐克的科希策）和布达。这时，拉科齐的军队被逼退到了起义开始的地方——蒂萨河平原。

1707 年 5 月 1 日，在政治和经济上日益困难的条件下，在欧诺德（Ónod）召开了国会，国会宣布剥夺哈布斯堡家族的匈牙利王位。当时代表们对维也纳非常仇恨，甚至把主张和维也纳妥协的图罗茨（Turóc）州的代表们处死。代表们高呼：约瑟夫皇帝不是我们的国王！

当时，拉科齐领导的自由斗争正在寻找可以结盟的国家。法国的路易十四从一开始就给了大量的援助，并派来许多高级军官。但这位"太阳王"始终不愿意同拉科齐公开结盟，他的理由是，他不能同一个主权国家的反叛者公开结盟。瑞典人也拒绝同拉科齐结盟，而彼得大帝却建议匈牙利同俄罗斯国建立联盟，并于 1707 年在华沙签订了盟约。但彼得大帝先是被瑞典人，后又被土耳其人牵制住了。这时，法国人几乎不再和哈布斯堡作战了。这样，哈布斯堡就有可能向匈牙利投入更多的兵力。

这时，匈牙利的内部困难也越来越多。贵族又加强了对农奴的盘剥，致使他们对作战失去了兴趣，因为他们一无所获。他们认为，假如我们将来还是当奴隶，那我们现在打仗干什么呢？当时，共同反对哈布斯堡的信念把贵族和农奴带到了一个阵营里，但他们之间不可调和的阶级利益几年之内就把这个联盟破坏了。这时，拉科齐发行的铜币也遭到灾难性的贬值。商人们只认"白钱"（银币），而战士们口袋里只有铜币。

1708 年 8 月 3 日，拉科齐装备良好的军队在特伦钦（Trencsén，今斯洛伐克西部的 Trencin）附近不幸遭到了致命的打击。战争由拉科齐亲自指挥，不幸的是，他的战马摔在战壕里，马脖子被折断，拉科齐被摔昏迷，当时战士们以为他死了，因此，战场大乱，导致惨败。此时，贵族阶层里愈来愈多的人叛变投敌，要求同哈布斯堡媾和的呼声越发高涨，教皇还对拉科齐的追随者发出了诅咒。更可怕的是，一场使数十万人丧生的鼠疫也在军队中蔓延开来。

就是在这种情况下，拉科齐也没有绝望，他寄希望于俄罗斯彼得大帝。1711 年 2 月 11 日，拉科齐前往华沙，想亲自会见彼得大帝。他把国内的事情委托给卡罗伊·山多尔（Károly Sándor）处理。在得到拉科齐的同意下，卡罗伊开始同哈布斯堡的代表帕尔菲·亚诺什伯爵谈判。这原是拉科齐的缓兵之计，但卡罗伊在没有得到拉科齐的同意下，居然同对方于 1711 年 4 月 30 日签订了索特马尔（Szatmár）和约，并令战士们于第二天在毛伊泰尼（Majtény）平原放下了武器。

和约规定：赦免自由斗争的所有参加者及其领导人；如果发誓效忠国王，所有贵族都可以保持原来的特权，农奴也可以保持他的特权；国王担保匈牙利及埃尔代伊的自由权；许诺恢复宪法、国会和宗教信仰自由权等。

和约还特别规定：如果拉科齐在 3 周之内发誓效忠国王，他的生命和财产将不受侵犯，但他的城堡要交给国王，军队要解散。履行上述条款后，王室将释放他的两个儿子，拉科齐可以回国定居，也可以继续留在波兰。但拉科齐没有接受恩赐，他说："我永远不能只看到我的家族利益，因为我投入斗争唯一目的就是让我的祖国获得自由。"他信守誓言，选择了流亡。他家族的财产被没收。

拉科齐起先旅居波兰，从 1713 年起旅居法国，1715—1717 年在法国一家僧侣院隐居。1716 年，土耳其和哈布斯堡之间爆发战争，苏丹想起用拉科齐，拉科齐也想利用土耳其去圆他的梦。不幸的是，1717 年拉科齐到达土耳其时，土奥两国已开始和谈。哈布斯堡要求将拉科齐一行遣送匈牙利，土耳其不同意，但拉科齐对土耳其来说已经没有利用价值，故将拉科齐一行安置在马尔马拉海边的泰基尔达（Rodosto）市，直到 1735 年 4 月 8 日逝世，拉科齐一直住在这里。

1711 年 4 月 17 日，约瑟夫一世在维也纳死于天花。

## 48. 卡罗伊三世国王 III.Károly（1711—1740）

1685 年 10 月 1 日出生于维也纳。1711 年 4 月 17 日登基，1712 年 5 月 22

日加冕。1740年10月20日逝世，在位29年，享年55岁，葬于维也纳。

父亲：利波特一世国王。

母亲：埃利诺拉·冯·诺伊堡（普法尔茨选帝侯小姐）。

妻子：布伦瑞克—沃尔芬比特公国的伊丽莎白·克里斯丁郡主。

子女：利波特·亚诺什（Lipót János，奥地利大公）；玛利亚·泰雷齐奥（Mária Terézia，匈牙利女王）；玛利亚·安娜（Mária Anna，奥地利女大公）；玛利亚·阿玛丽奥（Mária Amália，5岁时去世）。

卡罗伊是约瑟夫一世的弟弟，利波特一世国王的次子。他是神圣罗马帝国的皇帝、匈牙利和捷克的国王。他是哈布斯堡王朝的最后一名男性成员。

西班牙王位问题：1700年，西班牙国王卡洛斯二世去世，没有留下子嗣。利波特一世力图为其次子卡罗伊争取到西班牙王位，以使奥地利和西班牙哈布斯堡王室的领土统一。但是，卡罗伊遇到了一个强劲的对手，法国国王路易十四的孙子安茹公爵腓力。在卡洛斯二世的遗嘱中指定腓力为继承人，因此，腓力于1700年即位为西班牙国王，称腓力五世。利波特在其他欧洲大国的支持下反对腓力当西班牙国王，发动了西班牙王位继承战争。支持腓力五世的国家只有法国。1711年，皇帝约瑟夫一世（利波特的长子）去世后，卡罗伊继承了神圣罗马帝国的皇位、奥地利大公、匈牙利和捷克的王位。这时，支持他的英国和德国等国害怕他将来的势力太大，转而站了法国一边，反对他继承西班牙王位。经过权衡，卡罗伊放弃争夺西班牙王位，于1713年7月23日同法国签署乌得勒支（Utrecht）和约，结束了战争。和约规定，各国承认法王路易十四的孙子腓力为西班牙国王，条件是法国王位与西班牙王位永远不能由同一个人继承。西班牙的欧洲属地被瓜分——萨伏伊（Savoy）获得西西里和部分米兰国王的土地；神圣罗马帝国获得西属尼德兰、那不勒斯、曼托瓦、撒丁尼亚和米兰公国的剩余部分。此外，西班牙割让直布罗陀和米诺卡岛给英国。后根据1714年3月5日签订的拉施塔特（Rastatt）和约，卡罗伊放弃了西班牙王位，但得到了比利时、那不勒斯、米兰和撒丁岛。他的计划是，要巩固他的位于中欧的哈布斯堡政权，但不幸的是，他唯一的儿子利波特·亚诺什不到一周岁（1716）就夭折了，因此，他的继承人问题让他费尽了脑筋。

国内政策：据历史记载，卡罗伊喜欢打猎，性格温和，遇事不急于下结论，不喜欢激化矛盾。拉科齐的自由斗争使卡罗伊国王认识到，利波特（1657—1705）一世的粗暴专制对哈布斯堡王朝没有好处，他认为可采取不那么暴烈的手段将匈牙利纳入帝国利益的轨道。所以，虽然匈牙利的贵族们同哈布斯堡抗争了8年，索特马尔和约后，卡罗伊国王对整个匈牙利和匈牙利贵族们的态度是宽宏大量的，认真履行了和约，事后也没有采取报复措施。他之所以这样做，还有一个重要因素，就是当时西班牙王位争夺战还在进行，他不希望在这时激化同匈牙利人的矛盾。

成立总督公署：为了对经济、军事和行政事务进行改革，卡罗伊成立了各种委员会。根据各委员会的建议和 1722—1723 年国会的决议，在波若尼建立了以宰相或总督为首的"总督公署"（Helytartó tanács），这一机构一直保持到 1848 年。总督公署除财政和司法外，其职权范围涉及国内的一切部门（宗教、教育、工业、农业和交通等）。但有关匈牙利的重大事情都是由维也纳的"秘密会议"或"国务会议"决定，然后由匈牙利的机构执行。

司法改革：建立了常设法院，以前只有短期的开庭审案期。与此同时，把行政机关与司法机关区分开来。"七人法院"为最高司法机关，下设"王家法院"，再下面设四个地方法院，即：克塞克、纳吉桑博特、埃拜尔耶什和德布勒森地方法院。此外，各州也继续保持司法职能，农奴的案件仍归地主法庭审理。

军队改革：建立常规军，军队人数匈牙利人和外国人各占一半。卡罗伊试图把军事改革和取消贵族的免税特权同时付诸实现，但遭到匈牙利国会（1712—1715）的坚决拒绝。结果，贵族把军事负担完全推给了非贵族阶层。

索特马尔和约之后，匈牙利出现了新的形势：持续了差不多半个世纪的库鲁茨—洛邦茨（即反对哈布斯堡还是拥护哈布斯堡）之战结束了。匈牙利各等级为求得独立而进行的反哈布斯堡的一系列斗争也结束了。索特马尔和约是一个妥协的产物，哈布斯堡放弃了公开而野蛮的暴政，而匈牙利贵族阶层则放弃了求得真正独立的最重要的保证——独立的埃尔代伊和自由选举国王。贵族阶层满足于能够选举宰相，能够进入国会。由于他们还感到维也纳在维护他们的特权，在保证他们的领主地位，因此他们转而成了哈布斯堡王朝的拥护者。

对外政策：1716 年，卡罗伊三世与威尼斯结盟反对奥斯曼帝国。在奥地利最杰出将领萨伏依旁支的欧根王子的领导下，奥地利军队取得了辉煌的胜利。根据 1718 年哈布斯堡和威尼斯同奥斯曼帝国签署的帕萨洛维茨（Passarowitz）条约，奥斯曼放弃了匈牙利领土泰迈什克兹（Temesköz），至此，匈牙利的领土全部从土耳其统治下解放了出来。在卡罗伊三世晚年时，奥地利的国力又趋于衰微。1733 年，奥地利在波兰王位继承战中失败。卡罗伊三世被迫在 1738 年的维也纳条约里将在西班牙王位继承战争中获得的西西里和那不勒斯还给了西班牙国王拉洛斯三世，以换取帕尔马和皮亚琴察两个公国。在 1737 年至 1739 年与奥斯曼帝国爆发的第二次战争中，卡罗伊三世失败了，失去了他在上一次战争中所夺取的大部分领土。

皇位和王位继承人问题：1705 年，刚刚当上匈牙利国王的约瑟夫一世同他的弟弟卡罗伊签订了一份《皇位继承法》，继承法规定：约瑟夫把西班牙哈布斯堡王朝让给卡罗伊，奥地利哈布斯堡王朝归约瑟夫，如一方逝世时无男性后嗣继位，由另一方继承其全部家产。继承法还规定，如双方均无男性后嗣，女性后嗣也可以继承皇位。约瑟夫一世国王于 1711 年 4 月 17 日，得天花突然逝世。这时，卡罗伊继承了神圣罗马帝国的皇位及匈牙利和捷克的王位。但卡罗伊也没有儿子，将来由谁来继承他的皇位和王位成了他的心腹之患。经再三考虑，他把同他哥哥签订的"皇位继承法"经过修改后作为《1713 年国事诏书》公布于世，这份诏书的内容大致如下：卡罗伊三世逝世后，奥地利大公、捷克和匈牙利国王以及哈布斯堡家族首领之位，由他的长子或长女继承，至于神圣罗马帝位，由于不准女性继承，若卡罗伊三世没有儿子，他的长女婿将成为帝位继承人。希望神圣罗马帝国各成员国、奥地利大公国及匈牙利和捷克王国都承认这一诏书。卡罗伊三世于 1716 年生了一个儿子，但没到一周岁便夭折。

在匈牙利，特别是普通贵族坚决反对日后由卡罗伊的女儿当匈牙利国王，他们想在卡罗伊逝世后在匈牙利自行选举国王，但在匈牙利各主教和几个世俗大贵族的迫使下，在 1722—1723 年的波若尼国会上以 1723 年第 I—III 号法通过了这份诏书。为什么匈牙利贵族们要接受这份诏书呢？这是因为，匈牙利的贵族们仍然害怕土耳其的进攻，总感到单独一个匈牙利无力对抗。出于这种考虑，1723 年第 I—III 号法律还确定同哈布斯堡皇朝各国建立联盟，承认匈牙利和哈布斯堡皇朝内的其他各国和省份都是皇朝"不可分割、不可分离的组成部分"，只认哈布斯堡为自己的统治者。法律还规定，遭受外来进攻时，哈布斯堡各国应互相支援，1723 年第 I—III 号法律一直追续到 1848 年。

为了获得其他国家对这份诏书的承认，卡罗伊花费了很长时间、付出了很大的力气和代价。为了得到英国和荷兰的承认，哈布斯堡解散了在印度的东印度公司；神圣罗马帝国议会于 1732 年承认了这一法律，为感谢普鲁士的从中斡旋，卡罗伊把拜尔格（Berg）大公国让给了普鲁士；法国于 1735 年也承认了这一法律，为此，玛利亚·泰雷齐奥的丈夫费伦茨·伊斯特万不得不把他在两国边界的家产割让给了法国国王路易十五。这一切都是为了让他的女儿玛利亚·泰雷齐奥顺利接班，但现实证明，事情并不像他想象的那么简单。

卡罗伊三世一生都喜欢打猎，1740 年，在打猎时吃了有毒的蘑菇，于 10 月 20 日中毒而亡，享年 55 岁。

# 七、哈布斯堡—洛林王朝 （1748—1918）

1740 年 10 月 20 日，卡罗伊三世去世，他的女儿玛利亚·泰雷齐奥继承了皇位和王位，他的女婿费伦茨于 1748 年 9 月 13 日继承神圣罗马帝国皇位。1748 年签订的《第二亚琛和约》确认了费伦茨的神圣罗马帝国皇帝的地位，确认了玛利亚·泰雷齐奥皇后及他们的后裔对哈布斯堡家族领地的继承权。自费伦茨当选为神圣罗马皇帝后，将妻子的姓氏加在自己姓氏的前面，他们的后裔都采用"哈布斯堡—洛林"的姓氏。自此，奥地利进入哈布斯堡—洛林皇朝，费伦茨皇帝和玛利亚·泰雷齐奥皇后成为"哈布斯堡—洛林"皇朝的创始人。

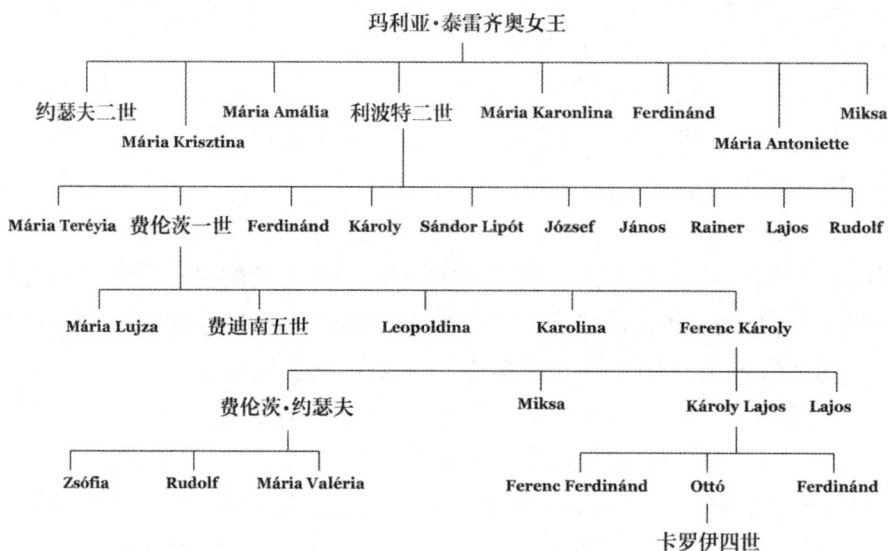

哈布斯堡-洛林王朝

## 49. 玛利亚·泰雷齐奥女王 Mária Terézia（1740—1780）

1713 年 5 月 13 日出生。1740 年 10 月 20 日登基，1741 年 6 月 25 日加冕。1780 年 11 月 29 日逝世，在位 40 年，享年 67 岁。葬于维也纳。

父亲：卡罗伊三世国王。

母亲：布伦瑞克—沃尔芬比特公国的伊丽莎白·克里斯丁郡主。

丈夫：神圣罗马帝国皇帝费伦茨一世。

子女：她一共生育了 16 个子女：她的两个儿子当了国王和皇帝：约瑟夫二世（1780—1890）；利奥波德二世（1790—1792）；最小的女儿玛利亚·安托妮奥 1770 年与法国路易十六结婚，法国大革命时被处死。

玛利亚·泰雷齐奥 1736 年 3 月 12 日与洛林公爵的次子费伦茨·伊斯特万结婚，在她丈夫（1765）去世前，她和她的丈夫共同执政，因此，她的丈夫费伦茨也是匈牙利国王，但没有加冕。1745 年 9 月 13 日，费伦茨当选为神圣罗马帝国皇帝。费伦茨逝世后，他的儿子约瑟夫当选为神圣罗马帝国的皇帝。

奥地利王位继承战：1740 年 10 月 20 日，卡罗伊三世去世。玛利亚·泰雷齐奥所继承的除了一份皇位继承法的空文以外，只有空空如也的国库及一支虚弱的军队。这位年轻的女王很快就陷入了保卫自己王位的长达 8 年战争中。法国，西班牙、普鲁士、巴伐利亚和萨克森以不承认《1713 年国事诏书》为由，发动了奥地利王位继承战争。玛利亚·泰雷齐奥和她的丈夫费伦茨在英国和荷兰的支持下，迎战各国。普鲁士率先于 1740 年 12 月 16 日入侵并占领了哈布斯堡皇朝领地西里西亚，其后，法国、巴伐利亚和萨克森的援军更将战火波及整个捷克和意大利部分地区。在普鲁士、巴伐利亚和萨克森的极力协助下，1742 年，巴伐利亚国王查理登上了神圣罗马帝国的皇位（即查理七世）。1745 年 1 月 20 日，查理七世的逝世成为整个奥地利王位继承战争的转折点。在此之前，萨克森倒戈支持哈布斯堡皇室，并派出代表与奥地利、英国和荷兰的君主代表于 1 月 8 日在华沙密会，组成四国同盟，从此哈布斯堡皇室逐步收复失地。首先是英国于 1745 年 6 月 16 日攻下法属路易斯城堡，同年 9 月 13 日，玛利亚·泰雷齐奥的夫婿费伦茨当选为神圣罗马帝国皇帝，开启了哈布斯堡—洛林王朝。后来俄罗斯与奥地利的结盟和瑞典保持中立，令普鲁士腹背受敌，转为防御。此时，奥属尼德兰成了主要战场，当法国知悉俄国援军即将抵达奥属尼德兰时，法军决定与英、奥议和。 最后，英国、荷兰、奥地利和法国于 1748 年 10 月 18 日在法国的亚琛签订《第二亚琛和约》，承认费伦茨为神圣罗马帝国的皇帝，承认玛利亚·泰雷齐奥皇后及他们的后裔对哈布斯堡家族领地的继承权。哈布斯堡领地帕尔马、皮亚琴察和瓜斯塔拉等公国割让给西班牙。

匈牙利贵族们的表现：当哈布斯堡皇朝处于紧急关头时，玛利亚·泰雷齐奥向匈牙利国会各等级的代表们发出呼吁，呼吁他们保卫王冠。开始，匈牙利贵族们并不热情。玛利亚·泰雷齐奥于 1741 年 9 月 11 日身着白色丧服，怀里抱着她 4 个月的儿子约瑟夫来到波若尼国会现场，含着眼泪向匈牙利贵族们发出呼吁，呼吁他们和她一起保卫国家，保卫王冠。这时，匈牙利的贵族们按照传统抽出佩剑，情绪激昂地宣誓："我们要用生命和鲜血保卫神圣的女皇，保卫我们的王冠和祖国！"于是，国会通过了拨款，提供军队，全国动员，支援女皇。在奥地利皇位继承战中有 11 个匈牙利骑兵团，3 万 5 千骑兵战斗在欧洲各战场上。为此，女皇取消了前国王卡罗伊三世的几项反对匈牙利的措施，免掉了匈牙利贵族们的税收，允许在军队中用匈牙利语指挥。匈牙利贵族们的立场对女皇地位的巩固起了关键作用。这种作用不在于提供了多大援助，而是在关键时刻，他们没有起来反对哈布斯堡皇朝。

女王（皇）与匈牙利各等级之间的关系，尤其是在 60 年代中期是相当亲密的。玛利亚女王慷慨地为他们加封了许多官衔，从他们当中任命了不少宫廷的顾问和将军，她还设立了圣·伊斯特万—玛利亚·泰雷齐奥勋章，她在布达修建了王宫（但她根本就没住过）。后来，泰雷齐奥国王要进行改革，触及匈牙利贵族们的利益，国王同贵族们的关系就没有那么好了。从 1765 年起，国王也不召开国会了，干脆以下达命令的方式来执政。

双重关税政策：1754 年，泰雷齐奥皇帝为了增加财政收入和实现帝国内的劳动分工，在帝国内颁布施行了双重关税制度。在帝国内部把匈牙利和帝国世袭省份用内部海关线区分开来。进入匈牙利的奥地利工业品几乎无需缴纳关税，从匈牙利进入奥地利的最重要的工业原料也几乎不上税；而从帝国境外或匈牙利进入奥地利的工业品要缴纳很高的关税。这就是说，匈牙利成了奥地利世袭各省份工业原料的供应地和工业产品的销售地。这一制度自然不会促进匈牙利工业的发展，同时也使其失去了传统市场。匈牙利出口的产品有肉牛、羊毛、粮食、铜、酒、烟草、生皮和钾碱等，87% 运往奥地利。从奥地利进口的主要有奢侈品、纺织品、调料等，占进口总额的 85%。

徭役特许状：由于农奴劳役负担太重，自女王上台以来匈牙利发生了多次农奴起义事件，农奴问题成了朝廷注意的中心。而地主们不承认国家在农奴和地主关系上的发言权，女王减轻农奴负担的建议屡遭匈牙利等级国会的拒绝。因此，女王于 1767 年颁布"徭役特许状"。农奴所种的田地数量按各州的情况和土地质量有所不同。特许状规定，每霍尔特（约 0.57 公顷）农奴居住点可拥有 16—40 霍尔特的耕地，4—15 霍尔特的草地用作牧场，可从森林里砍伐必要的树木用于建房或作燃料。在此情况下，农奴的负担是：地租每年 1 个福林；什一税；贡礼（2 只阉公鸡、2 只童子鸡、12 个鸡蛋、半伊采（每伊采约为 0.8484 公升）的奶油、每 30 霍尔特居住地缴纳 1 头小牛；劳役（每年 52 个带畜力劳动日或 104 个人工）。

"徭役特许状"颁布后，全国贵族群情哗然。随后女王派官员到各地持续做了 10 年的工作，才把这道法令贯彻下去了。此法令一直执行到 1848 年。

教育法：教育是女王的一件心腹大事，她十分关心。但教育一直掌握在教会手中。女王于 1773 年取缔了耶稣会，从此纳吉索姆鲍特（Nagyszombat）大学改为国立大学，并于 1777 年迁到布达。1777 年颁布教育法，教育法规定，教育是国家的任务，一切教会学校都在国家的监督之下；还规定，对 6—12 岁的儿童实行义务教育，学制为：小学 4 年、中学 3 年、高中 5 年、学院 2 年、大学 4 年；还规定要在农忙季节放暑假。由国家监管的各教派开办的中学很快就达到了 130 所（其中包括埃尔代伊和克罗地亚）。1763 年把谢尔迈茨（Selmec）学校提升为矿业学院，到 1846 年共培育了三千名矿业工程师。为了培养政府工作人员，从 1776 年起组建了 5 所皇家学院。纳吉索姆鲍特大学仍是最重要的高等学府，1769 年增添了医学部，1777 年迁入布达，1784 年又迁址到佩斯。

茨冈人法：鉴于当时社会上正在对茨冈人进行强迫式的同化，女王于 1761 年 11 月 13 日颁发了茨冈人法，法律规定：今后不准再使用茨冈人的称呼，称他们为"新居民""新匈牙利人"或"新农民"。女王又于 1767 年 11 月 27 日颁布法令，禁止茨冈人之间通婚，对这些"新农民"半年进行一次人口统计，严禁食用死牲畜的肉，否则要严加惩处。

军事改革：组建了常规部队。从前只在打仗时才招募军人，而且分散驻扎在城市或农村里。现在军人住在军营里，配备统一的军装，由国家统一管理和负担其费用。

法律制度的改革：司法和行政被分开了，改变了过去由法律的执行者去监督法律执行的情况。1761 年成立了国务委员会，取消了自 16 世纪以来一直存在的宫廷秘密委员会。

宗教政策：虽然女王的母亲是一名新教教徒，但她本人是一个虔诚的天主教徒。她害怕异教，也不喜欢犹太人。她曾试图将犹太人赶出去，但出于经济利益的考虑，不得不作出让步。她对新教采取不容忍的态度，她把新教徒都赶到了埃尔代伊。虽然她是一个天主教徒，但她还是想控制天主教会的活动，没有她的同意，教皇的法令不得宣布，教会法院的职权严格限制在宗教事务内。修道院的住在帝国领土以外的领导人，不得到帝国来访问。此外，她还大大精简了宗教活动的数量。1777 年，女皇在索姆博特海伊地区开辟了一个新的教会州，接壤的三个州各割让了一些土地给它。

向匈牙利移民：女王仍然奉行她父亲的政策，继续向匈牙利移民，动用国库的钱，把几万德国人从帝国的西部移居到布达、佩斯和埃斯泰戈姆周围、皮利什（Pilis）和索特马尔州（这两个地方在拉科齐自由斗争期间人口减少了很多）以及在土耳其占领期间人口大减的鲍劳尼奥（Baranya）州、巴纳特（Bánság）和南部地区。另外，在泰雷齐奥统治期间，有35—40万茨冈人从喀尔巴阡山以外地区移居到埃尔代伊和巴纳特地区。

玛利亚·泰雷齐奥于1780年11月29日逝世。对与她，在匈牙利有两种极端对立的评价。

## 50. 约瑟夫二世国王 II.józsef（1780—1790）

1741年3月13日生于维也纳。1780年11月29日登基，他一直没有加冕，人们称其为"带礼帽的国王"。1790年2月20日逝世。在位10年，享年49岁。死于肺结核，葬于维也纳。

父亲：神圣罗马帝国皇帝费伦茨。

母亲：玛利亚·泰雷齐奥女王。

第一个妻子：帕尔马公爵菲利普的长女伊莎贝拉郡主。

第二个妻子：巴伐利亚选帝侯卡尔·阿尔布莱希特的幼女玛利亚·约瑟法（1739—1767）。

子女：第一个妻子生了一个女儿，8岁便夭折。

约瑟夫二世在位只有十年，但他的所作所为和思想在社会上引起了巨大的波澜。在哈布斯堡王朝的统治者当中，他无疑是一个有声有色、富有想象力的人。他在青年时期，就在帝国内的几个国家进行微服私访，广泛倾听各层次、各等级、各民族、各宗教信仰的人们的疾苦。他生活的时代正是发生重大变革的时代，正当法国大革命的前夕，约瑟夫看到了进行重大改革的必要性，他也是一个启蒙运动的信徒。

约瑟夫想把包括匈牙利在内的整个帝国建成强大、富庶的国家。他认为人民群众发挥政治作用的条件是不成熟的，所以，他的信条是："一切为了人民，但什么也不能依靠人民。"为了实现这一夙愿，他选择了专制的做法。他从没有召开过国会，也没有为自己加冕。根据以前的国王们同等级国会达成的协议，如果国王不加冕，他就可以不向宪法宣誓，也可以不担保等级国会的权利及其存在。这一条便是他完全按照自己的设想去改造国家机构的必不可少的条件。因此，历史上称他为"戴礼帽的国王"。

他和他母亲一样，用法令来领导国家，在位十年，没有召开过国会。但十年间他下达了6000个法令，平均每天下达两个法令。光凭这个数量就知道，他的法令是不可能完全被执行的。有些法令是合理和有好处的，但违反传统，如人死后不许用棺材。有的简直无法执行，比如对女人的时尚进行限制。

匈牙利人对神圣的王冠是非常尊重的，关于如何保管它，从15世纪起已制定过多部法律。而约瑟夫国王在1784年把它从波若尼运到维也纳，竟然把它同国库的首饰存放在一起。

宗教政策：他认为教会阻碍着社会的发展，听命于罗马教廷也会阻碍他的政治主张的实现。因此，他于1781年颁布了"忍耐法"，命令停止迫害新教徒，在一定限制的前提下，新教徒和东正教徒享有宗教活动的自由权和享有担任公职的权利。规定：凡在有100个非天主教家庭的村庄，他们都可以自费举办宗教活动和建造不带钟楼的教堂。他还从教会手中夺走了书刊检查和出版的批准权。他解散了既不搞教育，又不从事医疗护理的140个修道院（其中有1484名修道士和190名修女），并把被解散的修道院的财产划归宗教基金会。下令削减了宗教节日和弥撒的数量。教皇庇护六世对此很不满，并于1782年亲自到访维也纳，教皇也没能动摇他的决心。1783年，他宣布，培养神父也是国家的任务。

农奴法：1785年颁布农奴法，法令取消了"农奴"这个名称，重申他们有权得到土地，并享有财产的自由继承权，享有自由迁徙和自由选择职业的权利；1786年的法令禁止棒打农奴，禁止对农奴判死刑。1787年又规定，国家的律师可以为农奴辩护。1789年2月10日下令，贵族的土地和农奴的土地一样，都要缴纳同样多的税。

国家机构的改革：1782年，约瑟夫以使国家机构更加合理化为由，将总督公署和枢密院合并（实际上是取消了枢密院）。为了使总督公署办事更快、更简捷，约瑟夫在总督公署内设立了29个处室，并将其从波若尼迁到了布达，这种状况一直延续到1848年。约瑟夫国王认为，贵族州这个制度具有反抗、抵制和破坏的作用。因此，他取消了原来的州，把全国划分为10个州，取消了"伊什潘"（州督）这个职务，而每个州的"副伊什潘"由政府任命，副伊什潘由国王的代表领导。1786年他还宣布取消了死刑。

语言法：1784年发布语言法，他规定用德文代替"已经死亡的"拉丁文，使德文成为官方语言。规定要在三年之内，在一切机关里和各级司法部门一律改用德文办案。学校里也只有会德文的教师可以任教。这一法令在整个帝国内引起了一致的激烈反对。

对土耳其的战争：1788年，奥地利同俄罗斯结成联盟，发动了对土耳其的战争。在匈牙利，农民对战争负担不满，贵族阶层也公开反对朝廷。鼠疫摧残着军队，战争失利又进一步瓦解着军队。灰心丧气的皇帝从前线回到维也纳，他的结核病已入膏肓，这时，约瑟夫国王来了一个戏剧性的大转变。1790年1月28

日，他一笔收回了除忍耐法、农奴法和改善下级神父物质条件法以外的所有在匈牙利推行的改革。1790 年 2 月 20 日，这位"戴礼帽的国王"离开了人间。

约瑟夫二世在弥留之际口授了他的墓志："这里长眠着一位君主，他的意愿至为真诚，但他不幸亲眼看到自己的所有计划都尽付东流。"（见史蒂芬·贝莱尔所著《奥地利史》中文版第 97 页）。

## 51. 利波特二世国王 II.Lipót（1790—1792）

出生于 1747 年 5 月 5 日。1790 年 2 月 20 日登基，同年 11 月 15 日加冕。1792 年 3 月 1 日得胰腺炎不治而亡，在位 2 年，享年 45 岁。葬于维也纳。

父亲：神圣罗马帝国皇帝费伦茨。

母亲：匈牙利国王玛利亚·泰雷齐奥。

妻子：西班牙国王卡洛斯三世的女儿玛利亚·卢伊扎。

子女：12 个儿子，4 个女儿。

利波特是玛利亚·泰雷齐奥女王的第三个儿子。在一般情况下，他是不会有机会继承皇位和王位的，他压根也没有想过此事。但他的二哥在 16 岁时得天花死亡，这样他于 1765 年突然得到了托斯卡纳（Toscana）大公的职务。他的大哥约瑟夫国王只比他大 6 岁，但约瑟夫得了结核病，49 岁便离开人间，身后无子。这时，帝国的皇位又非他莫属了。当他的哥哥约瑟夫病危时，帝国召唤他立刻回维也纳接班，他没有思想准备，没有回去，也没有参加他哥哥的葬礼。

约瑟夫逝世后，受到约瑟夫政策伤害的匈牙利贵族们力图进行报复。他们要追究约瑟夫时代官员们的责任，并把他们赶走。为了表达他们对皇帝想把匈牙利德国化的不满，他们便示威性地有意识地突出匈牙利的一切，如匈牙利的服装、匈牙利的语言、匈牙利的舞蹈和音乐等。总之，凡是被认为是匈牙利的一切东西都时兴起来了。1792 年 2 月 21 日，在一片钟声和庆祝活动中，王冠从维也纳运回匈牙利（是约瑟夫二世逝世前下令把王冠归还给匈牙利人的）。他们还认为，约瑟夫二世没有加冕，他的非法统治"切断了哈布斯堡家族承袭匈牙利国王的纽带"。因此，匈牙利有权同哈布斯堡签订一项能更好地保证贵族特权和等级体制的新条约。

匈牙利的贵族们也想把匈牙利文定为官方语言。当时，匈牙利国土很大、民族很多，但会说匈牙利语的人口只占总人口的 50%。1790 年，在塞尔维亚的国会上，塞尔维亚人要求自治，克罗地亚的代表则公开反对把匈牙利语作为官方语言。这时罗马尼亚人则提出，罗马尼亚人很早就生活在埃尔代伊，但他们在埃尔代伊没有政治地位，他们要求把罗马尼亚人划为埃尔代伊的第四个民族，并要求按其人数比例参政。匈牙利境内少数民族的举动，迫使匈牙利贵族软化了对哈布斯堡朝廷的态度。另外，在约瑟夫执政的后期，匈牙利贵族们试图让普鲁士的国王来当匈牙利国王，并同普鲁士国王进行过谈判。1792年7月27日，利波特同普鲁士签订和约，利波特放弃了早先从土耳其手中夺回来的一些领土，其中包括贝尔格莱德，而普鲁士则放弃对匈牙利反对派贵族们的支持。另外，全国各地蓬勃兴起的农民运动也给贵族阶层造成很大的威胁。

这样一来，国内外都得不到支持的匈牙利贵族们妥协了。1790年11月在波若尼召开匈牙利国会（1765年以来从未召开过）。在国会上，匈牙利贵族们不但承认利波特为匈牙利国王，还选举他的儿子山多尔·利波特为匈牙利宰相。11月15日，利波特被加冕为匈牙利国王。

利波特二世国王发布的1790年第十号法令重申：匈牙利是一个自由和独立的国家，它的政府可以按照自己的法律、自己的习惯来管理国家，国王不可以发布违反法律的法令，税收和征兵需经国会批准。

利波特二世国王发布的1790年第十六号法律规定，办理任何公务均不得使用外语。但为了发展和完美匈牙利语言，要在中学、学院和大学聘请专业老师教授匈牙利语言。但拉丁语仍然为匈牙利的官方语言。

利波特二世是法国大革命最顽固的反对者，因为他的妹妹玛利亚·安托妮奥（Maria Antónia）是法国国王路易十六的王后，在革命中被处死。1791年，利波特二世与普鲁士国王腓特烈·威廉二世在皮尔尼茨会晤。他们发表了皮尔尼茨（Pillnitz）宣言，声称要以武力保卫法国的君主制。但不久利波特二世突然得了胰腺炎，于1792年3月1日逝世，年仅45岁。

## 52. 费伦茨一世国王 I.Ferenc（1792—1835）

1768年2月12日出生。1792年3月1日登基，同年6月6日加冕。1835年3月2日逝世，在位43年，享年67岁。葬于维也纳。

父亲：利波特二世国王。

母亲：西班牙国王卡洛斯三世的女儿玛利亚·卢伊扎。

第一位妻子：符腾堡公国的伊丽莎白郡主（1767—1790），产下一女后逝世，终年23岁。

第二位妻子：西里西亚王国的玛利亚·特丽莎公主（1772—1807），有12名子女，但只有七名活到成年。

匈牙利历代国王（1000—1918）

第三位妻子：堂妹玛利亚·露多维卡（1787—1816），无子女，死于肺痨。终年29岁。

第四位妻子：巴伐利亚国的夏洛特公主（1792—1873），无子女。享年81岁。

费伦茨24岁继承了奥地利大公职位，1792年6月6日加冕为匈牙利国王，1792年7月14日加冕为神圣罗马帝国皇帝，1792年8月9日加冕为捷克国王。

拿破仑战争：1791年，费伦茨一世的父亲利波特二世正式与普鲁士缔结同盟，准备以武力干涉法国。费伦茨一世于1792年3月1日登基，法国于4月20日向奥地利宣战。同法国的战争一直持续到1815年，这对奥地利来说是一场重大灾难。1792年9月20日，法军在瓦尔密（Valmy）击败了奥普联军。次日，法国国民议会宣布废除君主制。1793年1月21日，路易十六被处决。1793年10月16日，路易十六的妻子玛利亚·安托妮奥（Maria Antónia），费伦茨一世的姑姑被处决。费伦茨一世前后共发起了五次反拿破仑的战争，头四次都被打败，而且大大削弱了奥地利的国力。1804年5月，拿破仑宣布自己为法国人的皇帝。1804年8月1日，费伦茨宣布自己为"奥地利的世袭皇帝"。12月2日，拿破仑加冕自己为皇帝，12月7日费伦茨一世也加冕自己为皇帝。在1805年12月2日的奥斯特里茨（Austerlitz）战役中，拿破仑以决定性的胜利结束了战争。奥地利丧失了大片土地。1806年7月，拿破仑在德意志组建了莱茵同盟，实际上取代了神圣罗马帝国。费伦茨一世对这一"既成事实"的反应是于8月6日放弃了神圣罗马帝国的帝位，并宣布神圣罗马帝国解体。1809年5月13日，拿破仑占领了维也纳，在7月5—6日的瓦格拉姆战役中法军取得了决定性的胜利，迫使奥地利签订了维也纳和约，再次割让土地。1810年，费伦茨皇帝不得已把自己的女儿玛丽·露易丝嫁给拿破仑为妻，奥地利和法国结成同盟。这时，法兰西第一帝国达到鼎盛时期，拿破仑成为欧洲不可一世的霸主。通过联姻，哈布斯堡免于灭顶之灾，但已沦为二等强国之列。1811年3月20日，玛丽·露易丝为拿破仑生了一个儿子，这又进一步巩固了奥地利与法国的关系。1812年拿破仑在俄国战场上惨败，这时，拿破仑为了阻止反法同盟的建立，特立费伦茨一世皇帝的女儿玛丽·露易丝为皇后，并委任她为帝国摄政王，以牵制奥地利加入反法同盟。但奥地利最终还是加入了第六次反法同盟。联军在莱比锡战役（1813）中打败了法军。1814年3月31日，联军占领了巴黎。在1815年6月18日的滑铁卢战役中法国彻底失败，拿破仑投降并退位（这时，费伦茨皇帝把他的女儿玛丽·露易丝及他的外孙接到了维也纳）。在拿破仑被彻底打败以后，反法同盟立即在维也纳召开会议，成立了维也纳体系和神圣同盟，以恢复欧洲的旧"秩序"，抵消拿破仑宣扬的自由主义的影响。直到 1848 年，欧洲基本上由这个阻碍社会进步的反动的神圣同盟制度统治着。

在反拿破仑战争中，哈布斯堡王朝起着带头作用，而那些惧怕革命会使其丧失特权的匈牙利贵族们，也极力支持维也纳朝廷。在国会上，他们总是赞成增加税收和招募新兵，以"维护王位和古老的宪法"。

匈牙利的雅各宾派：匈牙利的雅各宾派是一批对法国革命从一开始就抱有极大同情心的作家、学者、法学家和教员，他们与法国的雅各宾派观点越来越一致。一位贫穷的贵族毛尔蒂诺维奇·伊格纳茨（Martinovics Ignác）是匈牙利雅各宾派的领导人，他曾当过神学教师、大学教授、朝廷的化学顾问及警察局密探。他们在约瑟夫二世（1780—1790）时代，甚至在利波特二世（1790—1792）时代仍然忠于哈布斯堡，因为他们不是指望贵族，而是期望朝廷进行社会革新。他们相信自上而下进行改革的可能性。但费伦茨一世（1792—1835）使他们大为失望，皇帝拒绝了改革的计划，他所追求的是清除法国"革命的恶魔"，并在王朝所管辖的各国继续保持旧制度。感到失望的这些知识分子因而转变为反对政府，并开始秘密组织起来。

1794 年，毛尔蒂诺维奇开始组织两个秘密团体——一个叫"改良者协会"，另外一个叫"自由与平等协会"。由改良者协会去把各州的贵族们团结起来，与他们一起推翻三大敌人——哈布斯堡王朝、大贵族和大主教的政权。然后，在温良的改革以后，再由最彻底的民主主义者组成的"自由与平等协会"彻底消灭封建主义。毛尔蒂诺维奇以问答的形式分别用小册子概括了两个协会的革命纲领。他们希望创立一个建立在联邦制基础上的共和国来代替哈布斯堡君主制度。剥夺大贵族的特权，剥夺大主教的财产，给农民以政治权利，保障他们的财产。他们把问答手册交给认为可靠的人进行复写和传播。然而他们的组织活动还是很快就被发现了。1794 年冬，当局进行了大规模的逮捕。其实，这次约有 300 人参加的活动根本没有直接威胁当局的社会制度，但仍有 18 人被判处死刑，18 人被判重刑关入地牢。1795 年 5 月 20 日，毛尔蒂诺维奇、豪伊诺齐（Hajnoczy）、洛茨科维奇（Laczkovics）、森特毛尔姚伊（Szentmarjai）和希格劳伊（Sigray）等几位领导人在当时称为"将军地"的广场被斩首。几天以后，年轻的厄兹·帕尔（Öz Pál）和索拉尔奇克·山多尔（Szolártsik Sándor）也被处决。他们不是运动的领导人，但因为他们在审讯中仍在热情地宣扬他们的信念，被当局认为是不可救药的人。诗人考津齐（Kazinczy），因国王"恩典"改为无期徒刑。被判决的人没有被刽子手的屠刀所吓倒。豪伊诺齐在判决书中写道："我将以宽慰的心情离开这个世界，因为我为改善人类社会作出了一些贡献。"

# 匈牙利历代国王 (1000—1918)

民族文化的发展：这时，为独立和社会进步而进行的斗争主要表现在文化领域，这一现象在中东欧相当普遍。首先是作家和艺术家就社会进步和民族独立这些重大问题的讨论和宣传。文化领域中第一个成为政治问题的是民族语言问题，人们已经看到了语言问题作为一个政治问题的重大意义。要使匈牙利语能适应时代和各方面的要求，必须对语言进行革新，使它不仅能满足对语言最苛刻的诗人的创作活动，而且也充分适应国家行政管理方面的需要。这一运动的领导人是考津齐·费伦茨（Kazinczy），目的是要把匈牙利语言提高到欧洲文学的水平，讲究词汇的丰富与美感，注重文体的优雅。匈牙利语言革新始于 19 世纪初，到 19 世纪中叶，一个统一的匈牙利文学和科学语言基本定型。这时活跃在匈牙利文学界的作家有：基什福卢迪·山多尔（Kisfaludy Sándor,1772—1844）、福泽考什·米哈伊（Farkas Mihály）、考托瑙·约瑟夫（Katona József，1791—1830）和弗勒什毛尔蒂·米哈伊（Vörösmarty Mihály）等。

塞切尼登上政治舞台：在 1825 年 11 月 3 日的国会上，当代表们谈论建立科学院的必要时，一位大贵族出生的年轻骑兵军官塞切尼·伊斯特万（Széchenyi István，1791—1860）捐出了他一年的收入——6 万银福林用来建造科学院。他从此便登上了匈牙利政治斗争的舞台，成了人们注意的中心。

塞切尼·伊斯特万出生在维也纳的塞切尼宫，但他童年时代大部分时间是在匈牙利纳吉岑克（Nagycenk）庄园度过的。他当过军官，参加过反拿破仑的莱比锡战役，在维也纳出入宫廷。后来他和他的朋友韦谢莱尼·米克洛什一起从伦敦到君士坦丁堡，走遍了东方和西方。这位能说多种语言、学识渊博的大贵族获得了丰富的经验。

他主张进行温和的改革，中心问题是保证信贷，1830 年出版的《信贷》一书概括了他的设想。他认为，信贷对于"集体福利"能起到"魔术师的作用"。适当的投资便能创造资本主义的现代化农业，在信贷的扶持下，可以建筑桥梁和道路，随着道路的状况的改变，产品销售的问题就能随之解决。他认为，现代化的大庄园不可能建筑在落后的农奴劳役上，因此，必须取消农奴劳役，而代之以生产力高得多的雇佣劳动，还必须取消扼杀农奴劳动积极性的"玖一税"，否则农奴生产的东西越多，缴纳的也越多。他还认为，国家繁荣的最重要因素之一在于教育，他把国家面貌发生根本的变化寄托在不断增多的"受教育的人"身上。

塞切尼不是想通过革命的道路，而是希望通过缓慢的发展来实现他的设想，而且认为，适合领导改良运动的只有大贵族。匈牙利只有在哈布斯堡帝国范围内才有前途，因为身处日耳曼和斯拉夫两大民族中间的匈牙利难以作为独立的国家存在，他相信，他的宏图定能得到维也纳朝廷的支持。

塞切尼的《信贷》一书出版后一抢而空，不得不再版。他的书引发了一场巨大的政治风波。拥护改良的人站在他的一边，而保守派则指责他搞农民暴动。塞切尼在他的另外两部著作《世界》（1831）和《阶段》（1833）中把反对者的论据一一驳倒。

塞切尼主要致力于发展农业和改善交通。为此，他创立了匈牙利经济协会，组织赛马，治理多瑙河和蒂萨河，使轮船可以通航。塞切尼为建设和美化布达佩斯进行了不懈的努力，第一座永久性的多瑙河桥——链子桥就是他得意的杰作，也成了布达佩斯的象征。

1831年的农民起义（也称霍乱暴动）：1831年，在北部高地爆发了一场农民起义。这时，从印度传来的传染病——霍乱蔓延到了欧洲，而且霍乱慢慢转变成了鼠疫，使整个欧洲陷入一片恐慌。这场传染病使欧洲600万人丧失，在匈牙利夺走了25万人的生命。这场传染病也加速了起义的爆发。

当局为对付这场灾难所采取的一些紧急措施遭到农民们的误会，例如用药物对井水进行消毒被认为是放毒药，有些愚昧无知的庄园主让农奴在村庄事先挖好大坑，以便日后有地方埋葬死于霍乱的人。这些都激起了农民的满腔仇恨，愤怒的农奴们便以棍棒、农具及他们手中的任何武器向地主及其支持者发起进攻。这场起义虽然没有杰出的领袖，也没有明确的目标，但却如一片野火迅速扩展。起义始于曾普伦州，很快扩展到邻近各州。大部分起义者是斯洛伐克人，但当地的匈牙利人、德意志人也都拿起了武器。他们拒绝为地主服务，他们为自己所受的不公道遭遇进行了血的报复。由于军队的残酷镇压，起义很快就失败了。

这次起义引起了极大的震惊，一些人认为，政府今后要拥有足够的军队，要加强镇压；但另外一部分受塞切尼思想影响、比较理智的贵族们观点则相反，他们要求在坚定的改革中寻求解决的办法。

第一次改革国会（1832—1836）：这次国会从1832年12月断断续续一直开到1836年春天。老国王费伦茨一世在开幕词中警告代表们要谨防"革新的弊病"和"照搬外国的情况"。但国会议论和争论最多的仍然是争论了多年的农奴问题。要求改革的反对党建议采取自愿赎身的办法——农奴通过同地主自由协商将自己赎身，不再为地主服劳役，不再缴纳玖一税，可以把自己耕种的租地作为自己的私人财产。禁止地主法庭滥用权力审判农奴。按照当时的规定，提案只有在国会的上下两院及国王一致同意的情况下方可成为法律。宫廷打回了法律提案，并要求各州重新召开州议会讨论此事。这时，执政党利用金钱和酒肉收买了破落贵族的选票，再加上棍棒，于是在许多州挫败了反对派，并指示参加国会的代表们改变立场。在这种情况下，下院表决也不可能得到必要的票数。因此，一直延续了四年的国会收效甚少，宣布收场。

在这次国会中出现了两个最有影响的政治家，一个是韦谢莱尼·米克洛什（Wesselényi Miklós），另外一个是克尔切伊·费伦茨（Kölcsey Ferenc）。

韦谢莱尼是埃尔代伊的青年贵族代表，他曾同塞切尼一起周游欧洲，在塞切尼的影响下开始从事政治活动。他的《错误的观点》一书同塞切尼一样无情地鞭挞了"不可一世"的大贵族、"愚昧无知和游手好闲"的普通贵族。但在独立问题上，他比塞切尼要激进得多、坚定得多。他认为"我们和奥地利的这场婚姻并非是不能解除的"。

克尔切伊是全国驰名的诗人，他1823年写的一篇诗词被选为匈牙利国歌。他主张农奴永世赎身、彻底解放。他的农奴问题的纲领是"自由和财产"五个字。1834年12月，索特马尔州指示要他改变立场，但他宁愿辞职也没有同意。

另外，佐洛州的戴阿克·费伦茨（Deák Ferenc）是首次参加国会，但他后来成了反对派的领袖。首次参加国会的还有科苏特·拉约什（Kossuth Lajos），他不是代表，而是一位大贵族派他到波若尼去了解会议情况的。他只是一个小小的律师，但当国会结束时，他已经是全国闻名的人物了。他的成功归功于他编写的《国会报道》。为了避免新闻检查，《国会报道》是手抄本，原稿由科苏特撰写，国会的青年派组织复写，总共只有40—50份。但这一刊物分发到各州时，就可以左右那里的社会舆论。一个代表形象地描绘了它的作用："《国会报道》在偏见中打开了一个裂缝，进步的时代努力扩大它，独裁政权已经无法再堵上它。"

1835年3月2日，执政43年的国王费伦茨一世逝世。

## 53. 裴迪南五世国王 V.Ferdinand（1835—1848）

1793年4月19日出生。1830年加冕，1835年3月2日登基，1848年12月3日辞退。1875年6月29日逝世。在位13年，享年82岁。死后葬于布拉格。

父亲：费伦茨一世国王。

母亲：西里西亚王国的公主玛利亚·特蕾莎。

妻子：撒丁王国的公主玛利亚·安娜。

子女：无。

1835年费伦茨一世逝世后，42岁的裴迪南继承了匈牙利王位。他还继承了奥地利皇位、捷克王位（1836）和威尼斯王位（1838）。

据历史记载，裴迪南从小就患有癫痫病，智力很低，头部过大，四肢过短，本无能力胜任这一重担，但他是长子，所以还是由他继承了他父亲的皇位和王位。当时奥地利宰相梅特涅看准了他的这些弱点，为了自己的私利，也坚决支持他继承皇位。1835 年 2 月 28 日，在他父亲逝世前几天，他拿到了他父亲的临终遗言，他父亲嘱咐他"不要对国家机构做任何改动，在听取梅特涅意见之前对任何事情都不要作出决定"。当时所有的人，包括裴迪南也怀疑这封遗嘱可能出自宰相之手。不出所料，几十年后在梅特涅家族的档案中找到了由梅特涅起草的这份遗嘱的草稿。裴迪南在位的 13 年间，实际权力操纵在几个亲王和大臣组成的、所谓的"小内阁"手里，再进一步说，实权旁落在宰相梅特涅手中。裴迪南只不过是一个傀儡而已。有趣的是，都说他智力低下（智残），但他居然精通六种语言（德文、匈牙利文、捷克文、意大利文、法文和克罗地亚文），还会演奏多种乐器，并对自然科学非常感兴趣。他的根本问题是判断能力差，最致命的弱点是他总是听从最后一个和他谈话的人的意见。

1831 年，42 岁的裴迪南娶了撒丁王国的玛利亚·安娜公主（1803—1884）为妻，当时御医已证实裴迪南无法传宗接代，他们虽然只是挂名夫妻，但异常贤惠的皇后精心照料着随时会颠痫症发作的丈夫。1848 年革命时，玛利亚·安娜和若菲奥两姐妹终于成功说服裴迪南一世退位，将皇位让给了弟弟费伦茨·卡尔大公和苏菲的长子费伦茨·约瑟夫。退位后，夫妇俩搬到布拉格的一座城堡居住，全心全意地投入园艺、收集盾牌和乐器演奏中。这时他的精神和健康状况也大有改善，甚至懂得和妻子一起庆祝银婚。1875 年裴迪南逝世，享年 82 岁。

扼杀改良运动：1835 年，维也纳任命最傲慢、最冷酷、忠于朝廷的大贵族帕尔菲·菲代尔（Pálffi Fidel）为匈牙利大法官，他全力为朝廷效劳，政治诉讼案一个接一个。在匈牙利国会还在开会时，他便采取了第一项报复措施——对韦谢莱尼（Wesselényi Miklós）进行起诉。因为韦谢莱尼对政府阻挠农奴永世赎身非常气愤，他在索特马尔的一次演讲中说，看来维也纳希望"九百万农民起来造反——反对贵族。那时，政府当然会保护贵族的，但贵族们就会悔之莫及，因为他们就会由自由人降为奴仆了"。1835 年帕尔菲以"犯上罪"起诉了韦谢莱尼。有名的律师戴阿克（Deák）及克尔切伊（Kölcsey）为他进行了四年的辩护。1839 年，还是判了他三年监禁。接着帕尔菲对国会青年派领导人洛沃希·拉斯洛（Lovassy László）进行了起诉并判处十年监禁。科苏特·拉约什在 1837 年被捕，因为他在反映各州生活的《政法报道》中鼓动对案件的不满。洛沃希出狱时精神已失常，韦谢莱尼出狱时委顿不堪，两眼失明，唯有科苏特神采飞扬地走出牢房。

1839—1840 年的国会：在这届国会上，不但在下议院有戴阿克领导的强大的反对派，在上议院也出现了由鲍詹尼·拉约什（Batthyány Lajos）领导的反对派。在这次国会上改革派取得了胜利——不但释放了政治犯，而且还把农奴"自愿赎身"写进了法律。

1843—1844 年国会：在这次国会上，围绕着贵族也要纳税问题进行了激烈的斗争。贵族们的口号是："我们决不放弃用鲜血换来的自由！我们不交税！"由于他们的选票和手中的棍棒，实行普遍纳税的议案在国会上没有被通过。但改革派也取得了不少重大胜利，1844 年的第二号法令规定，匈牙利语是国语，即匈牙利语是立法、行政、司法和公共教育的正式语言。为了促进匈牙利语言的发展和应用，从 18 世纪末起，匈牙利的贵族们同朝廷进行了不屈不挠的斗争。从 1791 年起，国王允许在大学设立匈牙利语教研室；从 1792 年起，匈牙利语成了中学的一门必修课。1830 年宣布，匈牙利职员必须掌握匈牙利语知识；1836 年，匈牙利语成了正式的法律语言。1844 年正式以法律的形式确认匈牙利语为国语。

科苏特同塞切尼之争：科苏特主张：第一，彻底"取消农奴制"，由国会宣布解放农奴，国家承担地主的损失；第二，取消贵族免税的特权；第三，实行人民代表制，非贵族也可以参加立法机构。他主张由拥有中等土地的贵族来担当领导，对待大贵族们的态度是，"倘若你们愿意，可以和我们在一起，我们也尊重你们。如果必要的话，就不需要你们，甚至反对你们"。他认为，匈牙利在经济上和政治上不要依附奥地利，民族独立和社会进步是不可分割的。

塞切尼从 1832 年开始就不同意科苏特的观点，这时，他指责科苏特"把匈牙利推向坟墓"。他认为，哈布斯堡势力过于强大，匈牙利斗不过它。匈牙利只能通过内部逐步改革，同维也纳朝廷手挽着手，国家才能前进。在这场大辩论中，反对派中的所有主要人物（戴阿克、韦谢莱尼和厄特弗什（Eötvös））都站在科苏特一边。在争论中塞切尼被孤立了，而且大失民心，后来他越来越向政府靠拢。

最后一届等级国会（1847—1848）：1847 年，在戴阿克和鲍詹尼的领导下成立了统一的反对党，并在"反对党声明"中概括了党的纲领：解放农奴，实行普遍征税，实行人民代表制和要求在法律面前人人平等。由于反对党和保守党的建立，使得 1847 年的国会选举变得异常激烈。哪一方都不惜金钱和酒肉。保守党千方百计地阻止科苏特当选为佩斯州的代表，虽然总理大臣、考洛乔的大主教、瓦茨的主教和佩斯州的行政官员倾巢出动都无济于事，科苏特还是当选为佩斯州的一名代表。塞切尼害怕即将来临的革命，他指控科苏特是"行将爆发的革命的罪魁祸首"。为了阻止实现科苏特的愿望，塞切尼也去竞选州的代表，虽然他在所在肖普朗州遭到失败，但他还是作为莫雄州的代表进入了下议院。国会中保守党和反对党势力相当，如果反对党能团结一致，就有可能战胜保守党。在第一个回合中，反对党把矛头直指政府的专制主义，虽然保守党答应进行改革，并让国王裴迪南在国会上用匈牙利语发表讲话（这是哈布斯堡统治以来的第一次），但他们还是失败了，下议院通过了谴责政府的决议案。

这时，保守党发现，反对党的右翼并不总是支持科苏特的，因为他们嫉妒他，害怕他的革命精神。因此，他们开始进行分裂反对党的活动，挑动一部分反对党人另外去组织一个中间党，并答应将支持他们的普遍纳税和农奴永世赎身等要求。正当国会还在进行时，欧洲的革命风暴席卷而来。

1848—1849 年的革命：当意大利一月革命和巴黎二月革命的消息传到匈牙利后，大大鼓励了国会中反对派的积极性。3 月 3 日，科苏特在国会下议院提出：废除农奴制、建立人民代表制度，在匈牙利实行自治。这些要求成了裴多菲等人所拟定的《十二条》纲领的基础。3 月 3 日，维也纳爆发革命，并取得了胜利。3 月 14 日，奥地利皇帝免去了梅特涅的首相职务，这个不可一世的反动家伙不得不逃亡国外避难。维也纳三月革命胜利的消息一传到匈牙利，便引起巨大的反响。聚集在皮尔沃克斯（Pilvax）咖啡馆的以裴多菲为代表的革命者们，当听到维也纳革命胜利的消息后，马上展开了革命活动。3 月 15 日黎明，他们通过了资产阶级改革的政治纲领，即著名的《十二条》：匈牙利人民希望什么？和平、自由和团结。这十二条分别是：1. 要求出版自由，取消书报检查；2. 在布达—佩斯成立责任内阁；3. 每年在佩斯召开议会；4. 在法律面前人人平等；5. 建立民族自卫队；6. 在平等代表权的基础上共同负担捐税；7. 废除农奴劳役制；8. 设立有陪审团的陪审制度；9. 组织国家银行；10. 军队忠于宪法，不许把匈牙利军队派往国外，撤销外国在匈牙利的驻军；11. 释放政治犯；12. 埃尔代伊归并匈牙利，成立联邦。他们的口号是："平等，自由，博爱！"

《十二条》通过后，佩斯的革命者裴多菲，带领大家高唱着革命歌曲，到大街上游行，队伍越来越大。当队伍走到兰德莱尔印刷厂时，立即占领了印刷厂，并印刷了《十二条》及裴多菲前一夜写的《民族之歌》。中午开始在群众中大量散发，人们惊喜若狂。裴多菲在《民族之歌》中写道："起来，匈牙利人，祖国在召唤！时候到了，现在干或者永远不干！是做自由人，还是做奴隶？就是这个问题：你们自己选择——我们宣誓，我们宣誓，我们，永不做奴隶！做自由人！"

当天，裴多菲在民族博物馆的台阶上多次朗诵《民族之歌》，之后，群众包围了市政厅，强迫市长在《十二条》上签了字。这时政府军队开来了，愤怒的群众高呼"拿起武器来，拿起武器来！""到布达去，去打开牢门！"马上有两万多群众伴随着一个代表团涌向总督府，向总督申述各项要求，最后，总督府不得不同意《十二条》的全部要求，并向军队下达不要干涉的命令。之后，群众冲进牢房释放了在押的政治犯，其中就有农民出身的革命作家坦奇奇·米哈伊（Táncsics Mihály），将近中午时刻，革命群众控制了整个首都，并成立了革命的政权机关——由各界人士组成的公安委员会。

在国会上，以科苏特为代表的反对派提出建立匈牙利独立政府和废除封建制度的建议，国会慑于革命的威力被迫表决通过了决议，并由科苏特带领 100 人组成的代表团拿着国会的决议到了维也纳，要求国王裴迪南批准。在人民群众革命的压力下，裴迪南五世国王不得不同意成立匈牙利责任内阁。1848 年 3 月 17 日，裴迪南国王授权匈牙利温和派贵族鲍詹尼·拉约什伯爵（Batthyány Lajos）负责组织匈牙利第一个责任内阁，鲍詹尼任总理，科苏特任财政部长，塞切尼任交通部长，厄特沃什任教育部长。3 月 18 日，责任内阁通过了如下法令：责任内阁对国会负责；在军事和财政上独立自主；取消劳役制、什一税和现金税，实行普遍课税，等等。新内阁同时还制定了新的选举法，这些都是佩斯人民在三月革命中取得的成果。可是，要实行这些法令还必须经过裴迪南国王（皇帝）的批准。最后，裴迪南只批准了普遍课税一项，并于 3 月 17 日颁布了一项赦令，规定匈牙利政府无权处理国家的军事和财政事务。

这时，匈牙利人民再也不能忍受了，佩斯人民举行群众大会和游行，他们高呼："武装起来！""打倒德意志人的政府！""共和国万岁！"群众大会和游行从 3 月 27 日一直持续到 3 月 31 日。此间，公安委员会向各地发出号召，要他们支持佩斯人民的革命行动，于是革命运动席卷全国。在人民群众的强大压力下，裴迪南取消了赦令，并亲自前往波若尼，于 4 月 11 日举行隆重仪式，裴迪南国王批准了匈牙利国会和内阁所通过的一切法令（裴迪南国王还用匈牙利语在国会上发表了讲话），至此，最后一届匈牙利等级国会宣告结束。1848 年法令在实质上消灭了封建制度，为匈牙利向资本主义发展开辟了道路。

1848—1849 年的自卫战争：第一届责任内阁的处境十分困难，它没有钱财，没有自己的军队，没有经验，国家处于革命的烈火中。因此，鲍詹尼（Batthyány Lajos）总理认为解决的办法有二：第一，要与维也纳宫廷进行真诚合作；第二，要迫使革命退却，如有必要，政府还会使用武力来镇压不满的农民，坚决阻止革命的继续发展。另外，政府没有解决好民族问题。克罗地亚、塞尔维亚、罗马尼亚和斯洛伐克等少数民族不满足三月革命成果，这些民族现在已经不满足合法使用本民族语言了，他们还要求自己的民族权利，甚至要求一定的区域自治权。匈牙利政府把他们的要求，无论合理的或不合理的统统予以拒绝。1848 年夏，塞尔维亚人和克罗地亚人为了本民族的利益相继拿起武器起义了，匈牙利政府则派兵去镇压。这时，维也纳便乘机进行挑拨离间，把本来支持匈牙利革命的这些民族，变成了反对匈牙利革命的势力。

裴迪南6月镇压了布拉格的起义，8月又扼杀了意大利的革命，随后便集中力量来镇压匈牙利革命。8月29日，国会派鲍詹尼总理和戴阿克前往维也纳，希望裴迪南劝说塞尔维亚人放下武器和阻止耶拉契奇对匈牙利的进攻，但裴迪南根本就没有接见他们。维也纳把镇压匈牙利革命的希望寄托在克罗地亚督军耶拉契奇·约瑟夫（Jellasics J ó zsef）身上。9月4日，裴迪南任命耶拉契奇为镇压匈牙利革命的总司令。9月11日，耶拉契奇的军队渡过德拉瓦河，大举进攻匈牙利。同一天，鲍詹尼辞去了总理职务。这时，伊斯特万宰相再次委任鲍詹尼组建新政府，并试图劝说耶拉契奇不要进攻匈牙利，但耶拉契奇不听他的话，随后他回到维也纳，并辞去宰相职务。这时，根据科苏特的建议，匈牙利国会通过了成立国防委员会来代替鲍詹尼政府的议案，国防委员会由6人组成，科苏特任主席。鲍詹尼宣布辞职，10月1日将政权转交给国防委员会，委员会立即着手组建国民自卫队。科苏特成了匈牙利民族解放运动的领袖。

哈布斯堡王朝为了彻底摧毁欧洲革命的最后一个基地，迅速把匈牙利革命镇压下去，便选择匈牙利贵族拉姆拜尔格伯爵（Lamberg）为总督，让这个败类去充当镇压匈牙利革命的刽子手。这个任命激起了人民群众的极大愤慨和坚决反对。9月27日，拉姆拜尔格到达布达，28日早晨，佩斯人民得知这一消息后，成千上万的人开始游行，游行队伍到达军用仓库时，便捣毁仓库，取出武器，武装自己。下午两点左右，拉姆拜尔格的车来到布达通往佩斯的浮桥上，游行队伍这时也来到这里。顿时，游行队伍发出"绞死叛徒""叛徒罪该万死"的口号，群众当场把他从车上拉下，宣布了匈牙利人民对他的判决，并立即处死。接着，裴迪南国王宣布处死拉姆拜尔格为叛乱事件，并设立战地军事法庭，同时任命耶拉契奇为匈牙利总督。国防委员会主席科苏特针锋相对，宣布裴迪南国王的声明无效。

9月29日，匈牙利自卫军在帕科兹（P á koz）同奥军决战，击败了耶拉契奇的军队，取得了自卫战争的第一个胜利。耶拉契奇的残余部队在退却时，又被俘虏和击毙一万多人。10月7日，自卫军把赶来支援耶拉契奇的奥军包围起来，并迫使他们投降，再次取得胜利。10月10日，追击耶拉契奇的匈牙利部队直逼奥地利边境。

10月6日，维也纳人民为了反对奥军入侵匈牙利，支持匈牙利人民，再次起义。起义者击退了政府军队，军事大臣拉多尔贝被绞死在路灯杆上，裴迪南五世及其皇室逃到奥尔木茨。科苏特坚决主张支持革命的维也纳，他认为维也纳革命的覆灭就是匈牙利革命的失败。但以军队总指挥莫高（Moga János）为代表的一些军官，借口耶拉契奇和奥皇的军队装备好、力量强，难以战胜，反对支援维也纳；以卡尼为代表的另外一部分人则认为，应当刻不容缓地支援维也纳，因为支援维也纳就是保卫匈牙利革命。经过激烈的争论，以国防委员会的名义通过了支援维也纳革命的决议。但莫高·亚诺什（Moga János）却以种种借口对抗国防委员会的命令，使匈牙利的军队在奥地利边境停留了三周之久。当莫高被迫进攻时，有利时机已经丧失。10月29日夜至30日，匈牙利军队和奥地利军队在施韦哈特（Schwechat）发生了激烈的战斗。由于莫高的叛卖行为，匈牙利军队遭到重挫（莫高受伤），维也纳的革命没有得到任何援助。10月31日，奥军占领了维也纳，将革命扼杀在血泊中。

施韦哈特战役后，国防委员会撤销了莫高的职务，任命格尔盖伊·奥尔图尔（Görgey Artúr）为匈牙利军队总指挥，奥匈军队之间整整对峙了六个星期，没有采取军事行动。当双方都在忙于充实自己的力量时，哈布斯堡王朝忽然发生变故，1848年12月1日，裴迪南五世宣布费伦茨·约瑟夫为成年人。第二天，12月2日裴迪南五世宣布逊位，把皇位和王位让给了他的侄子费伦茨·约瑟夫。

## 54. 裴伦茨·约瑟夫国王 Ferenc József（1848—1916）

出生于1830年8月18日。1848年12月2日登基为奥地利帝国皇帝。从1848年到1867年为匈牙利国王，但一直没有加冕。1867年成立奥匈帝国，费伦茨为奥匈帝国皇帝，并于当年6月8日加冕为匈牙利国王。1916年11月21日逝世。在位68年，享年86岁。他是匈牙利国王中在位时间最长、寿命最高的一位国王。

父亲：裴伦茨·卡罗伊王子（前国王裴迪南的弟弟）。

母亲：巴伐利亚公主若菲奥。

妻子：巴伐利亚的公主伊丽莎白。

子女：若菲奥（Zsófia），鲁道夫（Rudolf），玛利亚（Mária），沃蕾丽奥（Valéria），吉泽洛（Gizella）。

裴迪南五世之所以退位，第一是为了镇压匈牙利革命。1848年4月11日，裴迪南亲自批准了匈牙利国会和鲍詹尼政府的所有法律。在这种情况下，裴迪南既不能废黜这些法律，也不能马上去镇压匈牙利的革命，如果换上另外一个皇帝（国王），他就可以推翻前任的决策。可以说，皇帝的更换把奥地利帝国从革命的危机中拯救了出来，这是其一。另外，裴迪南智力低下，本无能力胜任，一是因为他是长子，二是因为当时的宰相梅特涅想利用他，才把他推上了皇帝的宝座。他辞职后本应由其弟弟费伦茨·卡罗伊继承皇位，但他弟弟出于对帝国长远利益的考虑，自愿把皇位（王位）让给了他年仅18岁的儿子费伦茨·约瑟夫。

匈牙利国会对裴迪南宣布逊位和费伦茨·约瑟夫继位不予承认。因为按照哈布斯堡的继承法：第一，只有前皇帝逝世后，别人才可以继位；第二，即便是皇帝裴迪南不在了，也轮不到费伦茨·约瑟夫继位，只有他的父亲费伦茨·卡罗伊才有权继承皇位。据此，匈牙利国会仍承认裴迪南五世为匈牙利国王，但对费伦茨本人也没有完全拒绝，国会认为，如果费伦茨宣誓忠于并执行匈牙利宪法，他还是可以当匈牙利国王的。但费伦茨登基后，没有宣誓忠于匈牙利宪法，不但没有承认前国王裴迪南五世签署的匈牙利国会和内阁在1848年4月所颁布的法律，反而宣布废除了这些法律。

镇压匈牙利革命：费伦茨上台的第9天就立即发布向匈牙利进攻的命令。12月13日，在文迪施格雷茨（Windischgratz）公爵率领下的五万装备精良的奥军开始向匈牙利进攻。而匈牙利当时只有2万5千新兵。司令是格尔盖伊·奥尔图尔（Görgey Artúr）。在文迪施格雷茨进攻时，格尔盖伊不做任何抵抗，节节败退，仅仅两个星期，奥军就逼近了首都佩斯。匈牙利于12月31日召开了上下两院议会，在国会上决定将国防委员会和国会迁到德布勒森。1849年1月5日，匈牙利首都佩斯沦陷了。2月26—27日在卡波尔瑙（Kápolna）战役中，匈牙利军队遭到惨重失败。当奥地利皇帝费伦茨得知文迪施格雷茨胜利的消息后，于1849年3月14日公布了"赦令"宪法——《奥尔木茨宪法》。宪法规定：取消匈牙利的自治权，匈牙利仍属哈布斯堡王朝管辖，变成哈布斯堡君主国的一个行省，并将克罗地亚、斯洛文尼亚、伏伊伏迪那和埃尔代伊从匈牙利领土中分割出去。

新宪法激起了匈牙利人民的坚决反对。4月14日，匈牙利国会通过了匈牙利独立宣言，废除哈布斯堡王朝的统治，宣布匈牙利独立，科苏特被选为新的国家元首，并成立了以塞迈赖（Szemere Bertalan）为总理的新政府。4月19日，匈牙利军队在纳吉萨洛（Nagyszálló）决定性的战役中打败了奥军，4月22日解放了科马罗姆（Komárom），5月21日夺回了布达，匈牙利首都光复了。

匈牙利革命的巨大胜利，使国际反动派大为震惊，沙皇俄国竭力主张镇压匈牙利革命。5月1日，费伦茨皇帝给俄国沙皇写了一封亲笔信，请求沙皇出兵，5月初，沙皇尼古拉一世同奥地利皇帝费伦茨在华沙会晤，商讨了沙皇俄国出兵匈牙利的一切问题。沙皇于5月9日正式发表声明，为了镇压匈牙利革命，俄国愿意向费伦茨皇帝提供帮助。这时，哈布斯堡王朝看到，它已经无力单独镇压匈牙利革命了，于是便接受了早就毛遂自荐的俄国沙皇的援助。5 月 27 日，尼古拉下令巴斯凯维奇统帅 20 万俄军、携带 567 门大炮，通过杜克洛隘口和埃尔代伊诸通道向匈牙利发起进攻。俄奥联军总共有 37 万人之多，而匈牙利国防军只有 17 万，且大都是新兵，装备十分落后。

在匈牙利民族自卫战中，不能不提到的一个人物是拜姆·约瑟夫（Bem József）。他曾是波兰的一名军官，参加过 1830 年的波兰起义，后到奥地利。他参加过 1848 年 10 月 14 日维也纳的起义，起义失败后他化装来到匈牙利。1848 年 12 月 1 日，科苏特任命他为埃尔代伊军队的司令，他在短短的 3 个月之内，就把奥军赶出了埃尔代伊。因此，匈牙利国会于 1849 年 3 月 23 日任命他为中将。沙俄军队侵入埃尔代伊后，他与一支 7 万人的俄军遭遇，经浴血奋战之后，7 月 31 日在谢盖什瓦尔（Segesvár，今罗马尼亚的锡吉什瓦拉）战役中惨败于俄国军队（匈牙利著名诗人裴多菲就牺牲在这场战役中），8 月 11 日又在泰迈什瓦尔（Temesvár）惨败于奥地利军队。

1849 年 8 月 10 日，国家元首科苏特和军队总司令格尔盖伊·奥尔图尔（Görgey Artúr）二人在奥劳德（Arad）城堡达成如下共识：如果拜姆在泰迈什瓦尔取得胜利，格尔盖伊就同拜姆会合，共同去应战俄军。如果拜姆战败了，那就没有别的出路了，只有放下武器。与此同时，政府部长会议也作出决定：请沙皇家族的某个成员任匈牙利国王，如果俄方不同意此方案，也不愿意在匈牙利和奥地利之间做调停人的话，在最后决战失败后，匈牙利军人愿意在俄军面前放下武器。拜姆在泰迈什瓦尔失败后，8 月 11 日，再次召开部长会议，科苏特及内阁成员授权格尔盖伊以全权代表身份同俄军谈判，科苏特辞去国家元首职务，逃亡土耳其避难。格尔盖伊没有其他路可走了，于 8 月 13 日在维拉戈什（Világos）向俄军总司令巴斯凯奇缴械投降。匈牙利革命在国际反动力量的联合进攻下，被镇压下去了。1848 年革命的最后一点"火星"也熄灭了。

专制统治时期：在匈牙利革命被镇压下去后，费伦茨皇帝在帝国内实行了10 年的专制统治，他把奥地利和匈牙利的宪法统统废除，也不召开国会，完全依靠法令进行统治，从 1850 年 4 月 14 日起，他还亲自兼任奥地利首相职务。

格尔盖伊缴械投降后，除国家元首科苏特、政府总理塞迈赖和贝姆将军等部分领导人越过边界逃亡到邻国土耳其外，其他人，有的寄希望于维也纳的宽恕，有的不愿意离开祖国，而投降了敌人。虽然沙皇曾要求费伦茨皇帝对匈牙利人要采取宽容的态度，但费伦茨皇帝还是授奥地利元帅海瑙（Julius Jacob Haynau）以全权，派往匈牙利掌握生杀予夺大权。这个匈牙利的刽子手，于 1849 年 10 月 6

日在奥劳德（Arad）将十三位国防军的将领绞死或枪杀。同一天，还在佩斯的兵营里枪杀了第一任总理鲍詹尼·拉约什。逃亡国外的领导人也被缺席判处死刑，把他们的名字挂在绞刑架上。另外，还有上千的爱国者被判重刑，投入监牢，4万名国防军战士作为惩罚被送到奥地利军队当兵。当大屠杀的消息传到俄国沙皇那里后，沙皇也表示了不满。在国内外舆论的压力下，费伦茨于1850年7月6日解除了海瑙的职务，由巴哈（Bach）取代了他。

巴哈想把匈牙利融入"统一且不可分割"的帝国内，他立刻剥夺了匈牙利的独立权，并宣布宪法无效。把克罗地亚和埃尔代伊从匈牙利分割出去后，还嫌匈牙利领土过大，因此，又把塞尔维亚和泰迈什（Temes）从匈牙利国土中分割出去。他取消了州的建制，于1850年9月13日下令把剩余的匈牙利国土划分为5个大区：佩斯—布达区、肖普朗区（Sopron）、波若尼区（Pozsony）、考绍伊区（Kassa）和纳吉瓦劳德区（Nagyvárad）。每个区的区长都由国王（皇帝）指派。每个区都有自己的行政和司法机构。1850年，取消了匈牙利和奥地利之间的传统关税边界（这一措施大大促进了匈牙利农业的发展）。巴哈政权把天主教视为精神支柱，1850年，费伦茨皇帝放弃了罗马教廷的诏书中没有皇帝的同意不得公布的规定。1855年费伦茨同教廷签订教务专约，还把初等教育和婚姻登记权交给了天主教会。巴哈体制也不是彻头彻尾的反动。1850年4月起，颁布了普遍纳税制，1853年颁布了农奴免交赎金的数目，并规定可逐步向地主支付赎金。

在1859年的奥地利和意大利的战争中，奥地利遭到惨败，被迫放弃伦巴底。军事上的失败伴随着经济上的困难，帝国国债以灾难性的速度增长，收支失去平衡，国家面临崩溃。巴哈政权再也维持不下去了，巴哈于1859年8月22日被撤职。

费伦茨放弃专制制度：这时维也纳清楚地看到，长达10年的专制统治已彻底失败了，必须尽快另找出路。费伦茨于1860年郑重宣布放弃公开的专制制度，于10月20日颁布了所谓的"十月赦令"。赦令在许多领域恢复了1848年以前的状况，并许诺恢复国会（但国会只能决定税收和征兵问题）。还解决了部分国家领土统一问题（重新把塞尔维亚归还给匈牙利）；恢复了匈牙利政务署、总督公署、枢密院，允许用匈牙利语教学及恢复各州自治政府。1861年2月26日，费伦茨颁布"特许状"，对"赦令"进行了修改。将1851年的帝国议政会改组成由343人组成的"帝国议会"，其中匈牙利代表85人，埃尔代伊26人，克罗地亚和斯洛文尼亚各9人，即匈牙利王国占120个席位，奥地利占223个席位（其中捷克占54个席位）。

# 匈牙利历代国王 (1000—1918)

　　1861 年的国会：为了通过费伦茨的新宪法（10 月赦书和特许状），1861年 4 月 6 日召开了匈牙利国会。国会代表一致反对朝廷的立场，要求执行裴迪南五世 1848 年签署的宪法。但在如何表达自己的观点上产生了分歧。以戴阿克（Deák Ferenc）为首的"上书派"承认费伦茨为匈牙利国王，主张用给宫廷上书的办法申述自己的观点；而以泰莱基·约瑟夫（Teleki józsef）为首的从国外流亡回国的人们不承认未经国会批准就登基的费伦茨为匈牙利国王，他们主张用向世界舆论发表决议的方式来表达自己的意见，故称他们为"决议派"。当时大多数人倾向于泰莱基的观点，就在国会表决的前夕，5 月 8 日泰莱基突然自杀身亡。6 月 5 日表决时，"上书派"以 155 对 152 的三票优势获胜。7 月 8 日"上书"国王，要求恢复 1848 年的宪法，但遭到了费伦茨国王的拒绝。8 月 14日，国会再次向国王"上书"。8 天之后，国王下令解散了国会。10 月末费伦茨又解散了各州的议会，11 月 5 日，国王宣布进入过渡时期。过渡期坚持了 5 年（1861—1865）。

　　妥协：这时流亡在国外的科苏特主张建立包括匈牙利—克罗地亚—埃尔代伊—塞尔维亚—罗马尼亚在内的"多瑙河联邦"。但匈牙利统治阶级中大多数主张同哈布斯堡妥协。他们认为，如果奥地利帝国解体了，在强大的俄国和德意志帝国之间不可能存在一个独立的匈牙利。

　　奥地利帝国（1804—1867）是一个中央集权的统一帝国，而且凌驾于普鲁士之上，是欧洲列强之一。但 19 世纪中叶，这个帝国的国力大大削弱了。

　　匈牙利民族是奥地利帝国中的第二大民族，而且它的面积占了帝国的三分之一；为了保障奥地利皇帝在匈牙利的地位和防止这么一个强大的国家脱离奥地利而独立，费伦茨·约瑟夫皇帝不得不与匈牙利的贵族举行安抚性质的谈判，寻求一个能得到他们支持的折中方案。一些政府官员劝告费伦茨·约瑟夫与所有民族运动家谈判，建立一个联邦国家。他们担心单独与匈牙利贵族谈判会遭到其他民族更大的反对。但费伦茨·约瑟夫无法忽视匈牙利贵族的势力，而这些贵族只肯接受一个他们与奥地利传统贵族之间的二元体。当时，罗马尼亚和斯拉夫等少数民族亦曾要求参与政权，建立多元（七元）政府，但基于奥地利和匈牙利贵族的反对，此方案被废除。

　　1862 年年底，费伦茨国王命令奥波尼·久尔吉（Apponyi György）制定一份两国妥协的方案。奥波尼在方案中提出，第一，奥地利不能把匈牙利完全吞并；第二，要保持匈牙利法律的连续性；第三，要保持匈牙利国会和政府各部。根据以上原则提出，要建立二元制国家，另设两国共有的外交、国防和财政三个独立部。费伦茨国王否定了这个方案。但 1867 年的妥协协议还是采纳了这一建议。

1864 年年底，费伦茨国王在同匈牙利的政治家戴阿克的秘密谈判中暗示了同匈牙利和解的意图，而戴阿克则抓住时机在报纸上公开称，如果能恢复宪法，并建立两国共有的外交、国防和财政部的话，匈牙利方面愿意同奥地利和解。这时，费伦茨解除了梅林的职务，改组了内阁，并于 1865 年年底召开了国会，由于奥普战争的爆发，国会被迫终止。

奥普战争中虽然匈牙利举国上下都积极支持奥地利，但奥地利还是失败了。奥地利被迫声明，放弃对德国国内统一事务的干预，鉴于此，哈布斯堡家族在德国的影响消失了。由于意大利在战争中是普鲁士的盟国，因此，奥普战争后意大利得到了自拿破仑战争以来就属于奥地利的威尼斯。奥地利在奥普战争中的失败也促使费伦茨加速同匈牙利妥协的步伐。经过几个月紧锣密鼓的谈判，奥匈终于在 1867 年达成了妥协协议。实际上协议承认了匈牙利 1848 年的各项法律，并第二次（第一次是在 1848 年）任命了匈牙利的责任内阁。

1867 年 2 月，奥地利国会以 257 票同意、117 票反对、22 票弃权通过了妥协协议。匈牙利国会于 5 月以 209 票赞同、89 票反对也通过了妥协协议的条款。至此，历史上的奥匈帝国便诞生了。当时，按土地面积它仅排在俄罗斯之后，是欧洲第二大国；按人口计算，它排在俄罗斯和德意志帝国之后，位居第三位。

奥匈帝国：奥匈帝国是匈牙利贵族与奥地利哈布斯堡在争取维持原来的奥地利帝国时所达成的一个折中解决方案。奥匈帝国由一个君主（奥地利称其为皇帝，匈牙利称其为国王）、两个国家和三个政府组成。两个国家是：两个在内政上各自独立的立宪制国家，奥地利和匈牙利。但两国均放弃了国家主权的重要象征——外交、军事和财政权。匈牙利和奥地利各有自己的议会和自己的首相（总理）。三个政府：匈牙利政府、奥地利政府和一个由皇帝直接领导下的两国的共同政府。匈牙利议会只能对税收和征兵数额进行监督。议会的法律草案都必须事先经皇帝（国王）的批准才能提交国会。

皇帝领导下的两国的共同政府由两国共有的外交部、国防部和财政部组成（设在维也纳），三个部长由皇帝任命，部长们只对皇帝负责。由这三个部的部长、两国的首相（总理）、部队总参谋长、一些大公和皇帝本人组成的部长会议来领导这三个部的工作。两国议会各选派一个 60 人组成的委员会和代表团对三个部的工作进行监督，委员会和代表团的例会在维也纳和布达佩斯轮流召开。两国的委员会和代表团会议也不在一起开，各开各的，以信件的形式进行交流，只有在意见相悖，需要表决时才聚在一起开会。实际上，只能对经济和财政问题进行监督，对外政策和军事事务仍是皇帝的特权。

另外，两国还保留了关税同盟，按规定，关税税率每 10 年重订一次。匈牙

**匈牙利历代国王 (1000—1918)**

利和奥地利都有自己的军队。帝国也有自己的陆军和海军。按规定，两国对帝国国防开支承担的份额也每10年重订一次。起初，匈牙利承担两国共同费用的30%，后来增加到33%。此外，匈牙利还承担了一部分国家的债务。

从领土上来说，奥匈帝国分两部分：内莱塔尼亚（即奥地利部分）和外莱塔尼亚（即匈牙利王国部分）。内莱塔尼亚包括：奥地利、斯洛文尼亚、波希米亚（捷克）、摩拉维亚、加里西亚和达尔马提亚。外莱塔尼亚包括：匈牙利、斯洛伐克、埃尔代伊（特兰西瓦尼亚）和克罗地亚。

另外，费乌姆（即今里耶卡）为自由市。意大利语称其为费乌姆（Fiume），克罗地亚语称其为里耶卡（Rijeka）。而波斯尼亚和黑塞哥维那为独立的帝国直辖地区，由匈牙利和奥地利共同管理。此外，奥匈帝国还在中国的天津拥有1030亩的天津奥租界。

# 八、奥匈帝国时期的匈牙利王国（1867—1916）

## 费伦茨·约瑟夫国王续篇（1867—1916）

费伦茨国王的加冕仪式：奥匈帝国的皇帝是原奥地利帝国的皇帝费伦茨·约瑟夫，直到 1916 年 11 月 21 日去世，他一直都是奥匈帝国的皇帝、奥地利皇帝和匈牙利国王。但他从 1848 年 12 月 2 日到 1867 年的这 19 年间一直没有举办匈牙利国王的加冕仪式。

1867 年 6 月 6 日，费伦茨国王在王宫接见了匈牙利国会代表团，并向代表团递交了他用匈牙利文书写的（这是哈布斯堡王朝的国王第一次使用匈牙利文书写）效忠宪法的保证书，至此，为费伦茨加冕的一切障碍都已排除。6 月 8 日，匈牙利为费伦茨和她的夫人伊丽莎白（小名茜茜）在布达佩斯的马加什教堂举办了非常隆重的加冕仪式。早晨 6 点，大贵族们、奥地利皇朝的大公们、国会代表以及国内外贵宾们都急忙赶往教堂，因为仪式 7 点开始。身着匈牙利将军服的费伦茨骑着马，伊丽莎白坐着轿前往教堂。走在国王前面的是：匈牙利总理安德拉希伯爵（过去这是宰相的职权）捧着王冠，大法官拿着国王的仗节，克罗地亚总督拿着象征王权的（顶上有十字架的）金苹果，宫廷主斟酒师拿着圣·伊斯特万剑，一位高级教士拿着双十字架，财长洛尼奥伊拿着一个小十字架，国王的内侍拿着另外一个小十字架。

高级教士们在教堂门口欢迎。当费伦茨步入教堂时，教堂里奏起了作曲家李斯特专为费伦茨的加冕赶写的《加冕弥撒曲》（在加冕仪式的前两天，费伦茨还给李斯特颁发了"费伦茨·约瑟夫奖章"，但不知何故，竟然没有正式邀请李斯特参加加冕仪式）。加冕仪式开始前，考洛乔的主教面向大主教发问："我们尊敬的先生，天主教会是否愿意把这位大公提升到匈牙利国王的高位？"对此，大主教反问："你们是否相信这是值得和有益的提升？"考洛乔的主教回答说："我们明了并相信，这一举措对神圣的教会和帝国政府都是值得和有益的。"随后，红衣大主教希莫尔·亚诺士（Simor János）和匈牙利总理安德拉希·久洛伯爵（Andrássy Gyula）将圣·伊斯特万王冠戴在了费伦茨的头上。

接着是给王后加冕，费伦茨国王从宝座上站起来，把王冠摘下来递给大主教。根据匈牙利的传统，维斯普雷姆的大主教享有给王后加冕的特权。王冠不能戴在王后的头上，只能用王冠碰一下王后的右肩。

然后，国王及所有随从骑着马从教堂前往佩斯的宣誓广场（即现在的3月15日广场），马路两侧挤满了前来观看的人群，一路上财政部长洛尼奥伊（Lónyay）不断地向马路两侧的人群中抛撒金银硬币。费伦茨国王在宣誓广场用匈牙利语宣读了他的"效忠宪法的保证书"，然后，国王挥剑疾马上了"加冕山丘"，加冕山丘的土是从匈牙利72个州运来的，在山丘上国王向东西南北四个方向各刺一剑，以示国王要击退来自各方的敌人，以确保国家的安全和维护匈牙利宪法。当晚在多瑙河边的文化中心（Vigadó）举办了盛大的庆祝晚宴。

按照惯例，国会是要给国王和王后赠送礼品的，国会将格德勒市（Gödöllö）及格德勒市的格劳绍尔科维奇（Grassalkovich）别墅赠送给国王和王后（之后，伊丽莎白王后每年春天和秋天都到这里来休养）。6月9日，布达和佩斯向国王和王后各赠送5万金福林的礼金，国王和王后欣然接收，随后他们就把这10万金福林献给了在1848—1849年自由战争中的致残人员及其家属。第二天正好是圣灵降临节，国王宣布大赦令，释放了所有在押犯人。

费伦茨的继承人问题：费伦茨只有一个儿子鲁道夫，是他当然的继承人，但他的儿子于1889年1月30日与女友玛丽·维泽拉在维也纳森林中的梅耶林自杀身亡。鲁道夫去世后，按顺序他的大弟弟裴迪南·米克绍应为皇储的人选。在拿破仑三世的努力下，他的大弟弟米克绍当上了墨西哥的皇帝，1867年，墨西哥爆发革命，革命军将他弟弟米克绍处以极刑，米克绍虽然结了婚，但膝下无子。按规定，皇储的位置应属于他的二弟卡罗伊·拉约什，但卡罗伊这时已先他离开人世，所以费伦茨立卡罗伊·拉约什的儿子费伦茨·裴迪南为接班人。但新的皇储费伦茨·裴迪南同费伦茨皇帝政见也不同，他主张通过兼并塞尔维亚王国将奥匈帝国由奥地利、匈牙利组成的二元帝国扩展为由奥地利、匈牙利与南斯拉夫组成的三元帝国，因此两人关系并不好。另外，裴迪南与捷克一位外交家的女儿霍尔贝格女公爵的婚姻属贵贱通婚。费伦茨皇帝坚决反对这桩婚姻，经过长时间的争吵，最后费伦茨皇帝提出了非常苛刻的条件：皇室的人不得参加其婚礼；他们的子女既不能继承皇位也不能使用费伦茨家族的姓，故其子女随其母亲的姓（霍尔贝格）；如果裴迪南继承了皇位，不能称他的夫人为皇后，只能称为皇帝的夫人。裴迪南的这桩婚姻，也引起了他的家庭矛盾。他结婚时，他的两个弟弟和妹妹都没有参加他们的婚礼，只有他的继母领着两个同父异母的妹妹参加了婚礼。裴迪南皇储及其夫人于1914年6月28日到波斯尼亚参加阅兵式，在萨拉热窝被塞尔维亚极端分子普林西普暗杀身亡。裴迪南夫妇被暗杀后费伦茨皇帝悲哀地说，"他们的死是上帝对我的惩罚。"裴迪南被暗杀后，因裴迪南的儿子没有皇位继承权，这时，费伦茨又立裴迪南的弟弟、奥托的儿子卡罗伊为接班人，费伦茨于 1916 年 11 月 21 日逝世后卡罗伊继位，世人称其为卡罗伊四世。

费伦茨的性格和生活方式：费伦茨的工作能力、（对上帝的）虔诚和使命感都是无与伦比的。但他在政治上是一个极端保守主义者，帝国思想主宰着他的思维方式，他从来就没有理解过 19 世纪末的民族运动。但如果你能使他相信，新的措施对帝国的生存是至关重要的话，他也能接受。例如，为了奥地利帝国的生存，他接受了立宪制并与匈牙利达成妥协，建立了二元制的奥匈帝国。1907 年 1 月 26 日，他还在奥地利实行了普选制。

对费伦茨的教育是由他的具有钢铁般意志的母亲负责的，他的父亲是一个意志薄弱的人。军事教官对他的影响最大，费伦茨特别迷恋军装（他一生只穿军服）、军人的生活方式和军事演习。他认为军队就是他，他就是军队。他非常看重军权，直至他去世，他一直都是军队的最高领导。18 岁登基后，没有再继续学业，他认为那样做有损于他的尊严。他有非常强烈的优越感，比如，他很少同别人握手，如果要握的话，对方也必须是贵族。他的办公室里有一份在谈话时可以不用尊称的人员名单，这些人都是皇室成员。他严格要求遵守几百年来西班牙的宫廷礼仪，就连他接见的普通市民也必须穿燕尾服、打领带、穿黑色坎肩。如果他要紧急召见谁的话，会特别通知他可以穿便装。守旧的传统使他对新时代的产物抱有不信任感，他对铁路有好感，但拒不接受汽车和电话，对打字机则经过很长时间的观察以后，才允许某些文件可以打字。

费伦茨在他生命的最后 40—50 年间一直按照非常严格的作息制度生活：夏天清晨 4 点，冬天清晨 5 点起床、洗漱、用早餐（通常只喝一杯牛奶）；7 点之前写信或处理昨天没有处理完的文件；7 点开始批阅总理府、皇室秘书处及军队送来的当天的报批件，并在 10 点之前将其精心批阅和批示的文件退回去执行；然后接见他的副官和（陆海空）参谋长。之后阅读他唯一阅读的奥地利政府的官方报纸《汉堡包》。如果能在 12 点之前结束这些，而且天气也好的话，他会到花园散散步；然后用午餐，通常会喝点啤酒或匈牙利的托考伊酒；午饭后正式接见各部部长、大公及军队司令；3 点钟处理当天收到的邮件，阅读专门为他提供的报刊摘要；5 点钟用晚餐（如果 5 点之前还有点时间，就到美泉宫去散散步）。晚饭后阅读《汉堡包》的晚报版，然后再处理一些白天没有处理完的事务。夏天 8 点、冬天 9 点上床睡觉。每周一和周四是他接见普通人的日子。在不办公的日子里，他通常会到巴德伊舍（Bad Ischl）去疗养，在那里享受他的爱好，如打猎等。在他作君主的 68 年间费伦茨曾遭到 7 次暗杀。

# 匈牙利历代国王 (1000—1918)

伊丽莎白王后（茜茜）悲剧性的一生。伊丽莎白是世界上最美丽的王后。她的名字的全称为伊丽莎白·阿马利亚·欧根妮，通常被家人与朋友昵称为茜茜（Sisi，又译为西西），她是巴伐利亚女公爵与公主，出生于 1837 年 12 月 24 日。

阴差阳错的婚姻：众所周知，茜茜最初不是奥匈帝国皇后的人选，特定的是比她大三岁的姐姐内奈（Néné），可费伦茨皇帝没有看上内奈，反而对才 15 岁的茜茜一见钟情，非她不娶。茜茜就这样嫁入了哈布斯堡王朝。费伦茨于 1854 年 4 月 24 日在维也纳的奥古斯丁教堂与年仅 16 岁的伊丽莎白举办了婚礼，费伦茨皇帝将伊舍的行宫作为结婚礼物送给了她。

茜茜和费伦茨结婚后的前五年，他们是恩爱有加，茜茜对费伦茨是完全的信赖和依恋。在此期间，她为他生育了一男二女，陪他出访各个属国。有战事时，他在前方指挥，而她在后方支持。但从一开始茜茜就很难接受严格的宫廷规矩，她本人喜欢骑马、读书和艺术，而这些又是维也纳宫廷无法理解和接受的，因此，她在皇宫里非常孤独。在子女教育上她与婆婆背道而驰，她的婆婆苏菲剥夺了她对子女们的抚养权。为此，她与费伦茨之间的关系也开始恶化，她遗传下来的精神不稳定的特征也越来越明显。1857 年发生了悲剧，伊丽莎白不顾医生的反对意见，带她的两位女儿离开了奥地利前往匈牙利度假。期间两个女孩患上了腹泻，小女儿吉赛拉恢复了健康，但 2 岁的大女儿索菲却不治而亡。太后觉得小索菲的死与茜茜任性带着本来已经生病的孩子出游脱不了干系。长女的死亡给茜茜带来了极大的精神创伤，她一病不起，并和她的丈夫产生永久性的裂痕，他们的婚姻渐渐崩溃。

这时，费伦茨夹在国事、家事和丧女之痛之间，烦心无比。于是，有了他结婚后的第一次外遇。欧洲宫廷因为宗教的原因，明里都是一夫一妻制，但是暗里皇帝的情妇遍地，这是公开的秘密。茜茜对此并不陌生，因为她的父母就是完全没有感情的政治婚姻，而且她的父亲一生情妇不断，私生子女无数。因此，茜茜和她父亲的关系不好，甚至连她父亲的葬礼都没有去参加，茜茜和独自养育十几个儿女的妈妈关系最好。当茜茜知道费伦茨有情妇陪驾时，她自己正在生病，全身浮肿，此时她身心俱疲。1860 年，茜茜离开维也纳后，患上了呼吸系统疾病（心身疾病），从此开始了她在马德拉和科孚岛长达几年的养病阶段。几年之后回来时，她完成了她的华丽转身，她自信且美丽，不再自责失落。她大度地和费伦茨的情妇们融洽相处，她了解自己的魅力，喜欢和男人调情，也终身与绯闻相伴。从此，茜茜再也没有在丈夫面前流露过自己的脆弱和寂寞。

皇帝、茜茜和皇帝的情妇卡萨林娜的关系：费伦茨皇帝在婚前婚后的情人不少，但卡萨琳娜是他最后一个情人，这种关系维系了 34 年之久，而且也是茜茜认可并且鼎力相助的一种关系。卡萨林娜比茜茜小 16 岁，是维也纳皇家戏剧院的首席女演员，在费伦茨接见戏剧院演员时认识的，当时费伦茨 53 岁，卡萨林娜 30 岁，她和丈夫感情不和，已分居。接见时，卡萨林娜站着行礼，皇帝赐坐后，她仍然站在那里，费伦茨问她为什么不坐下，她回答："我们老板说不能在您面前'入座'。"费伦茨哈哈大笑，随从官员说从没见过皇帝那么开心，笑声久久不绝于耳。此后，费伦茨成了她的粉丝，只要她演出，皇帝必会到场观看。他们的第二次私人会面，是卡萨林娜向皇帝为她丈夫讨方便（要钱）。她丈夫在匈牙利的地产因为革命原因被冻结了，没有收到租金，想让皇帝想办法把那几年的租金补回来。这是她 34 年间第一次向皇帝要钱的开头，也是皇帝唯一的一次拒绝。但皇帝让匈牙利总理接见了卡萨林娜的丈夫，商量处理办法。之后的会面，可就是茜茜安排的了。茜茜居然邀请卡萨林娜参加欢迎俄国沙皇来访的宴会，原因是卡萨林娜曾在圣彼得堡演出和工作过几年，以便于增加和沙皇交流的欢乐氛围，实际上是茜茜正式对卡萨林娜的存在表示认可。

此时，茜茜和皇帝已经结婚 31 年，夫妻俩的需求大相径庭，没有什么共同语言和爱好，虽然没有爱情，但感情还是很深的。茜茜对自己常年不在丈夫身边，丈夫的孤独和缺少照顾是心知肚明和深感歉疚的，她认为，给皇帝找个伴，对夫妻俩都好，但那些宫廷里的贵族们的女眷则不行，因为她们接近皇帝都是有目的的，而卡萨琳娜出身平民，连进出宫廷都不自由，怎么都威胁不到皇帝和皇后。茜茜还自己花钱让著名画家给卡萨林娜画了两幅像，作为给皇帝的礼物并让皇帝把画像挂在卧室里，而且还对卡萨琳娜同意做模特，送给她一枚祖母绿戒指一表谢意。因为卡萨琳娜的身份，进出宫廷不便，茜茜特别允许她使用自己最信任的匈牙利的贴身女侍（Ida）的公寓与宫廷连接的秘密通道和皇帝幽会。茜茜还建议她在美泉宫附近置地，以方便和皇帝聚会，之后，卡萨琳娜就买了美泉宫附近的豪宅，当然用的是皇帝的钱。每当皇帝和卡萨林娜闹别扭时，也都是茜茜给他们调停。茜茜认可这段关系，但不等于她看得起这种关系，她在自己的诗歌里把费伦茨比喻成一个爱上母牛的皇帝。

皇帝经常会见卡萨林娜的幌子是，卡萨林娜是"皇后的女友"。卡萨林娜特别崇拜茜茜，把茜茜当女神来模仿。她和皇帝之间的话题最多的也是茜茜。在茜茜遇刺身亡之后，她和皇帝的关系很快就冷了下来，卡萨林娜不怎么搭理皇帝，而是彻底地追随她的偶像茜茜的脚步，开始云游四方。她和皇帝只维持着少量的通信，偶尔以朋友的身份见见面，直到皇帝逝世。

**茜茜和她的小叔子们：**茜茜有三个小叔子，米克绍、路德维格和维多克。维多克是同性恋者，故和茜茜无瓜葛。茜茜和另外两个关系很深。米克绍是茜茜的蓝颜知己，而路德维格是茜茜的"少年时代的恋人"。他们和皇帝费伦茨一样，都是茜茜的姨家表哥，从小一起玩大，要不是费伦茨看上了茜茜，路德维格就娶茜茜为妻了，茜茜成了他的嫂子后，他还对她很关心。米克绍爱好诗歌、文史，和茜茜有聊不完的话题，两人常促膝聊天，散步吟诗。茜茜嫁给费伦茨后，米克绍娶了比利时公主夏特洛为妻，而夏特洛特别嫉妒茜茜，为了拆散他们，夏特洛撺掇米克绍到墨西哥去当皇帝。但不久，墨西哥爆发革命，革命党人将米克绍处以极刑。为此，茜茜终身抱憾。

茜茜和匈牙利安德拉希伯爵的关系：茜茜的头号绯闻男友当属匈牙利的安德拉希伯爵，历数茜茜身边的男人们，茜茜唯独对安德拉希的感情是类似爱情的东西。安德拉希和茜茜的交往始于他 42 岁而她 28 岁时，目的是为了促成奥匈之间的"妥协"方案，推进奥匈帝国的成立。可政治目的的背后，是两人对自由与共和类似的看法。茜茜很早以前就听说过安德拉希的事，她对这位革命贵族心怀敬意。两人的个性、爱好，对清规戒律的不屑与反抗，对诗词歌赋的才华，有诸多的共同点，完全就是一副你说的或你没说的，我都懂得的架势。

凭着安德拉希对茜茜的了解，他做任何事情都能对得上茜茜的心思，他说任何话，茜茜都洗耳恭听、言听计从。这和茜茜对费伦茨是很不相同的。茜茜如果长时间不回维也纳，皇帝请一般是没有用的，但只要是安德拉希看不下去说一句话，茜茜绝对是麻利地打包收拾东西，三天之内必然启程回奥地利。

1889 年 1 月 30 日，费伦茨与茜茜唯一的儿子，30 岁的奥地利皇储鲁道夫与女友玛丽·维泽拉在维也纳森林中的梅耶林自杀身亡。在儿子鲁道夫自杀后，茜茜非常悲痛，一蹶不振，安德拉希托着病体，坚定忠诚地陪伴在茜茜身边，支持她，安慰她，帮助她，奔走处理鲁道夫去世后遗留下的事务，帮助她了解鲁道夫自杀前的身心情况。此时，安德拉希 66 岁，茜茜 52 岁，大半年后，安德拉希病逝。茜茜去吊丧时失落痛苦得像一个幽魂。她对她女儿说："此刻我才明白，安德拉希对我意味着什么。我第一次深刻地感觉到我是完全孤零零地被遗留在这个世界上，再没有像他那样的顾问、那样的知己了。"她知道那些关于她和安德拉希的谣言，她也听说过传言，说她最小的女儿是她和安德拉希的孩子，她曾为此愤怒不已。其实，茜茜和安德拉希之间的感情是柏拉图式的，用茜茜自己的话来评价两人的关系："我和安德拉希是知己，我们之间的爱没有被爱情毒杀！"

不到一年内，茜茜失去了儿子、姐姐和安德拉希，儿子鲁道夫自杀后茜茜陷入忧郁症和厌世症，再也没有恢复过来，而且，她很少待在维也纳，大部分时间待在希腊尤其是希腊的克基拉岛（Korfu），并在该岛上建造了阿喀琉斯宫

（Achillion）。此后，她一直只穿黑色衣服，打着一把皮制太阳伞，很少有人能看到她的面孔。

1898 年 9 月 10 日，她同她的女友在日内瓦湖边的勃朗峰滨湖路步行，准备登上日内瓦号轮船前往蒙特勒时，被意大利年轻的无政府主义者卢伊季·卢切尼用一把磨尖的锉刀刺伤心脏，因流血过多而身亡。

在奥地利与匈牙利进行折中方案的谈判中，茜茜使用非官方途径起到了很大的作用。她的作用在奥地利的官方历史中只简短地提到，但在匈牙利她直到今天依然被尊为一位国家的圣人。茜茜热爱匈牙利远远超过热爱自己和奥地利，她不光能讲一口流利的匈牙利语，同时也要求为她服务的人员能流利地讲匈牙利语。由于茜茜对匈牙利的依恋，匈牙利也因此额外地得到了一些好处。

在 20 世纪茜茜成为一个代表性人物，一个喜爱自由、被束缚在陈腐的宫廷仪式中的人。许多作家、电影编剧、戏剧作家都从她的生平中吸取题材。1955 年，罗密·施奈德与卡尔海因茨伯姆合演的电影《茜茜公主》使她的名字更广为人知。

历届总理：奥匈帝国（1867）建立后，匈牙利国内根据对妥协的态度形成了三个政党：戴阿克党、中左党和极左党，其中戴阿克党势力最大，但党员的成分十分复杂，他们的目的就是保卫"妥协"的成果，因为他们多数都同妥协有着政治上及物质上的利害关系。戴阿克在建立奥匈帝国过程中起了关键性的作用，所以在党内拥有崇高的威望。戴阿克拒绝了国王赐给他的产业和匈牙利总理的职位，在他的推荐下，国王任命年轻有为的安德拉希伯爵为匈牙利总理。拥护者们称戴阿克为"祖国的智者"，流放国外的科苏特说他是一个"在帝国内具有共和性格的人"。中左党：这是根据他们在议会中的态度而得名的。他们多数人曾是1861 年国会的决议党人，而且大多数是生活在蒂萨河东部地区的地主。其领袖是蒂萨·卡尔曼（Tisza Kálmán）。他们要求对妥协进行修改，要求建立独立的匈牙利军队和得到更大的经济自主权。极左党：他们在议会中人数很少，但他们的群众很多。他们坚决拒绝妥协，坚持 1848 年的立场。他们大多数来自奥尔弗尔德（Alföld）大平原地区。

## 安德拉希·久洛总理 Andrássy Gyula

安德拉希积极地参加过 1848 年的匈牙利自由战争，战争失败后移居巴黎和伦敦度日。1851 年在他缺席的情况下，费伦茨国王象征性地将其处以绞刑。后来在巴黎他公开放弃了原来的政见，转而主张同奥地利妥协。1858 年获得大赦，回国后加入了戴阿克的行列，并积极参与了 1861—1865 年的国会及后来的匈奥妥协的谈判。奥匈帝国成立后，在戴阿克的推荐下，费伦茨国王任命安德拉希为匈牙利第一任总理。6 月 8 日，他主持了费伦茨国王在马加什教堂的加冕仪式，并亲自为国王加冕。他上任后首先要解决的是匈牙利王国的领土统一和加强中央权力的问题。

第一，根据 1868 年国会通过的法律，安德拉希不顾罗马尼亚人和撒克逊人的反对，解散了埃尔代伊的特别国会（1848 年曾被解散过一次）和政府机构，实现了匈牙利人和埃尔代伊人的联合，埃尔代伊成了匈牙利的一部分。

第二，安德拉希在维也纳宫廷的支持下，1868 年，匈牙利同克罗地亚就克罗地亚国家权力问题达成了所谓的"小妥协"协议。费伦茨国王于 1868 年 11 月 17 日批准了这一协议。协议规定，"克罗地亚是一个拥有特殊版图的政治民族，在内政上它拥有自己的立法机构和政府机构"。内政指的是行政、司法、宗教和教育领域，其他事务均由布达佩斯政府和国会来决定。在匈牙利政府中由一名部长来专门管理克罗地亚事务。克罗地亚自治政府由总督领导，克罗地亚可以向匈牙利国会派遣 29 名代表管理共同事务。在 1872 年 6 月 9 日费伦茨国王下令解散边疆军管区后增加为 42 名代表。

第三，制定并通过了民族法（1868 年第 44 号法）。法律规定匈牙利人和其他少数民族"在政治上是一个民族，即统一的、不可分割的匈牙利民族"。即在政治上仍然不承认其他少数民族是独立的民族。法律规定匈牙利语为国家语言，国立学校使用何种语言由国家规定，但允许在州和城镇的司法中使用本民族的语言，在各教会学校中使用什么语言，由教会自己规定；各少数民族可以成立社会团体，但其活动章程须经批准。从中可以看到，在奥匈帝国中，匈牙利王国要听从于奥地利帝国，而在匈牙利，匈牙利的统治阶级在维也纳的支持下也在欺压其他民族。

第四，在 1868 年安德拉希还制定了教育法。教育法规定对 12 岁以前的儿童实行义务教育，建立国立和公立中学，国家要对教会学校进行监督等。在使用语言方面，法律规定对 6—12 岁的学龄儿童用本民族语言，对 12—15 岁的学生每周进行 2—5 小时的本民族语言"复习"义务教育。教育法还规定，在没有相应的教会学校的地方要设立公立学校。

第五，1870 年，对全国各州立法机构的权限进行了改革。法律规定，今后州立法机构仍然可以对全国性的事务进行讨论，但不可以拒绝执行法律和政府的法令，最多可以以文字的形式提出反对意见。扩大了政府任命的伊什潘（州督）的权力，州督不但对州议会决议，而且还能对国会的选举施加有效的影响。

1871 年，安德拉希晋升为奥匈帝国的外长。

### 洛尼奥伊·迈尼黑尔特总理 Lónyay Menyhért

他在 1867—1870 年曾任匈牙利财长，1870—1871 年任奥匈帝国的财长。他不是一个很受欢迎的人，但他是一个财政专家，在他任财长的困难时期，整顿了税收制度，消除了国家的财政赤字，但他也没有忘记敛财，这是戴阿克不喜欢他的原因之一。

他想通过修改选举法来确保执政党——戴阿克党在大选中获胜，极左党坚决反对，并在国会上第一次运用"冗长的演讲"来阻挠议案的讨论和通过，结果，改革选举法的尝试失败了。之后他提出"维护妥协的成果是民族的利益，为此要运用一切手段"的理论，他动用了贿赂和武力。这样，戴阿克的执政党在大选中获得了 245 个议席，中左党获得 116 个议席，48 年党获得 38 个议席。这时反对党向他发起进攻，说他人品有问题，贪财并在修建铁路时大量收取贿赂。在这种情况下，他于 1872 年 12 月 5 日被逼辞去总理职务。

### 比托·伊斯特万总理 Bittó István（1874 年 3 月 21 日—1875 年 3 月 21 日）

洛尼奥伊辞职后，斯拉维·约瑟夫（Szlávy József）当了一年的总理，没有干成一件事就辞职了。比托总理也只干了一年，但他干了两件事：第一，他修改了选举法（1873 年第 33 部法律），选举法不但没有扩大参加选举的范围，反而缩小了，全国只有 6.5% 的人有选举权（在埃尔代伊只占 3.2%）；第二，他根据 1875 年第一部法律规定的立法和执法要分开的精神，把国家公务员，同政府有合同关系的企业家、银行行长及铁路局的经理们请出了下议院。

自由党的诞生：比托是戴阿克党的最后一任总理，他已意识到戴阿克党的腐败，已失去了群众基础。因此，他把另建一个强有力的政府党视为己任。这时，作为反对党的中左党已经感到厌倦，他们也想当执政党，于是便愿意同执政党（戴阿克党）合作。这种合作最终导致合并。中左党为了要承担执政党的角色，放弃了"要求对妥协进行修改，要求建立独立的匈牙利军队和得到更大的经济自主权"的纲领。戴阿克党同中左党于 1875 年 3 月 1 日正式合并为自由党。自由党从 1875 年起连续执政 30 年，蒂萨·卡尔曼执政 15 年，是匈牙利历史上任期最长的一位总理。

## 蒂萨．卡尔曼总理 Tisza Kálmán

他上任后的首要任务就是加强和巩固自由党。他把自己的人安插在政府的重要机关，并要求他们无条件地服从自己。与此同时，他还把持（兼任）内务部长职务长达 11 年之久。在他执政的 15 年内共进行了 4 次国会选举，每次选举，自由党都获得了 50% 以上的绝对多数。

彻底改革行政管理：1876 年在进行行政改革时，把全国划分为 65 个城堡州。1881 年再次调整，把全国划分为 63 个城堡州，63 个城堡州建制一直保持到"特里阿农"条约（1921）签订前。此外，他还组建了审计署、宪兵队、国家警察局、税务局、国家铁路局，制定了刑事法和中等教育法。

重新与奥地利谈判：1867 年的"妥协"协议规定，对两国共同拥有的财政部、外交部及国防部费用的负担比例及共同关税税率 10 年修订一次。1877 年，开始同奥地利谈判，蒂萨希望能获得比以前更有利的条款，希望建立独立的匈牙利国家银行，并在关税上获得好处。但最后，匈牙利没有得到任何好处，只是把银行也"二元化"了，改称为"奥匈银行"，而在关税税率上反而作出了对匈牙利更加不利的决定。蒂萨得出的结论是，要让奥地利作出让步是很难的。公共舆论对这种结果非常失望。

蒂萨政府的垮台：蒂萨政府的倒台是由两件事情引发的。1889 年，蒂萨提出，由国会一次决定 10 年内每年招兵的人数，改为每年由政府根据当年的国家人口确定招募新兵的具体人数，并规定匈牙利的预备役军官必须通过德文考试。国会不愿意放弃自己的权力，群众则认为必须通过德语考试的规定损害了匈牙利的国家主权。提案虽然勉强通过了，但遭到大规模的群众游行示威的反对。第二件事是，1879 年 12 月 20 日通过的《国家公民法》第 31 条规定：凡在国外连续居住 10 年的匈牙利公民，如不向奥匈帝国的驻外机构申请保留国籍的话，10 年后将自动失去匈牙利国籍。科苏特从来没有前往他所驻在国的奥匈使馆办理手续，因此，1889 年 12 月 20 日，便将自动失去匈牙利国籍。人们要求把科苏特作为例外处理，但他做不到这一点，于是这个几乎以军事纪律统治着自由党的总理被迫辞职了。

蒂萨倒台后国内局势一片混乱，19 世纪的最后十年就更换了四个总理。总理的频繁更迭说明统治阶级内部也失去了平衡。

## 绍帕里·久拉总理 Szapáry Gyula

他上任后提出要把行政机构国有化，这一提案遭到民族党的反对，民族党在国会上运用"冗长的演讲"的手段来阻挠议案通过。绍帕里执政时还发生了儿童洗礼丑闻。根据法律规定，不同宗教信仰者通婚后，他们所生的子女，儿子随父亲的信仰，女儿随母亲的信仰。但当时的一些天主教神父不遵守这一规定，把所有的儿童都注册为天主教信徒。此外，鉴于当时的宗教总是设法阻挠人们用世俗的形式处理生、死和婚嫁事宜，当时内阁成员大多主张实行强制性的世俗婚姻，而绍帕里主张实行可选性世俗婚姻。因他的主张没有被通过，他选择了辞职。

### 韦凯尔莱·山多尔总理 Wekerle Sándor

他是匈牙利历史上第一任市民出身的总理。他曾三次出任总理，第二次是1906年4月8日到1910年1月17日。第三次是1917年8月20日到1918年10月28日。他在第一任期内完全实现了国家财政的平衡。他在1892年11月的讲话中宣布，不久将向国会提交犹太教法、宗教信仰自由法及世俗（出生、结婚、学历和逝世等资料的）登记的法律提案。这引起了天主教的强烈反对。主教团致函国王，说世俗婚姻不现实、违背教义。对此在自由党及国会中都引起了激烈的辩论，身为反对党的民族党为此而分裂。经过激烈的辩论后，下议院通过了世俗婚姻法案，而上议院在第二次会议上以128对124票也勉强通过。关于各教派平等的法案在上议院没有被通过。因此，韦凯尔莱1895年年初辞去总理职务。

### 班菲·德热总理 Bánffy Dezsö

班菲上任后的最大的一项任务就是办好匈牙利人"定居"千周年的庆祝活动。早在1892年国会就通过一项1895年举办庆祝活动的决议，后因准备时间太仓促，又改在1896年5月2日到10月31日举办。为了给庆祝活动创造一个良好的气氛，国会呼吁各党派在此期间停止一切争论。

国会决定在布达佩斯举办匈牙利博览会、建造一座千年纪念碑（即现在英雄广场的纪念牌），建造美术馆，在马加什教堂旁边树立圣·伊斯特万骑马的雕像。此外要在普斯陶塞尔（Pusztaszer）、蒙卡奇（Munkács，即今乌克兰的Mukacseve）、保农豪尔毛（Pannonhalma）、尼特劳（Nyitra，即今斯洛伐克的Nitra, 在布拉迪斯瓦附近）、戴韦尼（Dévény，即今斯洛伐克的Devin）、布劳肖（Brassó，即今罗马尼亚的布拉索夫Brasov）和齐莫尼（Zimony，即今塞尔维亚的Zemun，在贝尔格莱德附近）各建造一个千年纪念柱；另外，在全国建造400所小学。

匈牙利全国博览会于1896年5月2日在布达佩斯城市公园正式开幕。博览会的面积为 11.8 万平方米，有 2.1 万个参展单位，从 5 月 2 日到 10 月 31 日，共有 580 万人参观，占匈牙利当时人口的 1/3。国王、王后、王室人员及匈牙利的各级领导统统出席，在商业部长讲话后，老国王费伦茨也讲了话。然后，国王在博览会参观了 2 个小时（此外，国王还于 5 月 6 日、12 日、14 日、15 日和 6 月 6 日参观了博览会），晚上国王还参加了在歌剧院举办的庆祝演出。5 月 3 日晚上国王参加了在马加什教堂举办的感恩弥撒。5 日，国王检阅了 17 万人的部队。6 月 6 日，国王为城堡王宫新增建部分奠基。10 月 4 日，国王参加了以他的名字命名的费伦茨桥（现在的自由桥的前身）的落成仪式，他还亲自安装了一个用黄金做的铆钉。10 月 11 日，国王参加了工艺美术馆的落成仪式。在博览会期间，国王共出席了 13 项活动。在博览会开幕之前，于 4 月 11 日，欧洲第一条地铁，千周年地铁（即现在的黄地铁）投入运行，老国王也参加了落成典礼。在 1893 年到 1896 年之间，全国共完成 3700 个大型投资项目。

庆祝活动过后，各党之间的论战马上就开始了。在秋季的大选中，班菲为了获胜，采取了从贿赂到动用武力的一切可以采取的手段，政府党获得了 70.21% 的议席。这时，反对党在国会上则采取了一切手段来阻碍国会的正常工作，要么以冗长的演说阻挠议案的通过，要么要求对每项决议都进行有记名的表决。这样一来，国会无法运转，连年度预算都通不过，政府没有钱，但又不能收税，在这种情况下，班菲 1899 年 2 月 26 日辞去了总理职务。

## 塞尔·卡尔曼总理 Széll Kálmám（1899 年 2 月 26 日—1903 年 6 月 27 日）

塞尔是一位财政专家，人们称他为匈牙利的"总经理"。他上任时国家背负着 6300 万福林的赤字，三年后他甩掉 2300 万的赤字。他执政的座右铭是"权力、法律和正义"。他上任后制止了当局的暴力和腐败行为，客气地对待反对派，并同他们达成和解，在他满足了反对派在后备军官培训方面的要求后，身为反对党的民族党同政府党合并了，在随后的几周内，所有搁置在国会的法律都顺利通过了。在他的带领下匈牙利人在比较和平的气氛中迈进了 20 世纪。

在他执政期间顺利地通过了 120 部法律，他还以"塞尔公式"同奥地利进行了经济谈判，为匈牙利的进出口贸易争得了更有利的条件。在 1901 年的大选中，自由党获得了 67.07% 的席位。1902 年，国王授予他圣·伊斯特万奖章。后来，在征兵问题上同反对派发生了矛盾。1903 年，塞尔在国会上提出了增加新兵名额的法案，这一法案遭到了极左派的反对，他们在国会采取了以冗长的演说阻挠议案通过的手段，反对派在法定的期限内成功地阻碍了国家预算案的通过。5 月

1日，政府沦为无预算的政府，这时，陷入无奈状况的塞尔总理辞职了。

### 库恩·黑戴尔瓦里·卡罗伊总理 Kun.Héderváry.Károly（1903年6月27日—11月3日）

塞尔辞职后，1903年6月27日老国王费伦茨任命库恩为总理，库恩想在国会上通过增加招募新兵的方案，恢复国会的平静，改善国内预算平衡。任务还没有完成，便陷入一个贿赂案件中，虽然没有发现赃物，但他还是于11月3日辞去了总理职务。随后国王任命蒂萨为总理（他是前总理蒂萨.卡尔曼的儿子）。

### 蒂萨·伊斯特万总理（Tisza István）

蒂萨是匈牙利统治阶级中的一个最有代表性、最坚决、最残暴的人物。他建议用公开而暴烈的手段终止议会反对派的抵抗行动，并要求修改议会法规。蒂萨的方案引起了激烈的反应。1904年3月5日，议员、历史学家和诗人泰尔.卡尔曼提出了一个妥协方案，平息了反对派和政府的争斗，蒂萨放弃修改议会法规的要求，反对派则同意在发生突发事件时批准"新兵招募法"。但平静没有持续多久，一个月以后蒂萨再次提出议会法规修正案。在11月18日的国会上，在蒂萨简短致辞之后，按照事先的约定，自由党的副议长挥动了一下手帕，这时，全体自由党的议员立刻站起来，并高呼"我们要投票！我们要投票！"随后又高呼"我们同意！我们同意！"就这样通过了国会法规的修正案。12月13日，国会要再次召开会议，在开会之前，反对党的代表们捣毁了会议厅的全部设备。费伦茨国王于1905年1月3日解散了国会。

这时，包括前总理塞尔在内的许多自由党的党员都退出了自由党，1905年1月举行的大选中自由党遭到了惨败，只得到了159个议席，而以天主教人民党、独立的48年党和人民党等小党组成的反对党联盟获得了254个议席。蒂萨被迫退位。1906年4月11日自由党也解散了，在匈牙利政治舞台上执政40年之久的自由党从此就销声匿迹了。一部分老党员在蒂萨的领导下成立了"民族伙伴小组"，1910年同"全国宪法党"合并后改名为"民族工党"。

### 费耶尔瓦里·盖佐总理 Fejérváry Géza（1905年6月18日—1906年4月8日）

1905年1月举行的大选中自由党遭到了惨败，只得到了159个议席，而以天主教人民党、独立的48年党和人民党等小党组成的反对党联盟获得254个议席。大选结果出来之后，费伦茨国王无视选民的意愿，拒绝让反对党联盟执政，指定他的亲信、私人卫队长菲耶尔瓦里组织无党派政府（后来，他的政府被人们称为"卫兵政府"），国王的决定引发了国内危机。反对党联盟各党认为这一任命是违反宪法的，宣布实行消极抵抗，呼吁选民们不要交税、拒绝当兵，各地的行政机关都拒绝执行政府的命令。这种有组织的民族反抗致使政府的工作完全瘫痪了。1906 年 2 月 19 日，军队占领了国会，宣读了国王的命令，把所有人员都赶出了国会，随后把国会的大门上了锁。解散国会后，立刻颁布禁止集会令，解散了保护宪法委员会，停发不执行政府命令的州的工资。3 月大部分州督都投降了，只有 10 个州还在抵抗。这时维也纳威胁说要在全国进行普选和秘密选举，维也纳认为，这样一来就可以破坏联盟派的统一。当时全国人口中只有 6.29% 的人有选举权，而占居民绝大多数的工人和农民对国家的事务没有任何发言权。

反对派联盟面临着选择，是同劳动阶级站在一起，还是向统治阶级妥协？他们最终选择了后者。反对党联盟于 1905 年年底开始在同维也纳进行的谈判中步步后退。1906 年 4 月，联盟派和维也纳宫廷达成了协议。他们放弃了信誓旦旦的民族纲领，不再坚持在军队中使用匈牙利语和匈牙利号令，同意扩大招兵数字，放弃要求建立独立自主的关税区，承认同奥地利所签订的一切贸易条约。这时，维也纳宫廷便高兴地从日程表上抹去了普选和秘密选举权的问题。1906 年 4 月 18 日，费耶尔瓦里政府宣布辞职，同日，国王任命韦凯尔莱.山多尔（Wekerle Sándor）为总理。反对党联盟同维也纳宫廷持续长达一年半的较量，最终以维也纳的胜利而告终。

## 韦凯尔莱·山多尔总理 Wekerle Sándor（1906 年 4 月 18 日—1910 年 1 月）

他曾于 1892 年 11 月 17 日—1895 年 1 月 14 日当过一任总理，因为他提出各教派一律平等的议案没有被通过而辞职的。新政府仍然面临着上一届政府所遇到的诸多问题，如蓬勃发展的工人和农业工人运动问题。为了长远解决这个问题，政府解决了在工商业领域就业者的生病和工伤事故的保险问题，规范了农业主和雇工之间的法律关系。他制定了新的税收法，企图使税收更加合理些。为此，降低了土地和房产的税率，把个人所得税的税率降低到 5%（知识分子为 4%），降低养老金的税率。1908 年，政府通过了一个新的选举法：凡 24 岁以上的有文化的男子可得到一张选票；中学毕业者，年龄超过 32 岁，有三个孩子或者纳税 20 克朗以上者，可领到 2 张选票；中学毕业或纳税 100 克朗以上者，可领到 3 张选票；占全国人口 65% 的文盲中，每 12 个人只能合有一张选票。这个完全无视普选和秘密选举的所谓草案，就连国会也未予以通过，在群众中则引起了极大的愤怒。因此，在执政三年后，1910 年 1 月国王免去了他的总理职务。

## 库恩·黑戴尔瓦里·卡罗伊总理 Kun.Héderváry.Károly

他曾于 1903 年当过半年总理，这是他第二次任总理职务。库恩是民族工党党员。1910 年 6 月初进行了国会大选，民族工党获得了 258 个席位（占 61.98%）。由于民族工党的胜利，国会中的反对派在近一年的时间内没有给政府制造太大的麻烦。1911 年 5 月，帝国国防部要求匈牙利再增征 4 万新兵，并大大提高了匈牙利政府向帝国上缴的公共国防经费的数量。国会的反对派坚决反对这一法案，反对派在国会中抵触和阻挠一直坚持到 1912 年春天。3 月 4 日，首都 10 万工人上街游行示威，以示支持反对党在国会中的斗争，并宣称"如果政府动用武力，面对的将是群众的革命暴力"。鉴于既找不到妥协之路，又不敢动用武力，库恩总理不得不于 1912 年 4 月 8 日宣布辞职。

## 卢卡奇·拉斯洛总理 Lukács László

卢卡奇新政府所面临的形势也不令人乐观。国会议长纳沃伊辞职后，1912 年 5 月 22 日蒂萨.伊斯特万当上了新的议长。社会民主党反对他当议长，23 日组织了 10 万人上街游行，游行遭到了警察的残暴镇压，造成 6 人死亡，182 人受伤和 300 人被捕，这就是历史上有名的"血腥的星期四"事件。蒂萨并没有害怕，他仍然坚定地走自己的路。6 月 4 日，不顾反对派的反对，强行通过了新的征兵方案。随后，在警察的协助下，把参与阻挠议案通过的议员统统驱逐出议会大厅，最后导致了枪击事件。6 月 7 日，一位名叫科瓦奇.久洛的独立党议员，突然从记者采访席位跳下来，高喊，这里还有一位反对者，用手中的枪连续向蒂萨开了三枪，但都没有击中蒂萨，最后科瓦奇向自己开了一枪，但他自己也没有打死自己（后来法医诊断他患有精神病，被无罪释放，至今国会的墙壁上仍然保留着当时的枪眼）。蒂萨没有被枪击事件吓倒，他非常冷静地继续主持会议。在随后的几天，蒂萨利用反对党议员们不在的有利条件，通过了许多战时条例和法令，例如，1912 年第 63 号法规定，战争情况下可以授予政府特权，可以向行政和司法部门派遣政府代表，可以停止社团组织的活动，可以颁布严格的新闻检查，可以行使即决裁判等；第 68 号和 69 号法则规定了战时人员和物资的征集以及对国民经济的军事管制等。

反对派在国会中的阻碍和干扰活动持续了 15 年之久，又把斗争转移到了议会以外。这时，一位独立党的议员戴希·佐尔坦（Désy Zoltán）站出来，指责卢卡奇总理是"欧洲最大的受贿者"，说他在担任财长时，为了给民族工党筹集 1910 年大选的经费，以给许多国营企业做担保的名义从匈牙利银行提取了 4 亿福林。而卢卡奇则告发戴希诬告他，但法院根据确凿的事实，宣布戴希无罪。这时，卢卡奇除了辞职外，已无别的路可走了。

## 蒂萨·伊斯特万总理 Tisza István

这是蒂萨第二次当总理，他上任时，正在走向第二次世界大战。1891—1893 年建立了法—俄同盟，1894 年成立了英法同盟，1907 年就扩大成英国—法国—俄国三国协约，即协约国，而德国—奥匈帝国—意大利则缔结了三国同盟，即同盟国。两大军事集团在战前进行了激烈的军备竞赛。

波斯尼亚事件：巴尔干半岛向来都被称为欧洲火药桶。1908 年 10 月 6 日，奥匈帝国以保护侨民为理由派兵吞并了原来由奥匈帝国托管的波斯尼亚和黑塞哥维那，这激起了想获得这两地的塞尔维亚的强烈反奥匈帝国的情绪。因为塞尔维亚作为斯拉夫国家的"二哥"（大哥为俄罗斯），极度渴望统治整个巴尔干半岛。随后，在 1912 年和 1913 年巴尔干半岛各国为了各自的利益而发生了两次巴尔干战争，两次战争使得奥匈帝国和俄国的冲突又加深了，为第一次世界大战埋下了导火线。

萨拉热窝事件：1914 年 6 月 28 日上午 9 时整，奥匈帝国皇太子裴迪南大公参加指挥了一次军事演习，演习结束后，塞尔维亚一个秘密组织成员，17 岁的普林西普向裴迪南夫妇开枪射击，裴迪南夫妇毙命，普林西普被捕。这一事件被称为萨拉热窝事件，是第一次世界大战的导火线。普林西普刺杀裴迪南这一事件被奥匈帝国当作了对塞尔维亚发动战争的口实。1914 年 7 月 23 日，奥匈帝国在获得德国无条件支持下向塞尔维亚发出最后通牒，包括拘捕凶手、镇压反奥匈帝国活动和罢免反奥匈帝国的官员等，塞尔维亚除涉及内政项目外悉数同意，但奥地利依然将行动升级。

在萨拉热窝事件之前，匈牙利总理蒂萨主张对塞尔维亚实行强硬政策，但在萨拉热窝事件后，在所有奥匈帝国领导人中只有他不主张同塞尔维亚开战，因为他了解帝国军队的状况。另外，他担心帝国领土扩大后奥匈帝国的二元制将会失去平衡。此外，他担心会引发世界大战，他更害怕的是来自埃尔代伊的进攻。他一直把罗马尼亚的军队视为敌军。7 月中旬，蒂萨不再反对对塞尔维亚动武了，因为德国向他保证，罗马尼亚会无条件地保持中立，另外，帝国国防部还答应向埃尔代伊边界增派一支4万人的部队。

1914年7月28日，奥匈帝国向塞尔维亚宣战。7月30日，俄国出兵援助塞尔维亚。8月1日，德国向俄国宣战，接着在3日，又向法国宣战。8月4日，德国入侵保持中立的比利时，比利时对德国宣战。同日，英国考虑到比利时对自己国土安全的重要性，和早前为了确保比利时的中立，而在1839年签署的伦敦条约，于是向德国宣战。8月6日，奥匈帝国向俄国宣战，塞尔维亚对德国宣战，意大利宣布中立。8月12日，英国向奥匈帝国宣战。第一次世界大战全面爆发了。

费伦茨皇帝逝世：1916年11月20日，费伦茨国王感到身体很不舒服，医生诊断他是从气管炎发展到了肺炎，建议他卧床休息，但这位倔强的君主不听医生的话，不肯放下他几十年已习以为常的工作。21日去世的当天早晨，他的体温为38.1度，仍然于清晨3点半开始工作。午饭后体温上升到39.5度，他仍在坚持工作。晚上7点钟上床睡觉，晚上9点零5分这位86岁高龄的国王（皇帝）在睡梦中安详地离开了人世。

## 55. 卡罗伊四世国王 IV.Károly Király（1916—1918）

1887年8月27日出生，1916年11月21日登基，同年12月加冕。1918年11月13日退位，在位2年。1922年4月1日因肺炎去世于葡属马德拉群岛，享年34岁。

父亲：哈布斯堡.奥托大公（Habsburg Ottó，即前国王费伦茨的弟弟卡尔.路德维希的孙子）。

母亲：萨克森公主玛利亚.约瑟法（Mária Jozsefa）。

妻子：帕尔马公国的公主齐塔（Zita）。

子女：有8个子女，长子为哈布斯堡.奥托（Babsburg Ottó，2011年7月4日去世，享年98岁）。

本来卡罗伊是没有希望当皇帝和国王的，但由于哈布斯堡家族的种种不幸，阴差阳错地把他推上了皇位。皇储鲁道夫同他父亲费伦茨.约瑟夫政见不同，他反对占领波斯尼亚—黑塞哥维那，认为那是"一只脚踩到了坟墓中"的举动；他反对同德国结盟；他同他的母亲、皇后伊丽莎白（茜茜公主）一样，奉行亲（近）匈牙利的政策。因此，他父亲对他不信任，不让他担任任何重大职位。1889年1月29日，鲁道夫在维也纳森林的迈尔林杀死了他的情人玛丽.维泽拉，然后自杀身亡。1914 年 6 月 28 日，皇储裴迪南在萨拉热窝遇刺身亡。由于裴迪南与妻子苏菲属于贵贱通婚，所生子女没有皇位继承权。因此，在 1916 年 11 月 21 日，享年 86 岁的费伦茨.约瑟夫老国王与世长辞后，皇储之位传给了他的侄孙。

卡罗伊是匈牙利的末代国王，1916 年 12 月 30 日在布达佩斯的马加什教堂加冕，在加冕仪式中第一次演唱匈牙利国歌，而不是演唱奥地利国歌。

卡罗伊继承了一个从政治上、经济上和军事上都不稳定的政权，战争胜算的概率已经很小。1917 年 1 月，奥匈帝国的部长会议通过了一个最低纲领，在战争结束时，只希望能保住奥匈帝国的领土。故从 1917 年春开始寻求单独和谈，卡罗伊秘密地通过其妻弟帕尔马王子西克斯图斯与法国进行和平谈判，奥匈帝国答应，战争结束后将阿尔萨斯和洛林归还给法国，不料，法国总理把两国会谈的内容泄露于世，德国对此十分不满。

## 埃斯泰尔哈齐·莫里茨总理 Eszterházy Móric

卡罗伊登基后，面临着人们的厌战情绪、食品和燃料的短缺等诸多问题。这时，卡罗伊国王 1917 年 4 月 28 日命令匈牙利政府制定一个改善人民生活的方案，并将扩大人民的选举权列入议事日程。蒂萨总理因为不同意扩大选举权，也不同意进行任何改革，因此，卡罗伊国王于 5 月 22 日免去了蒂萨的总理职务。6 月 15 日任命埃斯泰尔哈齐为总理，他上任后想采取一些改革，期望挽救摇摇欲坠的卡罗伊四世的政权。他根据国王的意图，试图对选举法进行一次温和的改革，但他深感力不从心，两个月后就辞职了。

## 韦凯尔莱·山多尔总理 Wekerle Sándor

这是他被国王第三次任命为总理。他极力想阻止奥匈帝国的崩溃，但已为时过晚。美国总统伍德罗.威尔逊 1918 年 1 月 8 日提出"十四点原则"作为"建立世界和平的纲领"。十四点原则允许奥匈帝国境内各民族自治。1918 年 4 月 8 日，奥匈帝国内的少数民族的领导人在罗马开会，与会者们决定，今后不再希望生活在奥匈帝国范围内，他们都要各自成立自己的独立国家。10 月 14 日，卡罗伊皇帝召开皇家议会，宣布接受美国总统的"十四点原则"；10 月 16 日，卡罗伊宣布，同意把奥匈帝国改建为由各民族自治政府组成的联邦制国家。卡罗伊的改革来得太晚了，他的建议不但遭到了匈牙利政府的坚决反对，美国总统 18 日也公开拒绝了奥地利的和平呼吁，公开支持捷克斯洛伐克、南斯拉夫及奥匈帝国内各民族的独立。在这种情况下，韦凯尔莱政府于 10 月 23 日宣布辞职。

秋菊革命：韦凯尔莱辞职后，国王任命约瑟夫大公为国王的特别代表。10 月 28 日，大批群众准备到城堡去见约瑟夫大公，手中举着国旗，口中唱着科苏特的歌曲，但在铁链桥上遇到了警察的警戒线，人们没有停止前进，警察开了枪，造成 5 人死亡和多人受伤。第二天警察的态度发生了变化，甚至警察们也加入了民族委员会。10 月 30 日，维也纳的革命取得胜利。布达佩斯的革命进程也加速了，10 月 30 日晚上，布达佩斯爆发了革命，释放了政治犯，阻止军人开往前线，占领了重要的战略据点（例如，食品仓库、火车站、电话中心等）并从公共建筑物上把帝国的国徽拆下来。此时，士兵们纷纷从自己军帽上撕下帝国的帽徽，在原来帽徽的位置上别上了秋菊花，这就是秋菊革命称呼的来源。

10 月 31 日，卡罗伊国王任命卡罗伊 . 米哈伊（Károly Mihály）为总理，就这样，民族委员会没有经过武装斗争就获得了政权。

1918 年 11 月 11 日，德国宣布投降，历时 4 年零 3 个月的第一次世界大战以协约国的胜利告终。1918 年 11 月 11 日，卡罗伊宣布"我正式放弃参与任何政务，但不会放弃皇位"。12 日，奥地利共和国成立，14 日，捷克共和国成立，16 日，匈牙利共和国成立。

卡罗伊的两次复辟企图：1921 年 3 月 27 日，卡罗伊四世从瑞士回到匈牙利，他要求当时的匈牙利摄政王霍尔蒂 . 米克洛什（Horthy Miklós）交出政权，恢复他的王位，遭到霍尔蒂的拒绝。随后卡罗伊撤到索姆博特海伊（Szombathely），并致函霍尔蒂，再次要求他交权，当地的贵族们和当地的驻军也站在卡罗伊一边。霍尔蒂再次拒绝他的要求，并命令军队司令将他驱逐出境。这时的卡罗伊不主张动用武力，协约国的军人 4 月 5 日将他送回瑞士。

1921 年 10 月 20 日，卡罗伊乘飞机再次回到匈牙利，并在匈牙利西部的齐拉克（Cirák）成立了抗衡政府，驻扎在肖普朗（Sopron）的宪兵队站在卡罗伊一边，卡罗伊及肖普朗的宪兵乘坐火车前往布达佩斯，10 月 23 日在布达厄尔什（Budaörs）与霍尔蒂的军队交火，霍尔蒂的军队将其包围，直至他们投降。霍尔蒂将卡罗伊夫妇关押在巴拉顿蒂豪尼（Tihany）教堂的地下室（10 月 26 日—31 日），31 日用火车将他送到鲍姚（Baja），再搭乘英国船只把他送到地中海，然后用英国军舰将他送到了葡属马德拉群岛。1922 年 4 月 1 日卡罗伊因肺炎去世，享年 34 岁。

他的长子哈布斯堡 . 奥托（Babsburg Ottó）皇储，从来也没能当上皇帝。他 1961 年正式发表声明放弃奥地利皇位，为的是能回到自己的祖国安度晚年。奥托于 2011 年 7 月 4 日去世，享年 98 岁。根据他本人的遗愿，他的心脏单独安葬于匈牙利最大的修道院—蓬农豪尔毛（pannonhalma）修道院。

　　对卡罗伊四世的评价：部分历史学家认为卡罗伊四世作为皇帝（国王）曾设法结束第一次世界大战而成为勇敢和高尚的榜样。2004年10月3日，教宗若望.保禄二世将卡罗伊四世册封为"真福"，这通常是正式封为圣人前的最后一个步骤。梵蒂冈宣称卡罗伊四世生前曾致力于和平，积极谋求结束战争，是政治领袖的典范。但许多人抨击这项举动，指称卡罗伊四世在战争期间曾下令使用有毒物质芥子气。

# 附件一 国王和王后的加冕仪式

匈牙利国王的加冕必须符合三个条件：第一，必须用圣.伊斯特万王冠加冕；第二，必须在塞盖什白堡（Székesfehérvár）进行；第三，必须由埃斯泰尔戈姆大主教亲自加冕。第一条是非执行不可的，不可代替。第二条，从 1000 年到 1541 年，匈牙利国王都是在塞克什白堡加冕的。因为 1541 年 8 月 29 日土耳其占领布达后，很快也占领了塞克什白堡。所以，从那时起匈牙利国王就无法在塞克什白堡加冕了。第三条，贝拉三世国王（1172—1197）从小生长在拜占庭，他信仰的也不是天主教，他当选为国王后，埃斯泰尔戈姆大主教坚决拒绝给他加冕，这时，罗马教皇特别允许由考洛乔的大主教为他加冕。从此开了先例，日后，如果埃斯泰尔戈姆大主教正好空缺，或因故不能完成这一任务，可以由埃斯泰尔戈姆大教堂的高级教士或其他教堂的大主教来给国王加冕。例如，乌拉斯洛二世 1490 年登基时，埃斯泰尔戈姆的大主教只有 8 岁，无法从事这一活动，就是由埃斯泰尔戈姆大教堂最年长的一位高级教士来完成的。

国王加冕仪式：国王在国会和宫廷人员的陪同下前往教堂，宰相捧着王冠、大法官拿着国王的仗节，克罗地亚总督拿着象征王权的（顶上有十字架的）金苹果，宫廷主斟酒师拿着圣.伊斯特万剑，一位高级教士举着双十字架，宫廷司库举着小十字架，国王的内侍举着另外一个小十字架，走在最后的 10 个人打着圣.伊斯特万王冠下的 10 个国家的国旗：匈牙利、克罗地亚、斯洛沃尼亚、达尔马提亚、波斯尼亚、塞尔维亚、保加利亚、库曼汗国（Kunország）、加利西亚和洛多梅里亚的国旗。埃斯泰尔戈姆大主教在门口等候，然后一起来到主祭坛，把王冠等放置在主祭坛上。这时大主教问大家，你们愿意给这位候选人加冕吗？整个大厅高呼愿意！愿意！然后，大主教逐条列举国王的义务。之后，国王把手放在《圣经》上，宣誓要保护教会，尊重教会权力和自由。接着，大主教把圣膏油涂在国王的右臂、右肩及前胸部。这时把国王送到教堂内圣器收藏室，给国王穿上圣.伊斯特万的衣服（长筒袜、手套和钱包），给他披上斗篷，然后回到大厅。这时，大主教在众人的陪同下，把象征权力的剑从剑套中抽出交给国王，国王手持剑向空中连砍三下，以示要遵守对教会作出的保护教会、尊重教会的权力和自由的三项许诺。接着，大主教将匈牙利的圣.伊斯特万王冠戴在跪在主祭坛阶梯上的国王头上。最后将仗节和（象征王位的）顶上有十字架的金苹果交给国王。这时，将头戴王冠、手持仗节和捧着顶上有十字架的金苹果的国王领到圣坛北侧的宝座前。这时，大主教对国王说："你可要保住你继承下来的这个宝座呀。"宰相面向大厅的人群高呼："已经加冕的匈牙利国王万岁。"人群接着也高呼国王万岁，在礼炮和教堂的钟声中，响起"感恩赞美诗"（Tedeum）的歌声。

加冕仪式之后，国王及所有随从骑马到一个在露天事先搭好的木架子上，国王在这里宣誓忠于宪法，接着，国王及所有随从再骑马前往"加冕山丘"，国王挥剑疾马上山，在小山丘上向东西南北四个方向各刺一剑，以示国王要击退来自各方的敌人，以确保国家的安全。最后是豪华的"加冕宴会"，国王由打各国旗帜的人们伺候。

王后的加冕仪式：没有要给王后加冕的法律，但习惯上还是要给王后加冕的（如果国王已经结婚）。做法是：埃斯泰尔戈姆大主教手捧圣.伊斯特万王冠在王后的右肩上碰一下，然后，将象征王权的（顶上有十字架的）金苹果和国王的仗节送到王后的手中，随后大主教把圣膏油涂在王后的右臂、右肩及前胸部。最后由维斯普雷姆的大主教将维斯普雷姆教堂自己的王冠戴在王后的头上。王后不用宣誓忠于宪法，因为她没有执政权力。根据 1563 年的法律，在王后加冕时，国会要给王后送礼，卡洛伊三世（1711—1740）以后的标准在 2.5 万到 5 万福林之间。费伦茨一世（1792—1835）的夫人玛利亚王后加冕时，国会作为礼品赠送给她 5 万福林，她随后把这笔钱捐给了培养年轻军官的"军事学院"。费伦茨国王（1848—1916）的夫人伊丽莎白（茜茜）加冕时，国会将格德勒（Gödöllö）别墅赠送给了国王和王后，国会作为礼品赠给伊丽莎白王后 10 万金福林，她把这些钱全部用在了扶持 1848—1849 年自由战争中致残人员身上。除国会外，匈牙利的大贵族们也会向王后赠送礼品（地产和金钱），王后通常把这些钱和地产用来支付王后宫廷的开销。

# 附件二　阿尔巴德王朝的王后们

| 国王 | 王后 | 结婚时间 | 国籍 |
|---|---|---|---|
| 圣·伊斯特万（1000—1038） | 吉泽洛 Gizella | 996 年 | 巴伐利亚王子亨利二世的女儿 |
| 彼得国王（1038—1041，1044—1046） | Schweinfuerti Judit | 1038 年以前 | 国籍不详 |
| 奥鲍·沙穆埃尔（1041—1044） | 绍罗尔陶 Sarolta | 不详 | 匈牙利大公盖佐的女儿、前国王圣伊斯特万的妹妹 |
| 安德拉什一世（1046—1061） | 安娜斯塔齐奥 Anaszt á zia | 1038 年 | 俄罗斯大公 Bölcs Jaroszl á v 的女儿 |
| 贝拉一世（1061—1063） | Richeza | 1032 年 | 波兰国王梅什科二世的女儿 |
| 绍洛蒙国王（1063—1074） | 尤迪特 Judit | 1063 年 | 神圣罗马帝国皇帝亨利三世的女儿 |
| 盖佐一世（1074—1077） | 若菲奥 Zs ó fia | 1065 年（?） | 比利时林堡省王子的女儿 |
|  | Sz ü nad é n é | 1075 年 | 拜占庭米凯尔七世的女儿 |
| 圣·拉斯洛（1077—1095） | 奥代尔海伊德 Aldelheid | 1078 年 | 神圣罗马帝国亨利四世的对立国王 Sv á b Rudolf 的女儿 |
| （嗜书者）卡尔曼（1095—1116） | 不详 | 1097 年 | 西西里伯爵罗盖尔（Roger）一世的女儿 |
|  | 埃乌费米奥 Euf é mia | 1112 年 | 基辅大公弗拉基米尔·莫诺马赫的女儿 |
| 伊斯特万二世（1116—1131） | 费利齐奥 felicia |  | 西西里罗盖尔（Roger）二世伯爵的女儿 |
| （瞎子）贝拉二世（1131—1141） | 伊洛瑙 Ilona | 1128 年 | 塞尔维亚大公乌洛许一世的女儿 |
| 盖佐二世（1141—1162） | 弗鲁日瑙 Fruzsina | 1146 年 | 基辅大公姆斯季斯拉维奇的女儿 |
| 伊斯特万三世（1162—1172） | 阿格奈什 Ágnes | 1166 年 | 奥地利公爵亨利二世 II.Henrik 的女儿 |
| 拉斯洛二世（1162—1163） | 不详 |  |  |
| 伊斯特万四世（1163—1165） | 玛利亚 M á ria | 1156 年 | 拜占庭皇帝曼努埃尔一世的孙女 |
| 贝拉三世（1172—1196） | 阿格奈什 Ágnes |  | 安条克（Chatilloni）大公国雷纳德大公的女儿 |
|  | 毛尔吉特 Margit |  | 法国国王腓力二世的妹妹 |
| 伊姆雷国王（1196—1204） | 孔什通齐奥 Konstancia | 1198 年 | 阿拉贡 Arag ó nia 王国国王 II. Alfonz 的女儿 |
| 拉斯洛三世（1204—1205） | 未婚 |  |  |

# 匈牙利历代国王 (1000—1918)

| 国王 | 王后 | 结婚时间 | 国籍 |
|---|---|---|---|
| 安德拉什二世<br>（1205—1235） | 盖尔特鲁德 Gertrúd | 1200 年 | 伊斯特拉（Isztria）和卡尼鄂拉（Krajna）侯爵拜尔特霍尔德四世（IV.Berthold）的女儿 |
| | 约兰陶 Jolánta | 1215 年 | 拉丁帝国皇帝 Courtenay Péter 的女儿 |
| | 埃斯特伊.贝亚特里斯 Estei Beatrix | 1234 年 | 意大利安科纳侯爵 Aldobrandino 的女儿 |
| 贝拉四世<br>（1235—1270） | 拉斯卡利斯.玛利亚 Laskaris Mária | 1220 年 | 尼西亚帝国皇帝提奥多雷二世·拉斯卡利斯的女儿 |
| 伊斯特万五世<br>（1270—1272） | 伊丽莎白 Erzsébet | 1254 年 | 库曼族大公塞伊汉（Szejhán）的女儿 |
| （库恩）拉斯洛四世<br>（1272—1290） | 伊莎贝拉 Izabella | 1277 年 | 意大利安茹王朝那不勒斯国王卡罗伊一世的女儿 |
| 安德拉什三世<br>（1290—1301） | 费嫩瑙 Fenenna | 1290 年（？） | 波兰公主 |
| | 阿格奈什 Ágnes | 1297 年 | 奥地利哈布斯堡公爵、德意志国王阿尔布雷希特一世的女儿 |

# 附件三、阿尔巴德王朝的公主们

| 国王 | 公主 | 出嫁给…… |
|---|---|---|
| 圣 . 伊斯特万（1000—1038） | 无女儿 | |
| 彼得国王（1038—1041，1044—1046） | 无儿女 | |
| 奥鲍·沙穆埃尔国王（1041—1044） | 子女不详 | |
| 安德拉什一世（1046—1061） | Adelheid 奥代尔海伊德 | 嫁给了捷克王子 |
| 贝拉一世（1061—1063） | Ilona 伊洛瑙 | 1063 年嫁给克罗地亚国王 |
| | Zsofia 若菲奥 | 1062 年嫁给魏玛—伊斯特拉侯爵 Ulrik，1071 年改嫁给撒克逊王子（Magnus） |
| | Eufémia 埃乌费米奥 | 1073 嫁给摩尔多瓦王子奥托 |
| 绍洛蒙国王（1063—1074） | 无子女 | |
| 盖佐一世（1074—1077） | Katalin 考陶林 | 不详 |
| 圣 . 拉斯洛（1077—1095） | Piroska 皮罗什考 | 嫁给了拜占庭皇帝约翰·科穆宁 |
| （嗜书者）卡尔曼（1095—1116） | Zsofia 若菲奥 | 嫁给了匈牙利比豪尔州的州督绍乌尔 Saul |
| 伊斯特万二世（1116—1131） | 无子女 | |
| （瞎子）贝拉二世（1131—1141） | Zsófia 若菲奥 | 1139 年许配给神圣罗马帝国皇帝康拉德三世的儿子亨利，但没有完婚。 |
| | Gertrúd 盖尔特鲁德 | 1149 年嫁给了波兰大公的王子米斯蒂斯拉夫三世 |
| 盖佐二世（1141—1162） | Odola 欧多洛 | 嫁给了捷克王子斯沃托普卢克 |
| | Ilona 伊洛瑙 | 嫁给了奥地利王子利波特五世 |
| | Erzsébet 伊丽莎白 | 嫁给了捷克王子弗里杰什 |
| | Margit 毛尔吉特 | 嫁给了绍莫吉州州督安德拉什 |
| 伊斯特万三世（1162—1172） | 无女儿 | |
| 拉斯洛二世（1162—1163） | Mária 玛利亚 | 嫁给了 arbes 的伯爵 Michielli Nocolo |
| 伊斯特万四世 1163—1165） | 无子女 | |

# 匈牙利历代国王(1000—1918)

| 国王 | 公主 | 出嫁给…… |
|---|---|---|
| 贝拉三世（1172—1196） | Margit<br>毛尔吉特 | 嫁给了拜占庭皇帝伊萨克二世 |
| | Konstancia<br>孔什通齐奥 | 嫁给了捷克国王奥托卡一世 |
| 伊姆雷国王（1196—1204） | 无女儿 | |
| 拉斯洛三世（1204—1205） | 未婚，故无儿女 | |
| 安德拉什二世（1205—1235） | Mária<br>玛利亚 | 嫁给了保加利亚沙皇伊万二世 |
| | Jolánta<br>约兰陶 | 嫁给了阿拉贡国王姚考布一世 |
| | Erzsébet<br>伊丽莎白 | 嫁给了德国图林根自由州<br>（türingiai）侯爵拉约什 |
| 贝拉四世（1235—1270） | Kinga<br>圣.金高 | 嫁给了波兰大公波列斯瓦夫五世 |
| | Jolán<br>约兰 | 嫁给了波兰王子波列斯瓦夫 |
| | Anna 安娜 | 嫁给了加利西亚大公 |
| | Konstancia<br>孔什通齐奥 | 嫁给了加利西亚的王子莱欧<br>（Leó） |
| | Erzsébet<br>伊丽莎白 | 嫁给了巴伐利亚王子亨利十二世 |
| | Margit<br>圣.毛尔吉特 | 尼姑，1276年封为"真福"，<br>1943年封为圣人 |
| 伊斯特万五世（1270—1272） | Katalin<br>考陶林 | 嫁给了塞尔维亚国王伊斯特万四世 |
| | Mária<br>玛利亚 | 嫁给了那不勒斯国王卡罗伊二世 |
| | Anna<br>安娜 | 嫁给拜占庭皇帝安德洛尼卡二世 |
| （库恩）拉斯洛四世（1272—1290） | 无子女 | |
| 安德拉什三世（1290—1301） | Erzsébet 伊丽莎白 | 许配给捷克王子文采尔，文采尔毁婚后，伊丽莎白削发为尼 |